학자의 고향

조선시대 학자들의 리더십과 역사 기행

학자의 고향

KBS 학자의 고향 제작팀 저

서교출판사

성현들의 삶과 사상을 찾아 떠나는 역사 기행

인간은 어떻게 살아야 하는가? 이 사회를 어떻게 통치해야 하는가? 이런 문제는 어느 시대나 항상 제기되는 문제다. 현대사회에 와서는 그 해답을 서구의 선진문물에서 찾았다. 그러나 우리 전통의 정서와 맞지 않는 가치관으로 기준을 삼은 탓에 발생하는 문제점이 많았다. 이제는 우리 발에 맞는 신을 어떻게 찾을 것인가를 고민해야 한다. 한국인들은 우리 고유한 역사적, 문화적 배경과 정신적인 기반 위에서 살아왔기 때문에 성현들의 삶과 사상에서 그 해답을 찾아야 한다. 「학자의 고향」에는 시대를 앞서 간 많은 학자의 이야기가 있다. 이들의 삶과 사상을 통해 이러한 문제에 대한 가장 확실한 대답을 해준다.

권길중(전 서울시 교육청 장학사)

조선 후기의 르네상스를 꽃 피운 사람들의 이야기

「학자의 고향」에서 소개된 실학자들은 조선시대에 새로운 바람을 불러일으킨 혁신적인 학자들이다. 반계 류형원부터 연암 박지원, 다산 정약용, 추사 김정희에 이르기까지. 이들은 책임 있는 자리에 있던 사람들이 본연의 임무를 망각하고 오로지 눈앞의 이익만을 추구하던 시대에 변혁을 몰고 온 새로운 바람들이다. 반계 류형원으로부터 싹 트기 시작한 실학이라는 씨앗은 다산 정약용이 개혁 군주 정조를 만나면서 수원화성으로 찬란하게 꽃 피운다. 수원화성은 세계문화유산으로 등재되어 한민족의 우수함을 세계에 전할 수 있게 했다.

영상이 갖는 한계로 인해 아쉬움이 있었는데 책을 통해 우리 실학자들을 차분하게 알릴 수 있게 된 것을 매우 기쁘게 생각한다. 많은 분들이 「학자의 고향」을 통해 우리 실학자들의 생애와 업적을 보고 배우기 바란다.

김진수(철학박사 · 문학평론가)

우리 시대에 맞는 진정한 리더를 만난다

요즘처럼 진정한 리더가 필요한 때가 있을까?

「학자의 고향」에서 우리는 진정한 리더들의 모습을 볼 수 있다.

조선시대 최고 태평성대와 문화창달을 이루었던 세종대왕에게는 최고 재상 황희가 있었다. 그는 소신을 펼치기 위해 아버지처럼 자신을 보아주던 태종의 뜻을 거슬리는 행동도 불사했다가 유배형에 처해지기도 한다. 그는 국가 대사를 결정할 때마다 자신의 소신에 따라 최고 대안과 정책을 내놓았던 인물이다. 세종은 이러한 황희를 중용했다. 세종의 안목과 황희의 리더십이 세종 때 태평성대를 이루었음은 물론이고, 한국이 세계에 자랑할 만한 찬란한 유산들을 내놓을 수 있는 밑바탕이 되었다.

「학자의 고향」에서 우리 시대에 필요한 진정한 리더의 모습을 찾을 수 있기를 바란다.

함성호(시인)

역사의 이면에 숨겨진 새로운 이야기 발굴

『학자의 고향』을 보면 역사에 묻혀 있던 많은 사실을 확인할 수 있다. 임진왜란 당시 명나라는 조선을 배제하고 왜와 직접 교섭하면서, 조선을 나누어 통치하려고 생각했다. 즉, 대략 한강을 경계선으로 해서 이남은 왜에게 양도하고, 이북은 임금(선조)을 교체하여 자신들이 직접 다스린다는 복안이었다. 이른바 분할역치(分割易置)인 것이다. 서애 류성룡은 이를 간파하고, 그들의 음모를 적극 저지한다.

고산 윤선도는 사재를 털어 진도군 임회면에 축구장 300배 크기의 간척지를 개발하여 민간 간척사업 1호를 기록한다. 이 땅은 마을 농민들에게 무상으로 제공되었다. 그래서 이 지역에는 고산의 은혜를 기리는 사당과 비석이 있다. 360여 년이 지난 지금도 이곳 주민들은 1년에 한 번씩 고산에게 제를 드린다.

『학자의 고향』에서는 이러한 사례들을 여기저기에서 확인할 수 있다. 역사의 이면에 숨겨졌던 이야기들이 새롭게 발굴되어 독자들 앞에 풍부하게 펼쳐진다.

신병주(건국대 사학과 교수)

시대를 읽고 미래를 예측한 학자들의 이야기

「학자의 고향」에서는 우리 학자들의 뛰어난 안목들을 볼 수 있다. 특히 연암은 세계 최강국이었던 청나라 건륭제의 속셈을 간파한 바 있다. 연암이 살던 당시 청나라는 이른바 강희제, 옹정제, 건륭제로 이어지는 황금기를 구가하던 대제국이었다. 건륭제의 칠순 생일을 축하하는 사절단 일행으로 연경(베이징)에 온 연암은 다시 열하로 향하게 된다. 건륭제가 더위를 피해 열하의 피서산장에 머물렀기 때문이다. 만리장성 밖 변방 지대인 열하를 피서지로 선택한 것은 황제의 전략이었다. 몽골족을 비롯한 주변 소수민족들을 달래고 통치하기 위한 포용정책이었던 것이다. 이러한 건륭제의 의도를 박지원은 정확하게 꿰뚫어 보았다. 그는 「연암집」에서 '내가 열하의 지세를 살펴보니 대체로 천하의 두뇌처럼 보였다. 황제가 어정거리면서 북쪽으로 온 것은 다름이 아니라 몽골의 정수리를 깔고 앉아 목을 틀어잡기 위함이다.'라고 밝히고 있다.

「학자의 고향」에서 이러한 사실들을 확인하는 것도 책을 읽는 즐거움이 될 것이다.

김현 PD(KBS 한국방송)

학자의 고향은 문답식 구성으로 풍부한 정보를 담았다

정약용은 어떻게 해서 천주교 신자가 되었을까? 남인들은 영조 4년 때 발생한 이인좌의 난 이후 과거 시험에 합격은 고사하고 응시 자체도 불가능했다. 따라서 남인들은 결국 당시 주류 사상이었던 주자학 외의 다른 사상에 관심을 두게 되고 관대한 마음을 가지게 되었다. 당시 남인 중에는 소현세자를 보필한 사람의 후손이 있었다. 그에게는 소현세자가 청나라에서 귀국할 때 가지고 온 천주교 서적들이 있었는데, 이를 통해 천주교를 믿게 된다. 이때 천주교를 받아들인 인물들 대부분이 당파로는 남인들이고, 이승훈, 이벽 등은 모두 다산 정약용과 인척이거나 가까운 사이였다. 이런 경로로 다산 정약용도 젊은 시절 자연스럽게 천주교를 접촉하게 된 것이다.

「학자의 고향」에서는 우리가 평소 궁금해하던 문제들에 대해 문답식으로 해답을 제공한다. 따라서, 한정된 지면이지만 그만큼 풍부한 정보를 담고 있다.

김문태(문학박사 · 가톨릭대학교 교수)

서문

KBS 1TV에서 방영되었던 〈학자의 고향〉을 단행본으로 엮었다. 제작팀은 2011년 총 45회에 걸쳐 26명의 당대 최고 학자들의 삶과 업적을 소개했다. 그들은 새로운 시대적 가치를 설파한 사상가, 후학을 양성한 스승, 시대의 변화를 도모한 개혁가, 나라의 경영을 담당한 위정자였을 뿐만 아니라 우리 고유의 감수성을 꽃 피운 예술가이기도 했다. 우리는 이들 중 조선시대의 위대한 학자 16명 이야기를 엄선해 한 권의 책으로 엮어냈다.

조선 건국의 일등공신 삼봉 정도전은 이방원의 지시를 받은 이숙번에게 처참하게 살해되었다. 우암 송시열도 유배지 제주도에서 서울로 호송되던 중에 정읍에서 왕이 내린 사약을 마시고 죽어야 했다. 유배살이의 고독감과 제자에 대한 고마움을 완벽하게 '세한도'로 그려낸 추사 김정희는 위리안치의 극한 제주도 유배형을 오랜 세월 견뎌야 했고, 실학의 거두 다산 정약용도 오랜 유배 기간에 형제들이 모두 천주교 박해와 귀양살이로 운명을 달리하는 비운을 겪었다. 고산 윤선도, 송강 정철, 매월당 김시습 등… 이런 사례는 끝없이 이어졌다. 그들은 나라와 백성을 위해 목숨을 걸고 왕에게 간언했고, 명리를 버리고 민중 속으로 숨어들어 그들의 고단한 삶을 바꾸기 위해 노력했다. 우리들이 다룬 인물들은 진정한 가치를 찾기 위해 노력했지만 결국 미완성으로 끝났다. 그러나 결국 이 프로그램을 만나는 것은 삶의 총체성을 구하기 위해 떠나는 역사여행이 될 것으로 기대한다.

　이들의 사상과 학문은 당대와 어울리지 못해 탄생한, 시대에 대한 응전이었다. 정도전의 「삼봉집」은 고려 말 리더십 부재에 응전하는 새로운 리더십 창출론이었고, 송시열의 '예송논쟁'은 국가적 리더십의 정통성에 대한 철학적 논쟁이었으며, 정약용의 「목민심서」 등 방대한 저술은 국가적 리더십을 재편하기 위한 거대한 비전이었다. 류형원의 「반계수록」이나 박지원의 「열하일기」 또한 새로운 시대를 열고자 한 시대를 앞서가는 선각자의 행보였다.

　이들 선각자들의 삶과 리더십은 당대를 뛰어넘어 지금 우리들에게도 시사하는 바가 크다. 그들이 살던 시대적 상황은 그들을 억압했고, 이들은 응전했다. 이러한 도식은 오늘의 시대상황과 우리들에게 마찬가지로 적용된다. 그렇다면 이들의 응전방식은 우리에게도 현재적 의미로 다가올 수밖에 없다. 선조 학자들이 우리들에게 말하고자 하는 바는 과연 무엇일까.

새로운 조선을 꿈꾸던 개혁 군주 정조는 100여 년 전에 저술된 책 한 권을 언급했다. 재야 학자 류형원이 지은 「반계수록」이다. 정조는 반계수록에 대해 류형원이 이미 100년 전에 오늘의 일을 예견했다면서 감탄해 마지않았다. 류형원은 병자호란의 치욕을 겪으면서 벼슬길을 포기하고, 민중 속으로 스며들어 오직 민생안정과 부국강병의 길을 모색한다. 그가 18년간 공들여 저술한 「반계수록」은 부국강병의 길을 제시한 개혁 지침서이며, 조선 후기 한 시대를 풍미한 실학자들의 필독서였다. 그는 100년 후에 일어날 조선 후기 르네상스를 연 선각자였으며, 새로운 조선을 일으켜 세운 실학의 원조가 되었다.

어지러운 세상, 리더십 빈곤을 겪는 오늘날 이들의 삶과 행보는 큰 울림으로 다가올 수밖에 없다. 류형원뿐만 아니다. 이 책에서 다룬 모든 인물들에게서 피폐한 민생을 안정시키고, 부강한 나라로 만들기 위해 끊임없는 노력을 기울인 진정한 리더들의 모습을 찾을 수 있다.

　방송 프로그램이 이제 책으로 재탄생했다. 영상언어와 문자언어의 서술방식은 다르다. 그럼에도 불구하고 이를 책으로 다시 탄생시켜 준 서교출판사 편집진 여러분에게 감사를 드린다. 이를 통해 많은 독자들이 위대한 학자들과 역사여행에 함께하는 즐거움을 누리기를 희망한다. 이태행 고문, 김종필·서충수·이승훈·김윤상 프로듀서, 윤영수·양윤경·지현주 작가 등이 프로그램 제작에 참여했다.

　끝으로 이 책은 미래를 알고 시대를 앞서간 위대한 성현들의 이야기다. 그렇기 때문에 역사에 관심이 있는 일반인뿐만 아니라 청소년들에게도 일독을 권해본다.

KBS 〈학자의 고향〉 책임 프로듀서 이상요

| 차례 |

1
하늘을 버리고
백성을 선택하다

철저한 개혁과 민본사상으로 무장한 정도전은 고려 하늘을 외면하고 백성을 선택한다. 마침내 조선을 세우고 그 기틀을 다진 삼봉 정도전은 이방원과의 정치투쟁 과정에서 비극적으로 생을 마감하고 말았다. 그가 던진 화두는 왕의 나라보다는 재상의 나라, 백성이 주인이 되는 나라였다. 그의 민본사상과 재상중심 사상은 조선 500년 역사의 근간이 되었다. 그리고 그가 설계하고 디자인한 서울은 600년 이상 우리나라의 수도로 지금도 아름다운 모습으로 건재하고 있다.

이성계와 정도전에 의해 조선 건국의 기운이 서서히 높아갈 무렵인 1380년대, 세계 여러 곳에서도 격변이 일고 있었다. 중국에서는 주원장이 건국한 신생 명나라가 훗날 왕권에 위협이 될지도 모르는 공신들을 처형하면서 나라의 기틀을 다지고 있었다. 이웃나라 일본도 무로마치 막부 이후에 전개된 남북조 시대였다. 단일 권력이 일본을 장악하지 못하자, 왜구들이 우후죽순 격으로 생겨나 고려의 남해안과 중국의 동남해 연안을 휩쓸며 약탈을 일삼았다.

눈을 돌려 유럽을 바라보면 그야말로 암흑의 시대였다. 1347년 이탈리아에서 처음 보고된 흑사병이 1350년대 온 유럽을 휩쓸고 난 직후였기 때문이다. 흑사병의 여파로 유럽 인구 7,500만 명 중 약 2,500만 명이 사망했다. 당시 인구의 33%가 흑사병으로 죽은 셈이다. 이에 따라 인구가 크게 줄어든 서유럽에서는 노동자와 상인의 신분이 급격히 상승해 신분제가 흔들리는 결과가 나타났다.

삼봉 정도전 鄭道傳
1342~1398

**삼봉, 삼판서 고택에서
태어나다**

영남과 중부 지방을 가르는 백두대간 소백산 구간의 죽령 길은 아흔아홉 구비로 높고 험했다. 예부터 죽령은 추풍령, 문경새재와 더불어 영남의 3대 관문이었다. 죽령 아래 영남의 첫 고을 영

세 명의 판서가 배출되었다고 해서 명명된 삼판서 고택. 이곳에서 정도전이 태어났다.

주는 선비 전통 문화와 수많은 문화유산을 간직한 곳이다. 배흘림 기둥의 무량수전으로 유명한 부석사(국보 18호)가 이곳에 있으며, 조선 최초 사액(임금이 이름을 지어 그것을 새긴 편액을 내리는 일) 서원인 소수서원 역시 선비의 고장 영주의 자랑이다. 문향(文香) 가득한 영주에서 결코 빼놓을 수 없는 곳이 또 있다.

영주시 구성공원 옆에 한 채의 고택이 자리잡고 있다. 지난 2008년 복원된 옛집으로 '삼판서 고택'이라는 별칭을 갖고 있다. 이 집은 원래 고려 공민왕 때 형부상서를 지낸 정운경이 살던 집이다. 그리고 그의 사위 황유정이 공조판서를 지내며 살았고, 황유정의 외손자 김담이 이조판서를 지냈기 때문에 삼판서 고택이라고 불렸다.

솟을대문을 들어서면 사랑채 격인 동루가 높은 축대 위에 앉아 있다. 정면 6칸, 측면 7칸인 이 고택은 안채, 문간채, 대청마루 등 옛 모습 그대로다. 미음(ㅁ)자 형 구조와 팔작지붕을 갖춘 삼판서 고택은 전형적인 사대부 가옥 형태다. 대들보와 서까래들이 단아한 가풍(家風)을 잘 보여주고 있다.

삼봉에 대한 평가는 극과 극을 이루었다

1342년 유서 깊은 이 집에서 한 사내아이가 태어났다. 형부상서 정운경의 3남 1녀 중 장남으로 태어난 아이가 바로 삼봉 정도전이었다. 영주의 한 고택에서 태어난 그가 격동의 역사를 이끌 인물이 될 줄은 당시에는 아무도 몰랐다. 정도전은 역성혁명을 성공적으로 이끌고 조선을 든든한 반석 위에 올려놓은 인물이었다. 그러나 조선 500년 내내, 그에 대한 평가는 엇갈렸다. 실록은 한

결같이 정도전을 부정적으로 평가했다.
〈태조실록〉에는 정도전은 도량이 좁고
남을 시기하며 겁이 많았다고 적고 있
다. 또한 자신보다 나은 사람을 해친 인
물로 기록하고 있다. 〈광해군 일기〉에도
부정적인 평가가 이어진다. 홍길동의 저
자 허균이 역적으로 체포되자 허균이
정도전을 좋아했다며 같은 역적 무리로
취급하고 있다. 상반되는 평가도 적지
않다. 이색은 제자인 정도전을 군자라

삼봉 정도전. 그에 대한 평가는 극과 극을
이루었다.

칭하며 그를 존경한다고 했다. 정몽주는
정도전을 일러 사람 보는 안목이 뛰어나다고 했다. 세종 때의 명
신 신숙주는 정도전의 업적을 높이 평가하면서 그와 비교할 인물
이 없다고도 했다.

- 정도전은 도량이 좁기 때문에 남을 시기하고 겁이 많았다 -
  〈태조실록〉 중
- 자기보다 나은 사람이 있으면 꼭 해치려 하고… - 〈태조실
  록〉 중
- 역적 허균은 한평생 정도전을 흠모하여 항상 현인이라고 칭찬
  하였으며… - 〈광해군일기〉 중
- 벼슬에 나가면 해야 할 일은 반드시 하고 어떤 일을 당해서도
  회피할 줄 몰랐으니 옛날의 군자 중에서도 우리 정도전과 같
  은 사람은 많지 않다. - 이색

❶ 평택에 있는 삼봉기념관 ❷ 정도전을 복권한다는 왕의 복훈교지 ❸ 장판각에 보관되고 있는 삼봉집 목판본.

- 삼봉은 사람을 보는 눈이 있어 가짜와 진짜를 구별할 줄 안다. - 정몽주
- 개국 초기에 시행된 큰 정책은 다 선생(삼봉)이 찬정한 것으로서 당시 영웅호걸이 일시에 일어나 구름이 용을 따르듯 하였으니 선생(삼봉)과 더불어 견줄 자가 없었다. - 신숙주

정도전은 극도로 상반되는 평가를 받았다. 특히 정도전에 대한 조선 왕조의 부정적인 평가는 수백 년간 이어졌다. 평택에 있는 삼봉 기념관에는 정도전에 대한 가혹한 평가를 말해주는 유물 한 점

이 있다. 정도전을 복권한다는 왕의 교지다. 그런데 이것은 고종 2년 1865년에 내린 것이다. 그는 죽은 지 450여 년이 지나서 공식적으로 복권됐던 것이다.

정도전이 태어난 시기는 고려 말로 무신정권 이후 귀족세력은 부패하고 원의 간섭과 명의 압력이 절정에 달했던 시기였다. 또한 홍건적의 난과 왜구의 침입 등으로 큰 시련을 겪던 시대였다. 이 때문에 백성들의 삶은 피폐할 대로 피폐했다.

정도전은 10대 중반에 아버지를 따라 개경으로 가서 본격적인 공부를 시작했다. 이 시기에 정도전은 일생일대의 스승과 친구들을 만나게 된다. 목은 이색의 문하에 들어간 그는 정몽주, 이숭인, 권근, 윤소종 등 당대 신진 지식인들을 만났다. 이색의 아버지 이곡과 정도전의 아버지 정운경이 친구였기에 가능한 일이었다. 정도전은 이색에게서 성리학의 기본 개념들을 배우기 시작했다.

이색(1328~1396)은 13세 때 과거에 합격한 인재였다. 특히 원나라에 유학하여 신학문인 성리학을 고려로 들여온 인물이었다. 공자와 맹자 이후 다양한 학설의 유학을 송나라 주자가 집대성한 것이 주자학 혹은 성리학이다. 당시 성리학은 단순한 도덕 사상을 넘어 세상의 질서와 인간의 본성에 주목한 신학문이었다.

그러나 스승과 제자였던 이색과 정도전은 성리학의 해석에 있어서 미묘한 차이를 보이고 있었다. 이 차이가 나중에 두 사람의 운명을 가르는 계기가 되었다. 특히 정도전과 이색은 성리학에 내포된 사회변혁, 즉 개혁에 대한 방법론에서 차이를 보였다. 그들은 성리학자로서 현실에 문제가 있고 이것을 개혁해야 한다고 생각했다.

❶ 삼봉 정도전의 스승이었던 목은 이색 ❷ 절친한 친구이자 라이벌이었던 포은 정몽주.

하지만 이 현실을 어떻게 개혁할 것인가에 대해서는 서로 다른 생각을 했다. 이색은 문제가 사람에게 있다고 보고 '도덕성의 회복'에서 개혁의 실마리를 찾았다. 반면 정도전은 사람의 문제가 아니라 제도와 체제의 문제라고 생각했다. 따라서 정도전은 새로운 법을 만들고 이 법을 통해서 개혁을 해야 한다고 생각했다.

이색의 성리학에 열광할 무렵, 정도전은 평생의 친구이자 라이벌인 정몽주(1337~1392)를 만난다. 정도전보다 다섯 살 연상인 포은 정몽주는 이미 과거에 세 번이나 연속 합격하여 그 명성이 대단히 높던 때였다.

정도전은 정몽주와의 만남을 감격적으로 기록하고 있다. 정몽주가 자신을 평생지기로 대해주었으며, 그에게 날마다 새로운 것을 배웠다고 적고 있다. 정몽주에 대한 평가도 높았다. 정몽주는 여러

사람의 이견을 명확하게 분석하여 설명하는데 털끝만큼의 그릇됨
도 없었다며 그의 학식을 높이 평가했다.

정몽주 역시 후배 정도전을 각별하게 대했다. 특히 정도전이 부
친상을 당해 고향에서 시묘살이를 하고 있을 때, 정몽주는 그에게
〈맹자〉를 보냈다. 정도전은 하루에 한 장 혹은 반 장씩 넘기며 〈맹
자〉를 정독했다. 이후 〈맹자〉는 정도전 개혁사상의 근간이 되었다.
정도전은 〈맹자〉를 보면서 큰 충격을 받았다. 백성은 하늘이 위정
자에게 맡긴 존재들이기 때문에, 백성의 마음을 얻지 못하면 나라
가 흔들리고 근본이 뒤집힐 수 있다는 것이기 때문이다. 정도전의
혁명사상은 맹자로부터 왔고, 또 본인이 주도한 고려에서 조선으로
넘어가는 역성혁명을 정당화하기 위한 이론적 무기가 되었다.

삼봉, 벼슬길에 나서다

1363년 스물두 살 때 급제한
정도전은 벼슬길에 나섰다. 첫
벼슬은 충주사록으로 법제 업무를 담당하던 정8품의 말단직이었
다. 그러나 그는 벼슬길에서 뜻밖의 암초를 만났다. 연이어 부모상
을 당하고 만 것이다. 벼슬을 내려놓고 고향으로 돌아가 3년간 시
묘살이를 했다. 부모의 상을 치른 후 정도전은 삼각산으로 들어가
공부에 열중했다. 삼봉(三峰)이라는 그의 호는 학문이 심긱산 세 봉
우리처럼 우뚝 하라는 뜻에서 문우들이 지어준 것으로 전해진다.

1370년 정도전은 동료들의 천거로 성균관 박사로 복직하게 된
다. 스물아홉 살 때 일이다. 이 무렵 고려는 흔들리고 있었다. 노국
공주의 죽음 이후 상실감에 빠져 있던 공민왕이 최만생 등 측근에

게 죽임을 당했다. 공민왕의 죽음은 정도전의 시련을 예고하는 것이었다. 당시 정도전은 공민왕의 배원친명 정책을 지지하고 있었다.

당시 대륙은 이른바 원명 교체기로 원나라는 쇠약해져가고 명나라가 일어나고 있었다. 고려 권신들은 여전히 친원 정책을 견지하고 있었다. 그러나 정도전 등 신진 사대부들의 생각은 달랐다. 대륙의 새로운 강자인 명과 관계를 맺어야 한다고 여겼다. 정도전 등은 권신들의 친원정책에 반대한다는 내용의 격렬한 상소를 올렸다.

다음 해에 원나라에서 사신이 왔다. 친원파 집권세력들은 정도전에게 원나라 사신을 영접하라고 했다. 정도전은 당시 실력자였던 경복흥의 집으로 찾아가 일갈했다. 원나라 사신의 목을 베어버리든지 묶어서 명나라로 보내버리겠다고 했다. 젊은 정도전의 결기는 굳었으나 그 대가는 혹독했다. 정도전에게 유배형이 내려진 것이다. 유배지는 머나먼 남쪽 나주였다.

삼봉, 유배지에서
민본사상을 가다듬다

정도전의 유배지였던 전남 나주시에 있는 나주읍성의 동쪽 문인 동점문에는 정도전의 흔적이 남아 있다. 유배 중인 정도전이 이곳에 올라가 쓴 시가 현판에 새겨져 있다.

> 나라 떠난 몸 붙어사는 것 같아,
> 누에 오르니 별안간 졸음이 달아나네.
> - '나주동루에 제하다' 중

정도전의 유배지였던 나주의 읍성.

　정도전의 유배 생활은 혹독했다. 남의 집에 세 들어 살던 정도전
은 동네 사람들의 도움으로 띠집을 지었다. 정도전은 이 두 칸짜리
띠집을 초사(草舍)라고 명명했다. 유배지는 큰 산과 우거진 숲이 많
고 바다와 가까운데도 사람이 사는 동네가 거의 없어서 쓸쓸했다.

　유배 직전까지 정도전은 성균사예, 예문광교 등 종4품의 벼슬아
치였다. 고관대작에 속하는 '대부'의 반열이었다. 고관대작에서 하
루아침에 유배객이 된 정도전은 참담했던 당시의 심경을 시로 남
기고 있다.

　　…정월이라 설도 이미 지나가고
　　입춘도 다가오건만
　　추위는 아직도 위세를 부려
　　으스스 살갗에 스며드누나

이역에 묶여 있는 오랜 나그네,
떨어진 옷에 헌옷이 뭉쳤네…
- '동정에서 올리다' 중

아내가 보내온 편지는 그의 아픔을 더했다. 아내는 감당하기 힘든 현실을 호소해왔다. 온 가족의 기대를 안고 벼슬길에 올랐다가 귀양으로 가문이 망하게 된 것이 현인군자의 현실이냐고 힐난했다. 때때로 정도전은 술을 마시며 자신의 답답한 심사를 풀곤 했다.

그러던 중 정도전에게 전혀 새로운 세계가 다가왔다. 그것은 백성들의 삶이었다. 무능하고 부패한 고려 정권 아래에서 백성들의 삶은 도탄에 빠져 있었다. 그런 백성들이 정도전의 눈에 들어왔다. 고려의 현실이자 벼슬아치였던 자신의 현실이었다. 새로운 깨달음을 얻는 순간이기도 했다. 이때부터 정도전은 벼슬아치들의 위선을 통렬히 비판하는 글을 쓰기 시작한다. '농부에 답한다'라는 글은 당대 벼슬아치들의 비리와 위선을 통렬히 조소하고 비판하는 것이었다.

늙은 농부는 정도전에게 유배를 온 이유를 물었다. 아첨과 아부로 벼슬 한자리 하다가 죄를 얻었느냐고 물었다. 정도전은 아니라고 했다. 농부가 다시 물었다. 자기 몸만 돌보고 처자만 보호하다가 죄를 얻었느냐고 물었다. 정도전은 또 아니라고 했다. 농부가 다시 물었다. 자만심으로 거들먹거리다가 적군을 만나 도망치는 바람에 죄를 얻었느냐고 물었다. - '농부에 답한다' 중

정도전이 민본 사상을 완성한 유배지의 띠집.

정도전은 깊은 고민에 빠져 스스로에게 묻고 답했다. 사람들은 선하게 살면 오히려 손해를 본다고 생각하게 되었으니 도대체 하늘은 왜 선인에게 시련을 주고 악인에게 부귀를 주느냐고, 정의란 것이 있느냐고 따져 물었다. 이에 대해 그는 스스로 답을 내놨다. 의로운 자는 곤궁하고 선한 자가 화를 입는 것은 시대를 잘못 만났거나 정의가 없는 것이 아니라 그 사람의 지혜와 성심이 부족했기 때문이라고 했다. 그의 철학이 점차 깊어지고 있었다.

나주에서의 유배가 3년여 만에 풀렸다. 그러나 당장 복권 복직되지는 않았다. 개경으로 돌아가는 것도 허락되지 않았다. 이 시기에 정도전은 한양과 특별한 인연을 맺는다.

개경 출입이 금지된 정도전은 당시 남경이던 한양성 안으로 들어가는 것도 여의치 않았다. 대신 그는 삼각산을 거처로 정했다. 정도전은 삼각산 밑에 삼봉재를 짓고 강론을 시작했다. 해배 직후, 직접 농사를 짓기도 했던 정도전이 선택한 것은 공부와 강론이었다. 정도전이 강론을 시작하자 많은 학자들이 그를 찾았다. 그러나 이마저 순탄하지 않았다. 땅주인이 집을 허무는 바람에 부평으로 옮겨갔다. 여기서도 세력가가 별장을 지으려 하는 바람에 김포로 옮겨갈 수밖에 없었다. 5년 동안 세 번이나 이사를 해야 했다. 이렇게 정도전은 정치 낭인으로 9년여를 보내야 했다. 서른넷부터 불혹을 넘길 때까지 그의 날개는 묶여 있었다.

유배와 야인생활을 거치면서 정도전의 가슴에 확고하게 들어앉은 것은 바로 민본사상이었다. 백성이 근본이 되는 세상에 대한 열망이었다.

삼봉, 이성계와 운명적인 만남을 갖다

이 무렵, 고려에는 또 하나의 잠룡이 있었다. 왜구들의 침탈이 극에 달했던 고려를 구한 인물로 나중에 조선의 태조가 되는 이성계(1335~1408)였다. 그는 황산대첩 등 왜구와 벌인 전투에서 연이은 승전으로 가냘픈 고려 왕조를 홀로 떠받치고 있었다.

1383년 정치 낭인 9년째가 되던 해, 정도전은 마침내 결단을 내렸다. 그가 향한 곳은 함경도 함주로 바로 이성계가 있는 곳이었다. 이 무렵 정도전의 속내를 엿볼 수 있는 시가 한 수 전해진다. 정도전에게 이제 고려 500년은 겨우 물소리만 남긴 허망한 것이었다.

선인교 나린 물이 자하동에 흐르니

반 천 년 왕업이 물소리뿐이로다
아희야 고국흥망을 물어 무삼하리오?

　정도전이 이성계 장군과 손을 잡은 이유가 있다. 하나는, 당시 고려는 왜구들이 쳐들어와 나라가 흔들리고 있었다. 이때 왜구 토벌에 가장 공이 큰 사람이 이성계였기 때문에 백성들이 그를 굉장히 높게 평가했다. 또 하나는 이성계의 출신 성분으로 최영 장군 (1316~1388)과 비교하면 고려 왕조에 뿌리를 내린 사람이 아니었다. 그는 함흥 지방 변두리에서 출생한 신흥 가문 출신이었다. 그렇기 때문에 이성계 장군이야말로 개혁뿐만 아니라 왕조를 바꾸는 혁명 사업에도 뛰어들 수 있는 사람이라는 생각이 들어 이성계 장군과 손을 잡은 것이다.

　정도전은 최영 장군 대신 이성계를 선택했다. 최영 장군 역시 덕망 있고 존경받는 무장이었지만 역성혁명은 하지 못할 인물로 판단했던 것이다. 둘의 만남에는 정몽주의 역할이 있었던 것으로 추정된다. 정몽주는 이미 이성계와 깊은 인연을 맺고 있었다. 정몽주는 1364년 삼선과 삼개가 여진족을 이끌고 함주를 함락시키자 이를 토벌하러 온 이성계의 종사관으로 참전하여 이미 이성계를 만난 적이 있었다. 또, 1380년 이성계가 운봉에서 왜구를 무찌를 때 조전원수로 참선한 바 있있다. 바로 이 징몽주가 정도전과 이성계의 만남을 주선했던 것이다.

　정도전과 이성계가 만난 일화가 전해지고 있는데, 이성계를 만난 정도전은 먼저 이성계의 군사들을 살펴보았다. 그런 다음 이성계에게 넌지시 말했다. "이런 군사라면 무슨 일인들 하지 못하겠습니까?" 이성계는 무슨 말이냐고 되물었다. 정도전은 이런 군사라면 능히 왜구를 무찌를 수 있다는 뜻이라며 예봉을 피해갔다. 그러나 그 발언은 혁명의 가능성을 타진한 발언이었다. 그리고 정도전은 시 한 수를 남기고 돌아왔다.

> 아득한 세월에 한 그루 소나무
> 푸른 산 몇 만 겹 속에 자랐구나
> 잘 있으시오,
> 훗날 서로 뵐 수 있으리까?
> 인간세상이란
> 잠깐 사이 묵은 자취인 것을

이성계,
위화도 회군을 단행하다

함경도 변방에서 서로의 뜻을 확인한 정도전과 이성계. 훗날 뵐 수 있기를 고대했던 정도전의 바람은 몇 년 후 이루어졌다.

1388년 이성계는 위화도 회군을 감행했다. 우왕과 최영 등 친원파의 강요에 의한 요동정벌 대신 말머리를 개경으로 돌린 것이다. 위화도 회군은 조선 건국에 있어 매우 중요한 사건이다. 이 사건을 기획한 것은 사실 정도전이라고 보는 시각도 있다. 위화도 회군은 표면적으로는 전쟁하기가 계절적으로 불편하고, 중국을 거역하면 국제관계가 나빠질 것이라는 등 소위 4대 불가론을 들어 실행했다. 그러나 사실은 최영 장군과 이성계 장군 사이의 대결로 보는 것이 타당하다. 이성계는 돌아오면서 즉시 최영 장군을 제거한다. 군사적으로 가장 강력한 경쟁자가 없어진 것이다. 이제 고려 조정은 우왕과 권신들을 중심으로 한 보수파와 이성계 등 위화도 회군파를 중심으로 한 두 세력 간의 치열한 정치투쟁의 장이 되었다.

삼봉, 백성을 위한 개혁을 단행하다

정도전은 개혁파인 이성계 세력의 중심에 섰다. 토지개혁을 주도하고 반대파를 숙청하는 데도 주저하지 않았다. 정도전이 맨 먼저 추진했던 개혁정책은 전제개혁 운동, 즉 토지 개혁이었다. 〈삼봉집〉에는 당시 토지 상황에 대한 정도전의 기록이 나온다. 세력가들이 무제한 토지를 점령하여 1인이 경작하는 토지에 지주가 7, 8명이 되는 곳도 있을 정도로 토지 제도의 폐단은 극심했다.

정도전 전제개혁의 핵심은 '계민수전(計民收田)', 즉 토지를 모두 국가 소유로 하여 농민들에게 식구 수대로 분배하자는 개혁적인 방안이었다. 이러한 정도전의 구상은 이미 나주 유배시절 농민들의 현실을 목격했을 때 싹튼 것이었다. 그러나 정도전의 전제개혁은 기득권층의 큰 반 발에 부딪혔다.

1388년부터 시작된 전제개혁 운동은 3년 뒤 과전법으로 결실을 보았다. 개혁파는 옛 토지대장을 모두 불대워 비렸다. 불타는 토지대장을 보며 귀족들은 눈물을 흘렸다는 이야기가 전해지고 있다. 그러나 민심은 달랐다. 〈태조실록〉은 '온 나라가 크게 기뻐하였으며 백성의 마음이 이성계에게 더욱 쏠렸다'고 적고 있다.

개혁정책을 추진해나가던 정도전에게 개혁정책을 반대하는 사람

❶ 태조 이성계 ❷ 최영 장군. 이성계는 위화도 회군을 통해 최영을 몰아내고 정권을 잡았다. ❸ 중국에서 바라본 위화도 ❹ 한창 개발중인 위화도.

은 누구든지 적이 될 수밖에 없었다. 평생의 친구였던 정몽주와의 관계에 금이 가기 시작한 것도 이 무렵이었다. 출발은 같았으나 갈수록 둘의 간극은 벌어지고 있었다.

삼봉, 정몽주와의 대결에서 기사회생하다

정도전은 스승이었던 이색의 탄핵도 주저하지 않았다. 이색이 명나라를 끌어들여 개혁파를 제거하려 했기 때문이다. 전제개혁과 군사체계 정비, 그리고 반대파 숙청까지 정도전은 개혁을 위한 모든 악역을 도맡고 있었다.

그런 정도전에게 보수파는 최후의 일격을 가해왔다. 이색과 이현보 등의 탄핵을 주장하던 정도전은 반대파의 역공으로 봉화로, 그리고 다시 나주로 유배되었다. 1391년 혁명 1년 전이었다. 그러나 이번 유배는 유배에 그치는 게 아니었다.

정몽주는 측근 김진양을 시켜 정도전을 처형하라는 상소를 올리도록 했다. 김진양은 정도전이 당상관으로 있으면서 많은 사람을 참소하여 죄를 얻었으니 유배지에서 바로 처형해야 한다고 주장했다. 정도전은 예천 감옥으로 압송되었다. 반대파의 공격은 집요했다. 정도전의 목숨이 경각에 달려 있었다.

개혁파에게 또 다른 악재가 터졌다. 이성계가 해주에서 사냥을 하다가 낙마하여 크게 다쳤던 것이다. 이성계는 몸을 움직이기 어려울 정도로 큰 부상을 입었다. 개혁파의 최고 실권자였던 문하시중 이성계의 부상으로 정몽주 등 반대파의 공격은 더욱 거세졌다. 정도전과 개혁파는 절체절명의 위기에 빠졌다.

이때 위기를 정면 돌파한 인물이 등장했다. 이성계의 아들 중 가장 출중했던 당시 스물다섯 살의 이방원은 이성계의 동태를 살피러 온 정몽주를 선죽교에서 살해하여 순식간에 국면을 전환시켰다.

정몽주의 죽음과 함께 고려 왕조도 끝이 났다. 더 이상 목숨 바쳐 고려를 지키려는 자가 없었다. 정도전도 죽음 직전에 기사회생할 수 있었다.

삼봉, 새나라
조선 건국의 주역이 되다

1392년 7월, 마침내 이성계가 왕위에 오르면서 조선이 개국했다. 정도전을 중심으로 한 역성혁명의 성공이었다. 정도전은 새 왕조의 개창에 큰 자부심을 느꼈다. 그리고 의욕이 넘쳤다.

정도전은 나중에 조선왕조를 세우고 나서 취중에 가끔 이런 말을 했다고 한다. 자신과 이성계의 관계는 중국 한나라를 세운 유방과 장량과 비슷하다는 것이다. 즉, 조선왕조를 세운 주역은 실질적으로는 자신(정도전)이라고 했다.

정도전은 새 나라 조선의 주역이 되었다. 마침내 그의 오랜 여망이 실현된 것이다. 〈삼봉집〉에 실려 있는 〈조선경국전〉에는 새 나라를 위한 정도전의 원대한 꿈이 담겨 있다. 왕조 최초의 헌법으로 일컬어지는 〈조선경국전〉은 정보위, 국호, 정국본, 세계, 교서를 서론으로 하고 치전, 부전, 예전, 정전, 헌전, 공전 등 6전으로 나누어 저술했다.

삼봉, 백성이 근본이 되는
나라를 꿈꾸다

정도전은 특히 왕권보다는 신권을 강조했다. 임금이 그릇되면 신하가 바로잡아야 한다고 주장했다. 왕권과 신권의 관계를 설정하는 핵심대목이었다.

임금이 옳다고 하나 그른 것이 있으니 신하가 그 그른 것을 말해 그 옳은 것이 이루어지게 하고, 임금이 그르다고 하나 옳은 것이 있으니, 신하가 옳은 것을 말해 그른 것을 바꾸도록 한다.
－〈조선경국전〉 중에서

　정도전의 또 하나의 핵심 사상이 있었다. 약한 존재라 해서 백성을 폭력으로 협박해서는 안 되며 어리석은 존재라고 해서 얕은 꾀로 속여서는 안 된다고 했다. 민심을 얻으면 군주에게 복종하지만 민심을 얻지 못하면 백성이 군주를 버린다고 했다. 백성의 존재를 강조하는 정도전의 민본 사상이었다. 그의 민본 사상은 정치적으로 큰 의미가 있었다.

　정도전이 구상했던 조선 왕조의 기본정책들 중에는 오늘날에도 의미를 가지는 것이 적지 않다. 입관(入官) 편에 보면 인재를 골고루 등용해야 한다고 주장하고 있다.

　천하 국가를 다스리는 요체는 인재를 등용하는 데 있을 뿐이다. 옛날에는 인재를 등용하는 이가 인재 양성을 평소부터 해 오고, 인재 선택을 매우 정밀하게 하였다. 그래서 입관(入官)하는 길이 좁고 재임하는 기간이 길었다. －〈조선경국전〉 중

　교육에 관한 구상도 나온다. 특히 정도전은 향교와 향학을 설치하여 교육의 기회를 서민들까지 확대해야 한다고 했다.

　학교는 교화의 근본이다. 여기에서 인륜을 밝히고, 여기에서 인재를 양성한다. －〈조선경국전〉 중
　우리나라에서는 중앙에 성균관을 설치하여 공경(公卿), 대부(大

夫)의 자제 및 백성 가운데서 준수한 자를 가르치고, 부학교수 (部學敎授)를 두어 동유(童幼)를 가르치며 또 이 제도를 확대하여 주, 부, 군, 현에도 모두 향학(鄕學), 향교(鄕校)를 설치하고 교수와 생도를 두었다. - 〈조선경국전〉 중

위정자는 공직자의 부정부패와 비리를 특별히 경계해야 한다고도 했다.

관리가 뇌물을 받으면 탐욕 때문에 관직을 망치게 되는 것이고 사람이 속임수를 쓰게 되면 간사한 일 때문에 화란이 생기게 되는 것이다. 무릇 위정자는 이러한 일을 소홀하게 생각해서는 안된다. - 〈조선경국전〉 중

정도전은 새나라 조선에 대한 구상을 〈조선경국전〉에 모두 담았다. 정도전이 〈조선경국전〉을 바치자 태조는 크게 감탄하고 칭찬하면서 말과 비단 등을 하사했다.

정도전의 〈조선경국전〉에 담긴 정신은 오늘날 우리 헌법정신과도 통하는 것이다. 정도전이 담은 가장 핵심적인 사상은 역시 민본이라고 할 수 있다. 백성이 정부보다 위에 있다는 것이다. 정부(政府), 즉 왕은 백성을 다스림에 있어서 백성을 더 위에 놓고 백성을 위하는 통치를 해야 한다는 민본사상이 〈조선경국전〉에 줄곧 깔려 있다. 이 민본사상이 우리 헌법의 기본 사상, 기본 원리로 이어져 오고 있는 것이다.

조선시대 한양의 4대문과 4소문. 창의문은 북소문, 소덕문은 서소문, 광희문은 남소문, 홍화문은 동소문으로
정도전이 디자인했다.

삼봉, 조선의 수도
한양을 디자인하다

이처럼 개국 초기, 조선의 기
틀을 잡아나가던 정도전에게
또 하나의 중요한 과업이 주어졌다.

조선은 한양을 새 도읍지로 삼았다. 정도전은 새 도읍의 도시 계
획에 착수했다. 궁궐의 위치를 정하고 사대문과 거리를 조성했다.

한양의 동쪽 관문인 동대문의 정식 명칭은 흥인지문(興仁之門)
인데, 흥인지문의 인(仁)은 유교의 으뜸 덕목이었다. 남대문은 숭례
문(崇禮門)으로 인의예지신(仁義禮知信)의 예(禮)에서 따왔다. 보신
각(普信閣)의 믿을 신(信) 자 역시 유교 덕목이었다.

정도전은 새 도읍지 한양에 유교의 이상을 담았다. 백성이 근본

이 되는 유교 이상 국가를 세우는 것이 정도전의 꿈이었다.

새 궁궐의 이름 경복궁과 모든 전각의 이름도 정도전이 지었다. 부지런히 정사를 돌보라는 의미의 근정전(勤政殿), 임금의 건강과 안녕을 기원하는 침전 강녕전(康寧殿), 이처럼 모든 전각의 이름에도 뜻을 담았다.

태조 이성계의 전폭적인 신임과 지원으로 조선의 기틀을 다져나가던 정도전에게는 또 다른 꿈이 있었다. 바로 요동정벌이었다. 원나라가 물러가고 명나라가 서던 시기, 당시 요동은 주인 없는 땅이었다. 무력으로 요동을 차지할 수 있다고 믿은 정도전은 고구려 이후 700년 만의 기회라고 여겼다.

삼봉,
이방원과 대립하다

그러나 이처럼 새로운 조선을 만들어가던 정도전의 앞에는 강력한 정적이 있었다. 나중에 태종이 되는 이방원이었다. 두 사람은 사사건건 충돌했다. 정도전은 사병 혁파를 주장했다. 사병을 자기 세력으로 삼고 있던 이방원으로서는 결코 용납할 수 없는 정책이었다. 정도전은 사병을 혁파하여 그 세력으로 요동정벌을 추진하려고 했다. 이에 이방원은 정도전의 사병혁파 운동을 자신의 집권에 결정적인 걸림돌로 보고 있었다. 그러나 이보다 더 근본적인 차이점이 있었다. 정도전은 조선이 왕권보다는 신하들의 권한, 신권이 강한 나라로 만들고 싶었다. 이 역시 이방원으로서는 결코 받아들일 수 없는 것이었다.

정도전이 구상한 정치체계의 핵심은 재상중심제다. 국왕이라는 존재는 계속 안정되게 체제를 유지해나가는 정통의 계보를 잇고 동시에 뛰어난 재상에게 일을 맡겨서 그 사람이 안정되게 국정을 이끌어가도록 한다는 것이다. 결국 정도전은 재상에게 무게 중심을 두었던 것인데, 이방원은 이를 위험한 발상이라고 본 것이다. 조선 왕조는 기본적으로 이씨의 나라인데 신하에게 모든 것을 맡기는 그런 체제는 있을 수 없다고 본 것이다.

정도전의 재상중심 체제는 고려 말 상황에 대한 반성에서 나왔다. 고려 말 공민왕, 우왕, 창왕 등을 보면서 왕권이 취약해서도 안 되고, 또 특정 권신들이 권력을 쥐고 정치를 좌지우지해서도 안 되겠다고 본 것이다. 그러나 이방원은 강력한 왕권 중심의 조선을 꿈꿨다.

갈등의 기폭제는 또 있었다. 세자 책봉 문제였다. 이방원은 자신이나 자신의 형이 세자가 되는 것이 당연하다고 여겼다. 그러나 실제로는 후처 강씨의 아들 방석이 세자가 되었고, 정도전은 자신의 측근 심효생의 딸을 세자빈으로 앉혔다. 두 사람 간의 갈등은 첨예해질 수밖에 없었다. 그 갈등은 봉합될 수 있는 것이 아니었다.

1398년 8월, 이방원은 요동정벌을 위한 진법 훈련에 불참한 죄로 태형 50대의 상징적인 벌을 받았다. 왕자이자 개국공신인 이방원에게는 치욕이었다. 이 무렵 이방원은 이미 쿠데타를 준비하고 있었다. 왕의 나라보다는 재상의 나라를 원하고 사병을 혁파하여 군권까지 쥐고 있는 정도전을 그냥 둘 수 없었던 것이다.

당시 이방원은 사병혁파정책에도 불구하고 자신의 집에 무기를 감춰두고 있었다. 이방원을 철저하게 제압하지 못한 점과 사병혁파

유학에 관한 학문적 지식이 으뜸이며, 조선 개국과 한양 건설의 공로 또한 으뜸이라는 뜻의 유종공종. 태조 이성계가 직접 하사한 글이다.

를 철저하게 끝내지 못한 점이 정도전의 결정적인 패착이었다.

삼봉 정도전, 그는 실패한 개혁가인가

1398년 8월 26일 운명의 그 날 밤에 한 무리의 무장 괴한들이 한양의 거리를 달려가고 있었다. 칼을 뽑아든 괴한들의 우두머리는 태조 이성계의 아들 이방원이었다. 그들이 노리는 인물은 정도전이었다. 그날 밤 정도전은 남은의 첩 집에서 측근들과 술을 마시고 있었다. 상황은 순식간에 끝이 났다. 정도전은 조선개국의 동지이자 정치적 라이벌이었던 이방원에게 죽임을 당했다.

경기도 평택시 은산리는 정도전과 직접적인 인연이 있는 곳은 아니다. 그런데 이곳에는 정도전 사당과 기념관이 들어서 있다. 정도전은 역적으로 몰려죽었지만 다행히 멸문지화는 피할 수 있었다. 큰아들 진이 살아남아 세종 때 형조판서를 지냈다. 그리고 정도전의 손자가 이 지역에 은둔한다. 그래서 이 지역에 정도전의 사당도 짓고 후손들도 살게 된 것이다. 이런 인연으로 봉화 정씨 집성촌이 되었다. 지금은 정도전의 후손 90여 가구가 살고 있다.

삼봉기념관 인근에 정도전의 묘가 있다. 정도전은 시신조차 수습할 수 없었다. 이 묘소는 후손들이 만든 가묘다. 정도전 사당 앞에 마련된 삼봉기념관에는 정도전의 유품과 저술, 친필 병풍 등 그에 관한 자료가 총망라되어 있다. 특히 이곳의 장판각에는 특별한 유물이 보관되어 있다. 이곳에 보관중인 삼봉집 목판은 모두 258판이다. 여기에 정도전의 사상과 철학이 모두 담겨 있다.

삼봉기념관 뒤켠에 마련된 정도전 사당인 문헌사로 들어서면 현판이 눈길을 끈다. 유종공종(儒宗功宗). 유학에 관한 학문적 지식이 으뜸이요, 조선 개국과 한양 건설의 공로 또한 으뜸이라는 뜻이다. 이 글은 태조 이성계가 직접 하사한 것이다. 사당 안에는 정도전 영정과 위패가 모셔져 있다. 문헌공은 나중에 정도전이 받은 시호였다.

역사는 승자의 기록이다. 조선은 철저하게 정도전을 외면했다. 그에게 간신이라는 오명이 씌워지기도 했다. 정도전은 이방원에게 살해되었고 권력투쟁의 승자 이방원은 왕이 되었다. 오랜 세월이 지나 조선은 비로소 그를 복권시키고 문헌공이라는 시호를 내렸다.

그가 복권되는 데는 무려 460여 년이 걸렸다. 철저한 민본사상으로 개혁을 주창했던 정도전은 비극적인 최후와 이후의 평가로 오랫동안 역사의 변두리에 서 있었다. 삼봉 정도전, 그는 비운의 혁명가였을까, 개혁가였을까?

2
변절자인가?
킹메이커인가?

세조는 사육신을 위시한 반대파를 제거하고 조카 단종까지 사사하며 왕좌에 올랐다. 쿠데타로 왕위에 올랐다는 멍에 때문이었는지 세조는 국정에 몰두했다. 의욕적인 세조를 보필하며 결국 그를 성공한 임금으로 만들어낸 참모는 단연 신숙주다. 사육신인 성삼문처럼 죽음으로 명예를 지킬 수도 있었지만 다른 선택을 했던 신숙주. 그는 세조 치하에서 국방과 외치 그리고 문화를 맡아 조선 초기의 빛나는 문화를 창달했다.

신숙주가 수양대군과 손잡고 계유정난을 일으켰던 1450년대, 중국에서도 커다란 변고가 일어난다. 1449년 몽골계 부족 오이라트의 족장 에센이 중국 변방을 침입한다. 당시 황제였던 정통제는 직접 50만 대군을 이끌고 토벌에 나섰으나, 오히려 대패하고 사로잡히는 '토목의 변'이 일어난다. 황제가 사로잡히자 명나라 조정은 영종의 이복동생인 주기옥을 경태제로 옹립했지만 1450년 오이라트가 정통제를 돌려보냄으로써, 자금성의 주인이 둘인 미묘한 상황이 벌어졌다. 이후 몇 년에 걸쳐 정통제파와 경태제파가 황권을 두고 치열한 다툼을 벌이다가, 1457년 '탈문의 변'으로 정통제(재등극 후 천순제)파가 승리하며 이 혼란은 막을 내린다.

이 시기 유럽에서도 유럽 문명사를 바꿔놓을 만한 사건이 발생한다. 1450년 독일 인쇄업자인 구텐베르크가 금속활자로 인쇄 혁명을 일으켰고, 이후 인쇄 혁명은 서양의 문명을 빠르게 발전시킨 기폭제가 되었다. 책이 유럽에 널리 보급되면서 사상가와 철학가, 문학가들의 창작활동이 활발해졌다. 이후 유럽을 뒤흔든 종교개혁도 구텐베르크의 인쇄 혁명에서 기인한다.

보한재 신숙주 申叔舟
1417~1475

사육신의
단종복위계획이 실패하다

세조 2년 6월 성삼문을 중심으로 박팽년, 하위지 같은 집현전 젊은 신하들은 세조 암살을 모의했다. 힘으로 왕좌에 오른 수양대군을 몰아내고 단종을 복위시키려는 계획이었다. 이는 조선의 정통성을 다시 세우는 일이었다. 때마침 중국에서 사신단이 도착했다. 사신단을 위한 연회 때 칼춤을 추는 척하다가 세조와 그의 신하들을 제거하기로 했다. 이때 집현전 동료였던 신숙주도 제거대상으로 거론됐다.

신숙주는 나와 서로 좋은 사이지만 죽어야 마땅하다. 〈세조실록〉 중

성삼문(1418~1456)은 친구라도 죄질이 무거우니 마땅히 신숙주를 죽여야 한다고 주장했다. 하지만 실행에 옮기기도 전에 단종 복

위 계획은 물거품이 됐다. 운검(임금의 행차 때 좌우에서 호위하는 무사)은 갑자기 취소됐으며 밀고자까지 생겼던 것이다. 세조의 응징은 가혹했다. 모진 국문을 당하면서도 젊은 신하들은 왕위찬탈의 부당함을 외쳤다. 임금은 둘이 될 수 없다며 세조에게 맞섰던 성삼문을 비롯한 사육신들의 반대편에는 집현전에서 동고동락했던 신숙주가 있었다.

신숙주, 그는 왜 배신의 상징이 되었을까?

강원도 영월군은 단종이 노산군으로 강등된 채 유배를 온 땅이다. 조선 왕조의 정통성을 위해 사육신은 목숨을 바쳤지만 이는 힘없는 왕인 단종을 사지로 몰아넣는 결과를 초래한다. 단종의 유배지인 청령포는 삼면이 깊은 강물로 둘러싸여 있을 뿐 아니라 한쪽 면은 높은 벼랑인 육육봉에 가로막힌 천혜의 감옥이었다. 청령포를 유배지로 선택한 이는 세종의 고명을 받은 신숙주였다. 이름뿐인 왕으로라도 살고자 했지만 이를 허락하지 않았던 숙부와 훈구파 대신들에 의해 청령포에 갇힌 어린 임금 단종은 이곳에서 늘 죽음의 공포에 떨며 외롭고 고달픈 유배생활을 했다.

그러나 노산군이 살아 있는 한 언제든지 다시 복위 운동이 일어날 가능성이 있었다. 그래서 세조(1417~1468)는 늘 자리가 불안한 반쪽짜리 임금일 수밖에 없었다. 이때 신숙주가 어전에 나가 노산군을 사사해야 한다고 주청을 올린다. 반란의 싹을 제거해야 한다는 논리였다. 결국 세조는 어린 조카를 죽음에 이르게 한다.

충북 청원군 가덕면 인차리에 신숙주의 영정을 봉안한 구봉영

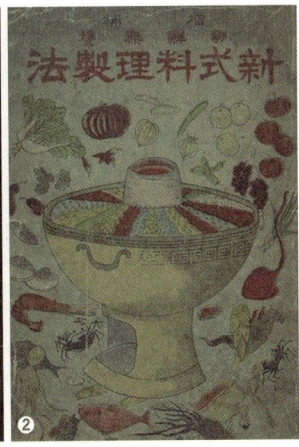

❶ 숙주나물 ❷ 숙주나물의 유래를 설명하고 있는 〈조선무쌍신식요리제법〉.

당이 자리하고 있다. 신숙주는 조선 초 최대 피바람이 불던 정치적 폭풍의 한가운데 서 있었다. 그는 사육신과 단종 유배로 인해 세상으로부터 변절자라는 낙인이 찍혔다. 변질이 잘 되는 녹두나물을 신숙주에 빗대어 숙주나물이라 고쳐 부른 것만 해도 사람들의 그에 대한 시각을 알 수 있다. 지조와 명분을 중시했던 유교국가 조선에서 신숙주는 배신의 상징이 됐다.

> 나물을 만두 속으로 넣을 적에 짓이겨 넣기 때문에 신숙주를 이 나물처럼 찧는다고 숙주나물이라 하였다. - 〈조선무쌍신식요리제법〉 중

신숙주, 그는 과연
비열한 변절자일까?

왕자의 난을 일으켜 왕이 된 태종의 셋째아들로 태어나 세자 양녕대군을 제치고 왕이 된 세종은 처음에는 왕이 될 사람이 아니었지만 운명은 그를 왕으로 만들었다. 세종(1397~1450)이 다스리며 키워낸 조선은 500년 역사상 다시 없을 정도의 태평성대였다. 하지만 1450년 2월, 조선 왕조의 황금기를 꽃피웠던 세종시대는 막을 내리고 만다. 뒤이어 왕위에 오른 이는 29년간 세자의 자리에 있던 세종의 첫째아들 문종이었다. 그러나 문종(1414~1452)은 병약했다. 자신의 죽음을 예감이라도 한 듯 집현전 학사들에게 세자 홍위를 부탁하고 치세 2년 만에 붕어했다. 아버지 문종이 걱정했던 세자가 바로 조선의 6대 임금인 단종(1441~1457)이다. 열두 살에 왕위에 오른 그는 생후 사흘 만에 생모를 여의고 세종의 후궁인 혜빈 양씨 품에서 자랐다. 그런 연유로 왕실에는 섭정을 담당할 어른이 마땅히 없었다.

결국 문종으로부터 세자를 부탁한다는 고명을 받은 김종서(1383~1453)와 황보인 같은 신하들이 수렴청정처럼 국왕을 보필할 책무와 권한을 손에 쥐게 되었다. 이는 왕권보다는 신권이 막강해지는 결과를 초래한다. 황표정사(黃標政事)라는 말까지 나돌았다. 즉 모든 결정은 신하들의 뜻에 따르며 단종은 형식적인 결재만 할 뿐이었다.

황표정사에 대해서는 단종 즉위 7월에 있었던 판서, 참판급 인사를 단행할 때를 예로 들어 실록은 기록해두고 있다. 고을의 장수와 수령은 반드시 3인의 성명을 썼으나, 그중 쓸 만한 1인을 취하여 황표를 붙여서 아뢰면 단종이 다만 붓으로 낙점할 뿐이었다.

　무소불위의 권력을 행사하던 고명대신을 견제했던 세력은 단종의 숙부인 대군들이었다. 정치적 야심이 큰 수양대군은 그 위엄과 자질로 사람들의 촉망을 받았다. 또한 학문과 풍류로 이름을 드날린 안평대군 또한 따르는 무리가 많았다.

　집현전 학자로 두각을 나타낸 신숙주는 수양대군은 물론 안평대군과 훈민정음의 실용적 연구를 함께한 가까운 사이였다. 세종이 여러 가지 국책과제나 사업을 벌이면 왕자들도 적극적으로 참여했고, 신숙주 역시 성삼문 등과 더불어 세종의 총애를 받는 학자로 왕자들과 함께 일할 기회가 많았다. 그런 과정에서 그는 수양대군의 리더십이나 안평대군의 예술적 재능을 확실하게 이해하고 있었다. 그 무렵 신숙주는 승정원 부승지였으므로 별 권세 없는 중급 관료에 지나지 않았다. 하지만 그는 운명처럼 수양대군과 조우한다. 어느 날 수양대군은 자신의 집 앞을 지나가던 신숙주를 불러 세웠다. 당시는 분경금지법(奔競禁止法)이라고 해서 하급관리가 상급관리의 집에 드나드는 것을 규제하는 법이 있었다. 벼슬 청탁을 막는다는 명목이었지만 사실상 대군들을 고립시키는 법이었다.

　수양대군은 우연을 가장하여 신숙주를 집안으로 불러들였다. 신숙주 같은 브레인을 자기 사람으로 만들고자 했기 때문이었을 것이나. 그는 신숙주에게 속내를 내비쳤다. 사람이 죽으려면 사직을 위해서 죽을 일이라고 운을 떼웠다. 이에 신숙주는 장부가 편안히 아녀자의 품에서 죽는다면 그것은 재가부지(在家不知)*가 아니겠느

---

* 재가부지 : 집에 머물러 있으면서 세상 돌아가는 것을 전혀 모른다는 것을 의미.

❶ 계유정난을 묘사한 장면 ❷ 김종서. 세조는 계유정난을 일으켜 김종서를 제거한다.

냐고 응수한다.

신숙주, 수양대군과 뜻을 함께 하다

신숙주의 속내를 읽은 수양대 군은 그 자리에서 중국행을 제 안한다. 그리고 신숙주는 수양대군과 함께 사은사 대열에 합류한다. 사은사란 새 왕이 등극했을 때 명나라 황제의 공인을 받기 위해 떠 나는 사신이었다. 고명 사은사는 원래 삼정승 중에서 한 명이 가는 것이 관례였으나 수양대군은 사은사를 자처했다. 당시에는 그를 견 제하는 세력들이 많았다. 따라서 수양대군은 자신을 견제하는 세 력에게 긴장을 풀게 하고, 자신이 단종을 확실하게 지지하고 있다 는 것을 나타내는 방법을 쓴 것이다. 결국 수양대군은 고도의 정치 적 감각을 가진 인물이었다. 수양대군의 중국행은 실보다는 득이 많 은 행보였다. 우선 정적들을 안심시키기에 충분했다. 또한 명나라 내 에서의 입지를 다지는 것은 물론 집현전 학자인 신숙주를 자신의 심복으로 만들 수 있는 절호의 기회를 가진 셈이다. 사정관(3급 비서관)이 되어 사신단에 동행한 신숙주와 수양대군은 보통 4개월 이상 걸리는 장거리 여행길에서 직접적인 인간관계를 맺으며 서로에 대해 깊이 이해하게 되었을 것이다. 훗날 세조는 이때부터 신숙주와 뜻이 통했고 그를 신뢰하게 되었다고 회상한다.

중국행으로 정적들을 안심시켰던 수양대군은 그들의 의표를 찔렀다. 쿠데타를 일으킨 것이다. 이른바 계유정난(癸酉靖難)*이었다. 숙청은 대담하고도 참혹했다. 먼저 김종서를 처단했으며 황보인과 조극관 등을 역적으로 몰아 차례로 참살했다. 단숨에 정적을 제거한 수양대군은 스스로 영의정부사와 이조, 병조의 수장에 올라 전무후무한 실권을 장악한다. 계유정난 당시 신숙주는 한명회나 권람, 또는 홍윤성, 양정, 유숙 같은 무신들에 비해서는 공이 적었다. 그럼에도 불구하고 수양대군이 신숙주에게 상당한 권한을 부여했던 까닭은 그가 그만큼 능력이 있었기 때문이다. 신숙주는 정난공신 2등에 오르며 승정원 좌승지로 승차되었다. 이는 집현전 싱크탱크를 자신의 편으로 돌리기 위한 수양의 전략이었다.

실제로 수양대군은 이후, 왕권 강화를 위한 여러 가지 사업을 추진한다. 〈경국대전〉이라는 법전, 〈동국통감〉이라는 역사서, 그리고 유교적 예서 등을 편찬한다. 이때 신숙주는 전형적인 실무관료(테크노크라트)로서의 능력을 발휘한다.

신숙주는 물론이고 성삼문 같은 학자들도 계유정난 직후에는 침묵했다. 이때만 해도 어린 왕을 보위한다는 명분이 있었기 때문이었다. 하지만 요직을 두루 차지한 수양의 측근들은 단종에게 양

---

* 계유정난 – 1453년 수양대군이 영의정 황보인, 좌의정 김종서, 이조판서 조극관 등을 죽이고 정권을 장악한 사건.

❶ 형과는 다른 선택을 한 신말주(원 안)와 불사이군의 충절을 지키기 위해 낙향하여 그가 세운 귀래정 ❷ 신숙주의 영정 ❸ 그의 18대 직계손 단재 신채호. 일제 강점기의 독립운동가이자 역사가인 그는 실리를 택한 자신의 조상 신숙주보다 지조와 절개를 지킨 정몽주를 더 닮고자 했다. 그래서 호도 정몽주의 단심가에서 따온 단재로 지었다.

위를 강요하기 시작했다.

내가 어려서 사직의 일을 잘 알지 못하므로 간악한 무리가 잇달

아 반란을 모색하니 사직의 대임을 영의정에게 전하노라. - 〈단
종실록〉 중

결국 단종은 서슬 퍼런 숙부의 위협에 못 이겨 왕위를 물려주고
상왕으로 물러난다. 힘으로 왕좌를 빼앗는 일이었기에 집현전 학
자들은 강하게 반발했다. 이를 계기로 신숙주와 성삼문은 완전히
다른 길을 가게 된다. 양위 당시 동부승지였던 성삼문은 옥새를
수양대군에게 넘겨주는 역할을 맡았다고 한다. 한참 동안이나 옥
새를 잡고 넘기지 않으려 했던 성삼문은 선왕의 고명을 지키지 못
한 신하라 하며 통곡하였다. 하지만 아무도 기세등등한 수양대군
을 막을 수 없었다. 결국 그는 1455년 조선의 7대 임금인 세조가
된다.

전북 순창군 순창읍 가남리에는 귀래정(歸來停)이라는 정자가
있다. 금산을 마주보는 곳에 세워진 정자로 이는 형 신숙주의
변절에 실망한 신말주(1439 ~ ?)가 자신의 호를 따서 세운 것이
다. 신숙주의 막냇동생인 신말주는 단종이 물러나고 세조가 즉
위하자 불사이군의 충절을 지키기 위해 처가인 순창 남산대로
낙향하였다. 후일 세조가 신숙주를 통해 신말주가 관직에 오르
길 청하지만 신말주는 부인의 건강이 몹시 위급하다며 아버지
처럼 여겼던 형의 부탁을 거절한 일화가 전해진다.

이긍익의 〈연려실기술〉에는 신숙주의 부인인 윤씨가 집현전 동
료들을 배신하고 돌아온 남편을 비난하며 자진했다는 이야기도 있
지만, 이는 당시 사람들의 정서를 나타내는 허구로 보는 것이 타당

하다. 결국 세조의 왕위찬탈을 묵인했던 신숙주의 반대편에 섰던 것은 비단 집현전 학자들만은 아니었다. 명분 없는 세조를 따른다는 것은 이처럼 혈육마저도 적으로 돌리는 길이었다.

신숙주, 세조의 왕위 등극에 대한 고명을 받아오다

무력으로 왕좌에 오른 세조에게는 넘어야 할 높은 산이 있었다. 그것은 명나라의 공식적인 인정이었다. 이를 위해서는 중요한 인물이 발탁되어야 했다. 세조는 그 중차대한 소임을 신숙주에게 맡긴다. 세조 즉위년 10월에 신숙주는 또다시 연경 땅을 밟는다. 쿠데타 정권의 정통성과 정당성을 입증하는 임무였다. 만약 명나라에서 세조의 왕위 등극을 문제 삼는다면 이는 치명적일 수 있었다. 하지만 언어 능력이 뛰어났을 뿐 아니라 외교 수완까지 겸비했던 신숙주는 명나라 황제의 고명을 성공적으로 받아온다. 이는 변칙적인 방법으로 왕위에 오른 세조의 정당성을 인정받은 것이다.

세조는 자신의 쿠데타를 정당화하는 데 힘을 보탠 신숙주의 이런 능력을 미리 알아보고 신숙주를 자신의 사람으로 만들었던 것이다. 신숙주를 향한 세조의 무한한 신뢰는 실록에서도 찾아볼 수 있다. 세조는 "당태종에게 위징이 있었다면 나에게는 신숙주가 있다."라고 했다. 당태종에게 직언을 아끼지 않았던 명재상 위징에 신숙주를 비유한 것이다. 통치를 위한 최고 참모로 신숙주를 선택했던 세조의 판단은 정확했다. 병조판서와 좌찬성을 거쳐 우의정, 좌의

정, 영의정까지 거침없이 승진을 거듭했던 신숙주는 외교와 문화 통치에서 기량을 유감없이 발휘했다. 이처럼 조선 초기, 문화와 외교 정치사에서 중요한 디딤돌을 만들어 세조의 든든한 조력자로 살았던 신숙주의 결단이 흔들리던 나라에 큰 힘이 되었던 것은 분명하다. 하지만 역사는 그를 다르게 기록하고 있다.

그러면 역사는 왜 신숙주를 변절자로만 기억하는 것일까. 이는 조선 시대 역사 기록이 16세기 이후가 되면 완전히 사림세력이 주도하게 된 데에 기인한다. 이전 인물들에 대한 평가가 사림세력의 역사적인 판단 기준에 의해 작성되었기 때문이다. 즉, '그가 어떤 업적을 남겼는가' 하는 것은 부수적인 문제가 되고, 더 중요한 것은 '사람으로서 지켜야 할 도리나 명분에 맞는 행동을 제대로 했는가' 하는 것이 절대적인 평가 기준이었다. 그런 이유로 조선 시대 내내 신숙주는 변절자라는 낙인에서 벗어나기가 어려웠던 것이다. 후대의 평가에 의해 변절자라는 낙인이 찍혔지만 누가 뭐라고 해도 그는 당대 제일의 석학이었다. 명분을 버리고 현실을 직시했던 신숙주의 선택은 조선왕조 500년의 기틀을 다지는 든든한 초석이 되었다.

세조는 국정에 열심이었다. 신숙주는 의욕적인 세조를 보필하며 결국 성공한 임금으로 만들어냈다. 그는 집현전 학자로서 한글반포에 공을 세운 것은 물론이고, 〈동국통감〉과 〈경국대전〉 같은 역사서와 법전 편찬을 주도했다. 또한 지리서 〈해동제국기〉를 남기는 등 조선 전기의 문물제도 완성을 지휘한다. 이러한 신숙주의 치적은 세조를 따른 선택에서 시작됐다.

영민하고 특출난 아이, 신숙주

호남의 천년고도 나주는 지형이 서울과 비슷할 뿐 아니라 예부터 벼슬하는 인물이 많이 배출돼 작은 한양이라 불렸다. 영산강의 풍부한 수량과 나주평야의 기름진 들판이 풍요로움을 선사했던 땅 나주는 고려 초부터 조선 말까지 전라도의 중심지였다. 나주에서도 첫손가락에 꼽히는 곳은 노안면 금안동이다. 이곳은 예부터 영암의 구림, 정읍의 태인과 함께 전라도 3대 명촌으로 불리는 유서 깊은 마을이다. 또한 신숙주의 고향이기도 하다. 신숙주의 가문인 고령 신씨는 대대로 경상도 고령에 터를 잡았던 것으로 알려졌다. 그런데 신숙주는 어떤 연유로 이곳 나주에서 태어났을까? 그 인연은 신숙주의 아버지가 나주 정씨의 사위가 되면서 비롯됐다. 금안동은 신숙주의 외가였던 것이다.

고려의 명신이었던 정가신(? ~1298)은 문장에 능했을 뿐만 아니라 역사서인 〈천추금경록〉을 지은 신숙주의 외가 쪽 조상이다. 그를 기리기 위해 세워진 것이 설재서원이다. 덕망이 높았던 선조인 정가신이 학문적 분위기를 가꾸어 놓은 이곳은 최고 교육환경을 제공했다. 지역 선비들이 모여 학문을 논했던 정자 쌍계정에 어린 신숙주는 마음껏 드나들며 자연스레 학문을 접했다. 조선 최고 학자 신숙주의 학문적 기초는 어린 시절부터 단단하게 뿌리를 내렸다. 또한 타고난 총명함과 학문에 대한 열정이라는 자양분은 그를 큰 나무로 자라게 하기에 충분했다.

신숙주의 어린 시절에 대해서는 그의 평생 행적을 기록하여 묘 앞에 세우는 비석인 신도비에서도 찾아볼 수 있다.

> 공은 어려서부터 영민하고 준수하여 그를 보는 사람은 큰 그릇이 될 것이라는 것을 알았다. - 신숙주신도비

아들의 재능을 알아본 그의 아버지는 신숙주가 일곱 살 무렵 서울로 이사를 온다. 그때부터 그는 집현전을 창설했던 학자 윤회의 문하에서 수학한다. 그리고 그가 스물두 살이 되던 해인 세종 20년에 신숙주는 진사시에 장원으로 급제한다. 그런데 전농시 직장으로 관직생활을 시작한 그에게 뜻하지 않은 시련이 닥친다. 이조에서 신숙주에게 궁중 제사 행사를 맡도록 명했는데 아전이 이를 전하지 않아 참여하지 못한 일이 생긴 것이었다. 실수를 한 아전이 파면당할 것이 분명한 상황이었다. 하지만 신숙주는 공문을 받고도 나가지 않은 자신의 잘못이라며 실수를 덮어주는 아량을 보인다. 첫 관직에서의 시련을 자신의 실수인양 처신했던 신숙주의 속내를 뒷날 그가 자손들을 위해 쓴 글을 살펴봄으로써 짐작할 수 있다.

> 만약 형세가 스스로 변명할 수 없는 경우에는 그 자리에서 물러나 조용한 마음으로 남을 용서하고 명철한 판단으로 자신의 몸을 보전할 따름이다. - 〈보한재집〉 중

신숙주, 집현전 학자가 되다

위기를 넘긴 신숙주는 스물다섯 살 때인 세종 23년, 집현전 부수찬에 임명된다. 집현전 학자가 된다는 것은 선비로서의 가능

성을 인정받는 명예로운 일이었다. 중국의 옛 제도에 대해 연구하고 편찬하는 학술사업을 주도했던 집현전. 세종은 학자들의 활발한 연구를 지원하기 위해 많은 책을 구입하거나 인쇄해 집현전에 보관하도록 했다. 공부를 업으로 삼는 선비로서 많은 책들을 마음껏 읽을 수 있다는 것은 가슴 벅찬 일이었다. 신숙주는 가장 늦게까지 남아 독서에 매진했다. 여느 때와 마찬가지로 독서 삼매경에 빠졌던 신숙주는 책을 읽다 그만 잠이 들었다. 잠에서 깬 신숙주는 놀라지 않을 수 없었다. 어의를 걸치고 있었기 때문이었다. 매일 밤 늦게까지 학문에 정진하는 자신을 격려하기 위해 세종이 하사했던 상이었다. 공부하는 신하를 가상하게 여겼던 세종과 신숙주의 일화는 이긍익이 지은 역사서 〈연려실기술〉에서도 찾아볼 수 있다.

내시가 아뢰기를 "서너 번이나 가서 보아도 글 읽기를 오히려 끝내지 않다가 닭이 울자 비로소 취침하였습니다." 임금이 이를 가상히 여겨 어의를 벗어 덮어주게 하였다. - 〈연려실기술〉 중

이 일로 신숙주는 집현전뿐 아니라 대신들의 주목을 한몸에 받게 되었다. 술이 취해도 반드시 자다가 깨어 글을 읽고 잘 정도로 신숙주는 독서를 즐겼다. 학문을 사랑하는 젊은 학자의 열정은 세종을 흡족하게 했으며 그 결과 임금의 두터운 신뢰를 얻게 했다.

세종께서 일찍이 말씀하시기를 '신숙주는 큰일을 맡길 만한 사

람이다.' - 〈문종실록〉 중

신숙주, 외교관으로 명성을 떨치다

세종은 때때로 신숙주에게 중요한 일을 맡겼다. 중국의 문장가이자 학자로 소문난 예겸이 조선에 오자 세종은 신숙주를 보내 그와 학문의 깊이를 겨루게 했다. 명나라 일급 문신인 예겸은 조선이라는 조그만 땅에 무슨 인재가 있겠느냐며 도도하게 굴었다. 그러나 조선을 비웃던 명나라 사신 예겸은 신숙주의 시문을 보고 깜짝 놀랐다고 한다. 예겸은 신숙주의 재능과 학문에 탄복했다. 그리고 그를 조선의 굴원이라고 높이 평가하기도 했다. 신숙주는 전문적인 외교관으로서의 자질을 가지고 있었다. 그는 학식뿐만 아니라 뛰어난 언어구사능력도 갖추고 있었다. 전하는 바에 의하면 그는 중국어는 물론 여진어, 일본어, 몽골어 등 7개 국어에 능통한 언어 천재였다고 한다. 이러한 능력은 외교에 지대한 영향을 주었다. 외교관으로서 두각을 드러냈던 그는 스물일곱 살이 되던 해, 통신사 서장관 자격으로 일본에 가게 된다. 대마도 정벌로 관계가 끊어졌던 일본과의 교류를 재개하기 위해서였다. 신숙주는 단순한 외교관이 아니었다. 그는 틈틈이 일본의 지형을 살폈으며 풍습과 정세의 특징을 세세하게 기록했다. 그리고 이를 바탕으로 〈해동제국기(海東諸國記)〉를 썼다. 이는 일본에 관한 최초 탐구서이자 이후 사신들의 길라잡이가 되었다. 성종 2년에 편찬한 〈해동제국기〉에는 일본국본도를 비롯한 6장의 지도가 포함되어 있다. 일본에 대한 정확한 이해는 조선의 정치적 안정을 위

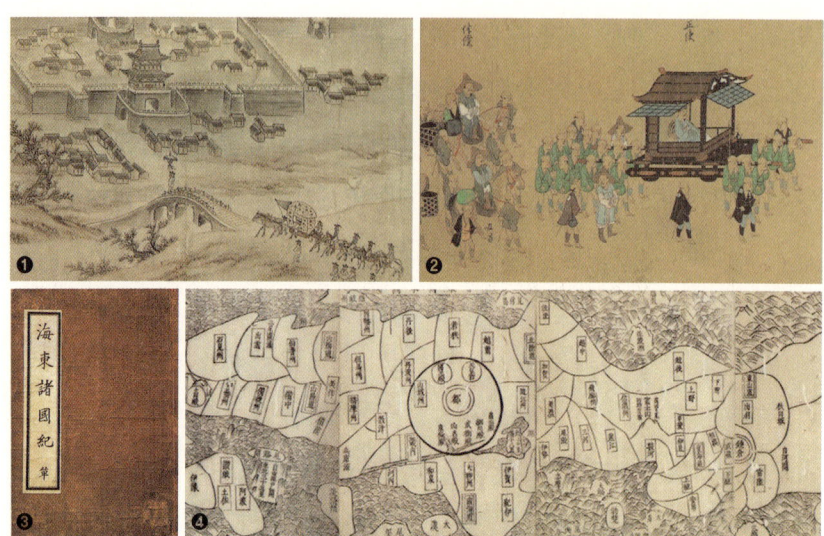

❶, ❷ 북경과 일본에 각각 사절이 되어 방문했던 외교 전문가 신숙주 행렬 ❸ 신숙주가 일본에서 돌아온 후 지은 해동제국기 ❹ 일본의 지도를 그린 일본본국도.

한 첫걸음이었다. 신숙주가 그린 일본 지도는 정확하고 세밀한 것이 특징이다. 이는 외교관으로서의 그의 치밀한 면모를 보여주는 것이다.

신숙주, 훈민정음 창제와 실용화에 힘을 보태다

통신사로서의 임무를 무사히 마치고 돌아온 그는 이때부터 집현전 학자인 박팽년, 정인지, 성삼문 등과 함께 본격적으로 훈민정음 사업에 관여한다. 우리나라 역사가 자랑할 가장 우수한 문화적 발명은 아마도 훈민정음 창제일 것이다. 한글이 창제된 것은 1443년 세종 25년의 일이다. 백성을 가르치는 바른 소리인 이 위대한 유산의 주역은 말할 것도 없이 세종대왕이다. 하지만 세종의 뜻은 신숙주와 같은 젊은 집현전 학자의 뒷받침이 있었기에 빛을 발할 수 있었다.

세종은 신숙주를 앞세워 한글 운용에 박차를 가하고자 했다. 이때 편찬된 것이 최초 운서인 〈동국정운〉이다. 동국정운이란 말 그대로 우리나라의 바른 음이라는 뜻이다. 신숙주는 정확한 발음 체계를 세우기 위해 요동땅을 13차례나 방문해 명나라 언어학자 황찬으로부터 조언을 구했다. 그는 모두 91운 23장으로 정리했으며 글자마다 국어 음을 먼저 표기한 다음 그 밑에 한자를 덧붙였다. 발로 뛰며 훈민정음의 실용적 연구에 심혈을 기울였던 신숙주와 운서작업에 함께 매달렸던 이가 바로 사육신 중 한 사람인 성삼문이었다. 성삼문은 신숙주보다 한 살 어렸으나 둘은 친구였다. 두 사람은 집현전 학자로 나란히 활약했으며 정계 진출 초기부터 뜻을 같이했던 학문적 동지였다. 하지만 계유정난을 주도했던 수양대군이 결국 왕좌에 오르게 되면서 평생지기였던 신숙주와 성삼문은 정반대의 길을 걷게 된다. 충문공(忠文公)과 문충공(文忠公). 나중에 성삼문은 충문, 신숙주는 문충이라는 시호를 받았다. 이는 성삼문은 충이 앞서고, 신숙주는 문이 앞선다는 역사의 평가인 것이다.

신숙주, 군사전략가로서의 면모를 보이다

세조를 선택한 그는 승승장구하며 임금이 가장 신임하는 중신 중 중신이 된다. 군사 분야에서도 특출함을 보인 신숙주는 세조 6년인 1460년, 여진족 토벌에 나섰다. 이는 야전부시도(夜戰賦

신숙주의 기개와 강단을 그린 야전부시도.

詩圖)라는 그림으로 남아 지금도 전해지고 있다.

기록이 전하는 당시의 일화는 신숙주의 기상을 대변한다. 어느 날 밤 여진족이 기습 공격을 감행했다. 모두가 당황하던 그때 그는 태연함을 잃지 않았다고 한다. 붓과 벼루를 가져오게 한 신숙주는 시 한 수를 적어 내려갔다.

오랑캐 땅에 서리 내려
요새는 차가운데
기마병이 백 리에 뻗쳐 있구나
야전은 그치지 않았는데
날은 벌써 밝으려 하고
누워서 보니 북두칠성이
반짝이는구나
- 야전부시 중

조선 군사의 위엄을 과시했던 군사 전략가 신숙주의 면모는 저술에까지 이어진다. 그는 세조가 하사한 군사 서적에 주석을 단 〈병장설(兵將說)〉을 간행했다.

신숙주가 편찬한 저서들.

신숙주, 조선왕조 500년의
기틀을 다지는 초석이 되다

영의정을 두 번 지냈으며 네 번이나 공신에 책봉되었던 신숙주는 조선의 법제, 의례 및 역사를 망라한 문헌편찬사업을 주관하며 조선의 문화 부흥을 이끌었다. 특히 〈세종실록〉 편찬에 참여했고 〈세조실록〉과 〈예종실록〉에도 책임을 맡았다. 이 밖에도 조선왕조 통치의 기틀이 된 기본 법전인 〈경국대전〉*의 기초를 잡음으로써 성종 때 그것이 간행될 수 있도록 했다. 또한 조선의 다섯 가지 의례의 예법과 절차에 관하여 기록한 예서인 〈오례의〉**를 완성하

---

 * 경국대전 : 세조의 명에 의해 편찬을 시작하여 성종 때 완성된 조선의 기본 법전.
 ** 오례의 : 유교 윤리의 보급을 위해 길례(吉禮), 흉례(凶禮), 군례(軍禮), 빈례(賓禮), 가례(嘉禮) 를 규정한 책.

기도 했다. 이처럼 신숙주는 여러 분야에서 나라의 기틀을 다졌던 전문 관료였다.

조선의 왕과 왕비의 신주를 봉안하고 제사를 올리는 곳인 종묘. 왕과 왕비의 신주를 모신 정전 맞은편에는 공신당이 자리하고 있다. 공신당에는 모두 여든세 명의 충신들이 모셔져 있다. 기라성 같은 조선 인물들의 위패, 그들과 나란히 신숙주의 위패가 있다. 그는 이곳에 조선 9대 임금, 성종의 공신으로 배향되었다. 개인적인 영달을 추구하기보다 나라의 미래를 고민했던 학자 신숙주의 뜻은 조선왕조 500년을 빛나게 한 초석이 되었다.

3
바람으로 살다간
아웃사이더

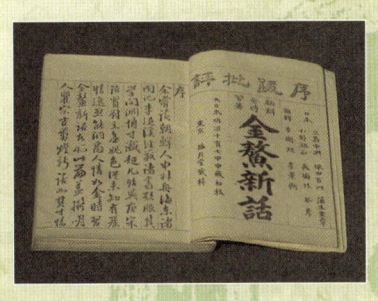

김시습은 태어난 지 여덟 달 만에 글을 깨쳤으며 세 살 때부터 시를 지었다고 한다. 다섯 살 때는 세종에게까지 불려가 시를 지어 5세 신동으로 이름을 떨친다. 누구보다 명민한 유학자였던 김시습은 설잠이라는 법명을 짓고, 승려의 행색으로 길을 떠난다. 그가 방랑생활에 들어간 이유는 무엇일까?

부여의 무량사에서 말년의 김시습이 은거하던 1490년대, 유럽에서는 대항해시대
가 본격적으로 열리고 있었다. 1492년 카스티야 왕국의 이사벨 1세와 남편인 아
라곤의 페르난도 국왕은 인도로 가는 새롭고 더 가까운 항로를 찾겠다는 크리스
토퍼 콜럼버스의 계획을 허락하고 탐험을 지원했다. 콜럼버스는 여러 번의 위기
를 넘기고 모진 고생을 한 끝에 1492년 10월 12일 새로운 땅에 상륙하는 데 성공
했다. 콜럼버스가 죽기 전까지도 인도 땅이라고 생각해 이름도 서인도라고 이름
을 붙였던 곳은 사실 현재의 아이티와 도미니카 공화국이 자리 잡고 있는 히스파
니올라 섬이었다. 콜럼버스의 탐험을 기점으로 본격적으로 아메리카 대륙이 유럽
에 알려지기 시작했다. 이베리아 반도의 또 다른 국가인 포르투갈도 대항해시대
의 한 축이었다. 1498년 바스코 다 가마의 인도 여행을 시작으로 인도에 상륙한
포르투갈 인들은 인도와 유럽 사이의 무역을 독점하며 막대한 부를 쌓기 시작했
다. 이후 대항해시대는 식민지 쟁탈전으로 비화하기 시작했다.

매월당 김시습 金時習
1435~1493

매월당, 선비이기를 포기하고 상투를 자르다

1453년 10월 10일. 쿠데타가 일어났다. 권력을 지키려는 자들과 빼앗으려 하는 자들 간의 목숨을 건 싸움, 이른바 계유정난이었다. 난을 일으킨 주범은 단종의 숙부인 수양대군으로 김종서와 황보인 같은 충신을 잃은 단종은 이름뿐인 왕이 되었다. 서슬 퍼런 숙부의 위협에 단종은 결국 왕위를 내놓는다. 1455년 마침내 수양대군은 조선의 7대 임금 세조가 된다.

유학적 가치체계를 완전히 뒤엎는 세조의 왕위찬탈에 조선의 선비들은 망연자실했다. 매월당 김시습도 그중 하나였다. 북한산 중흥사에서 과거공부를 하던 그는 통곡을 한 후 읽던 책을 모두 불살랐다. 그리고 더 이상 선비이기를 포기한 듯 상투를 잘랐다. 인의예지가 무너진 세상에서 선비의 뜻을 펼칠 수 없었다. 기꺼이 벼슬길을 단념하고 세상을 흘겨보면서 바른 말과 과격한 주장을 피력했던 매월당 김시습은 비뚤어진 세상에 일침을 놓는 바람이었다.

❶ 김시습이 울분을 토했다고 하는 매월폭포. ❷ 사곡촌 아홉 선비의 회합의 장소 매월대. ❸ 바둑을 두며 단종의 복위를 도모했던 사곡촌 아홉 선비. ❹ 그들의 의기를 기리는 사당 구은사.

매월당, 복계산 사곡촌에서 때를 기다리다

험준한 산악지대가 받치고 있는 비옥한 철원평야와 그 사이를 가로질러 흐르는 한탄강을 온몸으로 껴안고 있는 고을인 철원. 아름다운 절벽과 협곡이 발달한 이곳은 천혜의 자연환경으로 예부터 축복받은 땅이라고 불렸다.

철원은 삼국시대부터 현대사에 이르기까지 역사적으로 중요한 곳이었다. 궁예는 이곳에 태봉국을 세워 삼국통일의 야망을 키웠으며, 대도 임꺽정은 철원을 거점으로 활동하였다. 또 한국전쟁 때는 스물네 번이나 주인이 바뀔 정도로 수난을 겪은 땅이다.

세조가 무력으로 왕좌에 오른 1455년에 매월당 김시습도 이곳

철원과 인연을 맺는다. 그가 향한 곳은 복계산 자락의 사곡촌이다. 이곳에서 김시습은 조상치와 박계손 같은 선비를 만났다. 그들은 모두 두 임금을 섬길 수 없어 관직을 버린 신하들이었다.

무력에 의해 정치가 좌우되는 패도의 세상, 인륜과 충의가 땅에 떨어진 현실에 김시습은 절망했다. 시름이 깊어질 때마다 그는 복계산으로 향했다. 그리고 순리를 따르는 자연에서 위로를 받았다. 그래서인지 산 곳곳에서 김시습의 자취를 찾을 수 있다.

기암절벽 위에서 장쾌하게 내리꽂히는 물기둥, 매월폭포. 온갖 근심이 함께 씻겨나갈 것 같은 이곳에서도 김시습은 흔들리는 나라를 걱정했다. 스스로 세상을 등졌지만 결코 세상을 버리지는 못했다. 매월폭포에서 마주 보이는 건너편 봉우리. 그곳에는 신선이 사는 바위라는 뜻을 지닌 선암이 있었다. 김시습과의 일화로 유명해진 덕분에 지금은 매월대라고 불린다. 높이 40미터의 깎아 세운 듯한 층암절벽인 매월대에서 전해지는 이야기가 있다.

전설에 따르면 김시습을 비롯한 조상치, 박계손 등 사곡촌의 아홉 선비들에게 매월대는 회합의 장소였다고 한다. 아무도 듣는 이 없는 높은 암벽에 바둑판을 새겨 놓고 바둑을 두며 단종의 복위를 도모했던 것이다. 복계산에서 20분 거리에 위치한 구은사(九隱社)는 사곡촌의 아홉 선비를 기리는 사당이다. 김시습, 조상치, 박도, 박재, 박규손, 박효손, 박천손, 박인손, 박계손. 이들은 자신의 입신양명보다 지조와 절개를 선택했던 시대의 양심이었다. 구은사는 이들의 뜻을 기리기 위해 1818년 순조 18년에 철원 지역 유림들과 후손들이 창건했다. 봄, 가을 3월과 9월 상정일에 연 2회 제사를 지내는데 이들의 충절로 인해 철원 주민들은 자신들이 잘살고 있다고 믿고 있다.

유교적 명분을 송두리째 흔든 왕위찬탈, 이는 이미 예견된 일이었다. 1452년 5월 14일 약했던 문종은 즉위 2년여 만에 승하하고 만다. 나흘 뒤, 외아들 단종이 왕위를 잇는다. 하지만 그는 고작 열두 살짜리 어린아이였다. 어린 임금이 성인이 될 때까지는 왕실의 어른이 수렴청정을 하는 것이 관례였으나 그의 곁에는 이를 대신해 줄 할머니도, 어머니도 없었다.

선왕의 유지에 따라 황보인과 김종서 같은 고명대신들은 단종의 든든한 지지자가 된다. 하지만 당시에는 야망과 수완이 비범한 왕자인 수양대군이 탄탄한 세력을 구축하던 시기였다. 그러므로 정국의 주도권을 양분했던 고명대신들과 수양대군의 갈등은 어쩌면 당연한 일이었다.

매월당, 목숨을 걸고 사육신을 수습하다

사사건건 이어지는 반목은 마침내 목숨을 건 싸움으로 변진다. 먼저 움직인 것은 수양대군이었다. 숙청의 피바람의 첫 희생자는 여진족을 토벌하고 6진을 개척한 좌의정 김종서였다. 그다음엔 영의정 황보인 등이 역적으로 몰려 처단됐다. 양쪽 날개가 꺾인 단종은 왕좌를 지킬 힘이 조금도 남아 있지 않았다. 결국 단종은 즉위 3년 만에 수양대군에게 양위한 뒤 상왕으로 물러난다. 동생인 안평대군마저 유배를 보낸 뒤 사약을 내린 수양대군은 결국 그의 바람대로 왕위에 오른다. 쿠데타로 왕좌에 오른 세조, 명분이

노량진에 있는 사육신 묘. 김시습이 목숨을 걸고 수습하여 한강변 노량진 언덕에 묻었다.

아니라 힘으로 빼앗은 왕위였기에 격렬한 반발이 뒤따랐다.

세조 2년 6월, 성삼문을 중심으로 한 집현전 학자들은 성승, 김질 등의 무인들과 함께 단종을 복위시키기로 모의하였다. 하지만 김질의 장인 정창손의 고변으로 이들의 계획은 수포로 돌아갔다. 또다시 피바람이 불었다. 극심한 고문에도 굴복하지 않았던 여섯 명의 신하들은 결국 능지처참을 당했다. 지조와 절개를 지킨 대가는 죽어서까지 가혹했다. 저잣거리에 널브러져 있던 시신을 후환이 두려워 아무도 수습할 엄두를 내지 못했다. 그때 김시습이 나섰다. 사육신을 도왔다는 이유만으로도 역적으로 몰릴 수 있는 상황이었지만 그는 주저하지 않았다. 목숨과 바꾸어 지킨 충절을 외면하지 못하고 처참했던 의인들의 시신을 수습해 한강변 노량진 언덕에 묻었다. 남몰래 쓴 묘였기에 작은 돌로 묘표를 대신했다. 원칙을 지켰던 젊은 선비들의 죽음을 뒤로 하고 김시습은 강원도 영월

단종의 유배지였던 강원도 영월의 청령포. 삼면이 깊은 강물로 둘러싸여 있고 한쪽 면은 높은 벼랑에 가로막힌 천혜의 감옥이었다.

로 향한다.

상왕으로 추대되었던 단종이 노산군으로 강등된 채 그곳으로 유배를 갔기 때문이다. 유배지인 청령포는 삼면이 깊은 강물로 둘러싸여 있고 한쪽 면은 높은 벼랑에 가로막힌 천혜의 감옥이었다. 김시습은 단종을 배알하고자 했지만 접근조차 허락되지 않았다. 그는 단종이 있는 청령포를 향해 절을 올리고 또 올렸다.

비운의 왕, 단종을 호위하는 듯 유배지를 둘러싸고 있는 소나무들은 모두 신하의 예를 갖추는 듯 단종어소를 향해 고개를 숙이고 있다. 단종은 이름뿐인 왕으로 조용히 살고자 했지만 세조는 그마저도 허락하지 않았다. 단종이 살아 있는 한 수양대군은 반쪽짜리 임금이 될 수밖에 없었기 때문이다. 결국 세조는 열일곱 살짜리 어린 조카 단종을 죽음으로 내몰았다.

유배지에는 영조의 친필로 새겨진 단묘유지비가 남아 옛일을 전하고 있다. 550여 년이 지났지만 청령포 곳곳에는 단종의 이야기가 남아 있다. 동서로 나뉘어 비스듬하게 자라고 있는 나무, 관음송(觀音松). 한 가지는 한양을 향해, 또 한 가지는 청령포 쪽으로 갈라진 나무는 마음은 한양에, 몸은 청령포에 둔 단종의 현실을 표현한다고 한다. 또한, 어린 단종이 걸터앉아 무섭고 외로운 마음을 달랬던 곳이기도 하다. 그런 모습들을 이 소나무가 다 보고 들었다고 해서 목격자라는 의미에서 관음송이라는 이름을 붙이게 되었다. 관음송은 천연기념물 제349호로 지정되었고, 수령은 약 600년으로 추정된다.

매월당, 스님이 되어 방랑의 길을 떠나다

1458년 봄, 김시습은 충청남도 공주로 발길을 돌렸다. 계룡산 동학사에서 꼭 하고 싶은 일이 있었기 때문이었다. 그가 동학사를 선택한 것은 이곳에 특별한 전각이 있기 때문이었다.

의리와 신념, 그리고 목숨을 아끼지 않은 고려 충신들의 넋을 기리기 위해 세워진 삼은각은 이곳에 모셔진 세 사람의 호에서 유래한다. 포은 정몽주, 목은 이색, 야은 길재. 이들의 지조와 절개는 김시습에게 큰 영감을 주었다. 매월당은 전 부제학 조상치, 전 찬관 이축 등과 함께 동학사에서 사육신의 초혼제를 지냈다. 그리고 단종을 위한 제단을 마련했다. 이 제단에 전각이 세워진 것이 바로 숙모전이다. 그 누구보다도 명민한 유학자였음에도 불구하고 김시습은 스님이 되고자 했다. 흔들리는 유학적 가치의 해답을 불교에

❶ 고려의 충신들인 3은의 신위를 모신 삼은각 ❷ 3은의 신위 ❸ 김시습이 사육신을 수습한 후 동학사로 내려와 그들의 초혼제를 지내고 단종의 제단을 마련한 숙모전 ❹ 조선 6대 임금 단종의 영정.

서 찾고자 했기 때문인지도 모른다. 그가 언제 출가를 했는지는 정확히 알려져 있지 않다. 다만 김시습이 남긴 글을 통해 동학사에서 단종에게 제를 올린 뒤 머리를 깎고 승려의 차림으로 방랑을 떠난 것으로 추측할 뿐이다. 뜨거운 피가 돌았던 젊은이 김시습은 설잠이라는 법명을 짓고 구름 따라 물 따라 세상을 떠돌 결심을 한다. 현실의 고통을 잊을 길은 방랑뿐이었다.

　김시습의 첫 목적지는 북쪽, 즉 관서지방이었다. 쉼 없이 걷고 또 걸으면서 관서의 풍광과 역사, 그리고 삶을 눈으로 보고 귀로 듣고 가슴으로 받아들였다. 유학자로 태어나고 자랐지만 승려의 길을 선택한 김시습에게 방랑은 차라리 도피에 가까웠다. 하지만 현실을 떠난 유랑에서 그가 마주한 것은 세상이었다. 김시습의 방랑은 10

년이나 이어졌다. 스물네 살 때의 봄, 그는 개성을 거쳐 평양, 순안, 안주, 영변, 묘향산, 회천 등을 떠돌았다. 두 해 뒤에는 포천을 거쳐 내금강, 철원, 원주, 오대산을 넘어 강릉 등지를 여행했다. 관동과 관서를 돌아본 뒤 김시습은 청주, 익산, 전주, 변산, 내장산, 남원, 화순, 거창, 금오 등 호남지역을 유랑했다.

그는 관서와 관동 그리고 호남, 금오를 여행하면서 쓴 시를 모아 책을 편찬했다. 자신의 방랑을 호탕한 유람, 즉 탕유(宕遊)라 일컬었던 김시습이 놀 유(遊) 자를 붙인 네 권의 책을 모아 후대에 엮은 것이 바로 〈사유록(四遊錄)〉이다. 한 지역에 오래 머무르지 못했던 시인 김시습은 이 시기에 450여 수에 달하는 시를 지었다.

김시습은 여행을 하면서 발 닿는 곳곳에서 자유롭게 시를 썼다. 그는 그 지역의 풍토, 기후, 역사 등 체험한 것과 자신의 감성이 어우러진 시를 썼다. 이런 의미에서 김시습의 천재성은 20대에 남긴 〈사유록〉에도 충분히 나타나 있다.

세종도 인정한 5세 신동, 김시습

김시습은 놀랄 만한 시적 상상력으로 자신의 감정을 거침없이 표현했다. 성균관 북쪽 반궁리에서 태어난 그는 어린 시절부터 신동으로 소문이 자자했던 인재였다. 김시습은 여덟 달 만에 글을 알았으며 또 세 살 때부터 시를 지었다고 한다. 그야말로 김시습은 천재였다.

어느 날 김시습의 총명함을 소문으로 듣고 당시 정승이었던 허조(1369~1439)가 찾아왔다. 일흔의 고령이었던 허조는 자신을 위해 늙을 노(老) 자를 넣어 시를 지어줄 것을 부탁했다. 다섯 살짜리 김시습은 그의 말이 떨어지자마자 '늙은 나무에 꽃이 피니 마음은 늙지 않았다'는 내용의 시를 지었다.

노목개화심불로(老木開花心不老) : 늙은 나무에 꽃이 피었으니 마음은 늙지 않았도다

조금도 머뭇거리지 않고 써내려간 시구를 본 노학자는 김시습에게 신동이라는 찬사를 아끼지 않았다. 천재 아이에 대한 소문은 궁궐 안까지 퍼졌다. 세종은 김시습을 불러 시험해보고자 했다. 임금은 직접 마주하고자 했지만 이는 전례가 없는 일이었다. 대신 승지를 내세웠다. 이번에도 김시습은 막힘없이 시를 지어냈다. 다섯 살짜리의 글이라고는 믿기지 않는 실력이었다. 승지는 어전에 들어가 이 사실을 아뢰었다. 세종은 조숙한 천재성에 감탄하면서 다음과 같이 전지하였다.

지극히 정성스레 가르쳐서 키우도록 하라. 성장하여 학문을 성취한 뒤에 크게 쓰고자 하노라. - 〈조선왕조실록〉 중

김시습은 임금이 훗날을 약속했던 기대주였다. 이때부터 김시습은 5세 신동으로 이름을 떨쳤다. 이는 어머니의 힘이었다. 맹자의 어머니가 그러했듯 김시습의 어머니도 아들의 교육을 위해 성균관 근처로 이사할 만큼 열성적이었다. 무한한 사랑과 배려로 든든한 버팀목이 되어주던 어머니는 그가 열다섯 살 되던 해 세상을 뜬다.

어머니의 갑작스런 별세는 그에게 헤어날 수 없는 외로움의 그림자를 드리웠다. 그때 그는 불교를 접한다.

　사대부 자제들이라면 한창 벼슬길에 올라 뜻을 펼칠 나이인 스물여덟 살 때 김시습은 경주 남산(금오산)에 머문다. 방랑생활을 잠시 접고 은거에 들어가고자 했기 때문이다. 칼날 같은 절벽이 병풍을 이루고 있으며 산세가 가파른 금오산이야말로 은둔하기에 안성맞춤이었다. 또한 이곳은 찬란했던 신라의 불교문화가 꽃핀 곳이기도 했다.

매월당에게
방랑은 수행이었다

자유롭게 떠도는 삶을 통해 불교의 깨달음인 선을 얻고자 했던 그가 돌연 팔도유랑을 멈춘 이유는 무엇이었을까? 김시습은 석탑이 올려다보이는 곳에 은거했다.

　지금은 터만 남아 있는 용장사. 김시습은 용장사의 도서관 격인 경실에서 오랫동안 머물렀다. 그리고 자신의 거처 앞에 매화나무를 심었다. 매화의 절개를 사랑했던 김시습은 자신을 나타내는 상징으로써 매화와 관련된 시를 많이 남겼다.

탐매(探梅)
꽃 필 때 품격은 뭇 꽃 중에 빼어나고,
열매(매실)는 간 맞춰 음식 맛 향기롭네.
한결같이 시종 큰 절개를 보존하니,
다른 방초가 어이 짝하랴.

매화와 달을 벗 삼아 절개와 지조를 지키겠다는 뜻을 지닌 김시습의 호는 매월당이다. 그는 자신의 이상인 충의를 지키기 위해 세상을 버렸지만 결코 현실에 대한 관심을 거둘 수는 없었다. 한 가지 사상에만 빠지지 않았던 김시습은 유교, 불교, 도교를 넘나들며 유·불·선의 조화를 모색했다. 이는 결국 여행 중에 목격했던 백성들의 고통을 어루만지기 위해서였다.

매월당, 원효대사를 닮고자 하다

이상과 현실의 괴리가 주체할 수 없이 커지면 김시습은 산을 내려갔다. 그리고 천 년의 역사 유적을 살폈다. 경주 곳곳에서 마주할 수 있는 원효의 흔적들을 찾아다니며 그는 원효를 닮고자 했다.

원효대사는 통일신라를 이룩하는 데 기여한 대사상가이자 귀족의 지위를 버리고 대중과 함께한 자유로운 성자였다. 원효는 불법을 전파하여 갈라진 마음을 하나로 묶고 다양한 주장을 조화롭게 화해시켰으며, 걸림이 없는 무애의 자유로움을 보여주었다.

김시습은 원효의 대중 불교에 공감하였다. 그 역시도 생명이 있다면 누구나 성불할 수 있다고 믿었다. 또한 매사에 걸림이 없는 자유로운 삶과 집착을 버리고 얻는 진정한 자유를 모범으로 삼고자 했다.

율무 염주를 주먹에 두르고
쇠털 모자를 머리에 쓰고서

어이해서 본업을 버리고
고생고생 먼 길을 돌아다녔나
– 유객(有客) 중에서

비난과 찬사를 한 몸에 받았던 소설, 금오신화

매월당 김시습의 방랑생활을 녹여낸 전혀 새로운 이야기. 그것이 바로 우리나라 최초의 한문소설 〈금오신화〉다. 기존의 틀을 깬 새로운 소재와 발상은 그 누구도 쉽게 생각해내지 못한 일이었다.

조선의 선비들은 이 전대미문의 작품을 겉으로는 음탕하다고 박대했지만 암암리에 구해 읽었다. 〈금오신화〉를 읽은 당대 유학자들의 반응은 둘로 나뉘었다. 퇴계 이황은 지은이 매월당이야말로 평범하지 않은 사람이라 괴이한 짓을 행하는 무리에 가깝다고 혹평했다. 반면 하서 김인후(1510~1560)는 〈금오신화〉를 읽고 나니 두통이 씻은 듯이 사라졌다고 칭찬하기도 했다. 비난과 찬사를 한몸에 받았던 소설 〈금오신화〉는 김시습 자신의 이야기였다. 또 비뚤어진 세상을 향한 젊은 선비의 외침이었다.

우리 민족 문화사에서 최고 횡금기였던 통일신라의 수도 경주. 찬란했던 천년의 역사를 도시 곳곳에서 발견할 수 있는 문화유적에 고스란히 담고 있다. 〈삼국유사〉에서 경주를 가리켜 절은 하늘의 별만큼 많고, 탑은 기러기가 줄지어 서 있는 듯하다고 묘사할 만큼 불교는 신라문화의 꽃이었다. 신라의 흥망성쇠는 물론이고 불

❶ 10년간의 방랑생활을 마치고 김시습이 은거한 금오산(남산) ❷ 김시습을 기려 만든 설잠교 ❸, ❹ 김시습은 용장사터 삼층석탑 근처에 금오산실을 짓고 금오신화를 집필했다.

교문화까지 너른 품안에 담은 남산. 신라 시조 박혁거세의 탄생 설화도, 또 견훤의 습격으로 종말을 고한 신라 멸망의 현장인 포석정도 모두 남산 자락에 스며들어 있다. 팔도강산을 떠돌던 김시습은 그 옛날 금오산이라고 불리던 남산에 은둔하기로 결심한다. 천재 방랑객의 은둔처에 후손들은 김시습을 기리는 뜻으로 그의 법명을 차용한 설잠교를 놓았다.

설잠교를 건너 남산 속으로 한발 더 가까이 다가가면 김시습의 흔적을 찾을 수 있다. 지금은 그 터만 남아 옛 명성을 대신하고 있는 천룡사. 모든 것이 사라진 옛터에 삼층석탑만 홀로 절을 지키고 있다. 세조의 왕위 찬탈 소식에 입신양명도 버리고 동가식 서가숙했던 김시습이었다. 얽매이지 않았던 자유인, 그가 이곳에 정착한 이유는 무엇이었을까? 아마 그는 신라의 흥망성쇠가 고스란히 있고 역사와 신화, 문화가 총체적으로 어우러진 금오산이야말로 자신의 슬픔과 고뇌를 표출하기에 가장 이상적인 장소라고 생각했을 것이다.

김시습은 경주 시내가 한눈에 들어오는 남산의 용장골 용장사 부근에 집을 짓고 금오산실(金鰲山室)이라고 이름붙였다. 그리고 내면의 목소리에 귀를 기울였다. 방랑에서 보고 듣고 느낀 이야기들과 인간에 대한, 역사에 대한 고민을 새로운 이야기로 풀어냈다. 이것이 바로 〈금오신화〉다. 이는 쓰라린 정치 현실에서 외면당한 민중의 삶에 대한 이야기였다. 우리나라를 배경으로 한 우리 민족의 이야기인 〈금오신화〉는 다섯 편의 짧은 글을 엮어 만든 단편 소설집이다. 수록 작품은 '만복사저포기', '이생규장전', '취유부벽정기', '남염부주지', '용궁부연록'이다. 이 중 '만복사저포기', '이생규장전', '취유부벽정기'는 우리나라 역사와 밀접한 관련이 있다. 그런데 '남염부주지'는 염라국의 이야기이고, '용궁부연록'은 용궁의 이야기다. 환상의 세계인 것이다.

'만복사저포기'는 짝을 찾기 위해 부처와 윷놀이를 하는 양생이라는 남자 이야기다. 내기에서 이긴 노총각 양생은 운명처럼 한 여인을 만난다. 첫눈에 반해 부부의 연을 맺은 두 사람. 하지만 그녀는 왜구의 침입 때 정절을 지키다가 죽은 처녀의 환신이었다. 즉 환상 속에서만 만날 수 있는 사람이었다. 결국 함께할 수 없는 운명으로 사흘간의 짧은 만남을 뒤로하고 여자는 떠나버린다. 그러나 양생은 평생 그 사랑을 잊지 못하고 지조를 지킨다는 슬픈 사랑 이야기다.

역사적인 사건 뒤에 감춰진 보통사람들의 이야기는 '이생규장전'으로 이어진다. 담을 엿보다가 사랑에 빠진 두 사람 이생과 최랑의 사랑은 부모님의 반대로 시련을 겪지만 우여곡절 끝에 혼인을 한다. 부부의 연을 맺고 지극한 사랑을 나누던 두 사람 앞에 시련이 닥친다. 홍건적의 난으로 아내가 세상을 뜬 것이다. 그러나 남편을 잊지 못한 아내는 환상 속에서만 만날 수 있는 화신이 되어 돌아온다. 이들의 행복은 오래가지 못한다. 결국 이생도 병이 들어 아내 곁으로 가고 만다. 이루어질 수 없는 귀신과 인간의 사랑 이야기. 이러한 비극은 소설 속에 삽입된 시를 통해 극대화된다.

> 한 그루 배꽃나무 적막함을 달래주지만
> 밝은 달밤 허송하는 이 신세 가련하네
> 청년 홀로 누운 외로운 이 창가로
> 어느 곳의 고운 입이 퉁소 소리 보내줄까
> - 〈금오신화〉 '만복사저포기' 중

시를 잘 지어 5세 신동으로 이름을 떨쳤던 김시습의 천재성은 작품 곳곳에서 묻어난다. 특히 '용궁부연록'의 창의성과 천재성이 돋보인다. 용궁에는 별주부와 문어를 비롯한 여러 어족이 등장하여 가창을 한다. 그런데 등장하는 어족은 모두 다른 형태의 노래를 한다. 어떤 것은 방백을 하고, 어떤 것은 오페라를 한다. 여기에 김시습의 문학적 천재성이 드러난다.

〈금오신화〉는 조선의 선비들에게 오래도록 읽혔던 전설의 책이었다. 그러나 7년간의 임진왜란을 거치는 동안 불에 타거나 일본인에게 약탈돼 한반도에서는 자취를 감추었다. 수백 년 동안 전해지지 않던 〈금오신화〉는 1927년 육당 최남선에 의해 다시 국내에 소개되었다. 그러나 조선 판본이 아니고 일본 판본이다. 20세기 들어 다시 모습을 드러낸 〈금오신화〉. 일본인들에 의해 현해탄을 건너간 김시습의 소설은 몇 차례 판각을 거치며 일본에 머물다가 다시 고향에 돌아온 것이다. 시대의 불우함에 천하를 방랑하던 김시습의 불행한 삶처럼, 그의 책도 맵고 쓴 유랑을 한 것이다.

매월당,
세상에 다시 나오다

성종 2년인 1471년 봄, 김시습은 금오산에서 일생을 마치려던 마음을 바꿔 서울로 향한다. 어느덧 그의 나이는 30대 후반이 되어 있었다. 세상이 바뀌었다. 왕위를 찬탈한 세조의 조정에는 나설 수 없었지만 현군의 자질을 지니고 있다는 새 왕의 조정에서는 선비로서의 사명을 다하고 싶었는지도 모른다. 김시습이 훗날 관동지방을 떠돌 때 양양부사 유자환에게 보낸 서한에 "새로운 성상께서 등극하셔서 현인을 등용하고 충관의 말을 따르게 되어 벼슬길에 나아갈 생각을 하게 되었디."라고 적고 있다.

처음에는 서울과 근교를 옮겨 다니며 지내다가 서울 동쪽 30리 바깥에 있는 수락산에 터를 잡았다. 거대한 바위들이 조화로운 수락산의 봉우리. 김시습은 수락산의 절경에 매료되었다. 그리고 그 산 가장 높은 봉우리에 자신의 거처인 폭천정사를 지었다. 매월당이 10년이나 머물렀던 폭천정사는 아쉽게도 남아 있지 않다. 후손들은 그를 기리기 위해 수락산 꼭대기에 매월정이라는 정자를 세웠다.

이 시기에 김시습은 많은 사람들을 만났다. 옛 성균관 동료와 어린 시절 친구들과도 상봉하였다. 또한 서거정, 김수온 같은 당대 명사와도 교유하였다. 하지만 그 누구도 선뜻 매월당을 천거하지 않았다. 자신의 능력을 알아주지 않는 세상에 대한 매월당의 분노는 때때로 광기로 표현됐다.

어느 날 거지 행색을 한 김시습이 영의정 정창손의 앞길을 가로막았다. 자신보다 서른 살이나 많은 어른이었지만 김시습은 거침없이 그를 비난했다. 한 나라의 재상에게 쏟아낸 통렬한 일갈이었다. 세조의 편에 서서 호의호식하는 신하들에게 김시습은 조롱을 아끼지 않았다. 우연히 매월당은 단종을 폐위시키는 데 앞장섰던 한명회가 쓴 글을 보게 된다.

青春扶社稷(청춘부사직) 젊어서는 사직을 붙잡고
白首臥江湖(백수와강호) 늙어서는 강호에 묻힌다

패도의 정치를 이끈 한명회의 하늘 높은 줄 모르는 공명심에 분노한 그는 붓을 들어 잡을 부(扶) 자를 망할 망(亡) 자로, 누울 와(臥) 자를 더러울 오(汚) 자로 고쳤다.

青春亡社稷(청춘망사직) 젊어서는 사직을 망치고
白首汚江湖(백수오강호) 늙어서는 강호를 더럽히네.

광기 어린 기행을 일삼았지만 김시습의 천재성은 장안에 소문이 자자했다. 때문에 그에게 배우러 오는 사람들이 끊이지 않았다. 비록 찾아오는 이들을 모두 받아주지 않았지만 자신과 마음이 맞으면 성심껏 가르쳤다.

유·불·선을 넘나들며 우주와 인간, 운명과 천명, 성인과 임금, 신하와 선비의 길을 자유자재로 풀어냈던 매월당의 수업은 대체로 객이 묻고 자신이 답하는 형식이었다. 대화체의 내용을 묶어 잡저, 논, 설 등의 책으로 엮기도 했다. 글을 읽는 선비였지만 김시습은 직접 농사도 지었다. 척박한 땅을 갈아본 사람만이 느끼는 노동의 고통과 기쁨을 소중하게 생각했던 것이다. 땀 흘리는 노동이야말로 삶을 충실하게 하는 수단이라고 믿었기에 편안히 거처하며 배불리 먹는 무리들을 비난하기도 했다.

김시습은 농민들의 애환을 잘 알았다. 그가 지은 '큰 쥐'라는 시는 그러한 심경을 잘 나타내고 있다.

> 큰 쥐
> 큰 쥐야 큰 쥐야 우리 마당의 곡식을 먹지 말아라
> 삼 년 동안 너와 친하였기에 난 널 죽이지 못하겠구나
> 맹세코 네 땅을 버리고 저 즐거운 나라로 가련다

부조리가 되풀이되는 세상은 변하지 않았다. 매월당은 부적합한 인물이 높은 직위에 임명된 것을 보면 여러 날을 통곡하였다. 그리고 백성들에게 가해질 폭정을 걱정하였다. 원망이 깊어지면 금오산 시절 그랬던 것처럼 취한 채 거리에 쓰러지기도 하였다. 김시습은

어쩌면 세상을 잘못 만나 미친 척 살아갈 수밖에 없는 미치지 않은 사람이었을지도 모른다.

매월당, 마흔일곱에 환속하다

성종 12년인 1481년 봄. 김시습은 돌연 머리를 기르고 환속하였다. 마흔일곱 살 때의 일이었다. 그가 제일 먼저 한 일은 조상님께 제를 올리는 일이었다. 스스로 제문도 지었다.

> 어리석고 못난 소자가 가문을 이어야 할 텐데 이단에 깊이 빠졌다가 말로에 가까스로 뉘우쳤습니다. - 〈매월당집〉 중

김시습은 세상과 타협하지 못한 자신으로 인해 끊어질 위기에 놓인 가문을 위해 환속을 결행했는지 모른다. 그는 안씨의 딸을 아내로 맞아 가정도 이루었다.

1481년 신축년과 1482년 임인년에 조선에는 큰 기근이 들었다. 또한 돌림병이 퍼져 곡소리가 끊이지 않았다. 백성들의 사정은 날로 참혹해져 갔지만 관리들은 부패하여 자신들의 배를 불리기에 급급했다. 선비로서의 풍모와 염치를 지키기 위해 그는 '북명'이라는 시를 지었다.

> 북명(北銘)
> 하루 닥칠 근심보다는 종신 근심할 일 근심하고
> 염치 지키는 선비 풍모를 숭상하고

간특한 세속의 작태를 미워하라.

매월당,
다시 승려복을 입다

1482년 조선은 어지러웠다. 연산군의 어머니인 폐비 윤씨를 사사하는 사건이 일어났기 때문이다. 이 사건은 갑자사화가 일어나는 계기가 된다. 피바람이 예고되는 혼란스러운 정국, 김시습은 더 이상 서울에 머물 이유가 없었다. 다시 머리를 깎지는 않았지만 그는 승려복을 걸쳤다. 머리를 기른 행각 스님, 즉 두타승이되어 또다시 시작된 방랑의 길을 떠난다.

1485년 봄, 김시습은 춘천과 인제 다시 동해를 거쳐 양양에 당도한다. 어느덧 50대에 들어선 김시습에게 기약 없이 떠도는 생활은 과거를 되돌아보게 했다. 그때 그는 자신의 일생을 서술한 여섯 노래인 '동봉육가'를 남겼다.

긴 칼 뽑아 여우를 치려 하였더니
백호가 산 모퉁이에 버티고 섰네.
강개한 이 마음을 토로하지 못하고
방약무인하게 휘파람 불어본다.
아아 여섯 번째 노래, 노래하다간 한숨 짓네
장대한 뜻은 꺾이고 수염만 매만질 뿐.
- 동봉육가(東峰六歌) 중

현실에서 비롯된 좌절과 분노는 평생 매월당을 따라다니는 고통이었다. 그가 꿈꾼 세상은 어떤 모습일까? 그 답은 〈금오신화〉에서 찾을 수 있다. '남염부주지'에 나오는 박생은 세상 사람들이 찬사를 아끼지 않았던 인재였지만 번번이 과거에 낙방한다. 글을 읽다가 깜박 잠든 박생은 꿈속에서 염라국에 들어간다.

> 이곳은 세상에서 말하는 염부주라는 곳이오. 내 이름은 염마라 하오. 불꽃이 온몸을 어루만지고 있다는 뜻이라오. - 〈금오신화〉 중 염라대왕의 말
>
> 주공, 공자와 구담(석가)은 어떤 사람들입니까? - 〈금오신화〉 중 박생의 말
>
> 주공과 공자의 말씀은 군자가 따르기 쉽고 구담의 말은 황탄하므로 소인이 믿기 쉬운 것이오. 그대 동쪽 나라의 박 아무개는 아무 사심이 없고 강직하여 과단성이 있으며 내 이제 이 자리를 그대에게 드리나니 아, 그대여 삼가 뜻을 받들지어다. - 〈금오신화〉 중 염라대왕의 말

매월당, 박생을 통해 세상에 말을 걸다

'남염부주지'의 주인공 박생은 곧 김시습 자신이었다. 세상은 그를 알아보지 못했지만 염라대왕은 박생의 진가를 인정한다. 그는 뛰어난 인재가 등용되는 바른 세상을 꿈꾸었다. 세상의 이치가 하나되는 현실을 바랐다. 정처 없는 유랑 인생을 살던 매월당 김시습이 말년에 찾아간 곳은 충남 부여의 무량사다. 이곳을 찾은 이유는 단 하나였다. 무량사가 험하고 외진 곳에 있어 백 년이 지나도

❶, ❷ 김시습이 말년을 보낸 무량사와 부도탑. ❸, ❹ 매월당 영각과 김시습이 그린 자화상.

귀찮게 할 관리가 없을 것 같아서였다. 평생을 야인으로만 살아온 김시습다운 이유다.

영산전과 원통전 옆에 있는 매월당 영각에 김시습의 자화상이 있다. 오랜 방랑이 병이 됐을까? 말년의 김시습은 자주 병석에 누웠다. 마지막 힘을 짜내듯 하얀 종이 위에 자신의 얼굴을 그려 넣었다. 날카로운 눈빛과 살짝 찌푸린 표정엔 세상을 향해 바른 말을 서슴지 않았던 매월당의 의기가 서려 있다.

그는 유학자이면서 유학자가 아니었고, 승려이면서 또 승려가 아니었다. 어느 곳에도 얽매이지 않았던 자유로운 선비, 매월당 김시습은 바른 이념이 현실에서 실현되기를 늘 꿈꾸었다.

백 년 뒤에 나의 무덤에 비석을 세울 때

꿈속에서 살다 죽은 늙은이라고 써 준다면

거의 내 마음을 알았다 할 것이다…

4
소신에
살다

1392년 고려가 멸망하자, 충절을 지키려는 일흔두 명의 충신들이 두문동을 찾았다. 고려에 의리를 다 바치려던 사람들, 그리고 그곳엔 방촌 황희도 있었다. 그러나 선비들은 황희를 설득했다. 20대의 젊은 황희는 이제 막 벼슬길에 오른 인재였다. 황희는 선택의 기로에 섰다. 두문동을 휩쓴 화마가 고려의 충신들을 집어삼킬 때 그는 그곳에 없었다. 황희는 멸망해가는 옛 나라 대신 새로운 나라를 선택했다. 미래를 향한 황희의 선택은 조선이었다.

황희가 정승 반열에 올라 본격적으로 위민정치를 펼치기 시작한 1420년대, 조선은 한민족 최고 성군으로 불리는 세종이 조선의 기틀을 다지고 있었다.

중국에서는 대명제국 기틀을 다진 영락제 주체가 다스리고 있었다. 영락제는 친조카 건문제를 비롯해 수많은 신하들의 피를 뿌린 끝에 황위에 올랐다. 정화는 영락제의 명을 받아 1405년부터 1433년까지 7차에 걸쳐 대규모 함대를 이끌고 세계 최초 해외원정을 떠난다. 이 원정의 목적이 황궁 함락 당시 죽었을 것으로 추정되나 시체를 찾지 못한 건문제를 수색하기 위한 것이었다는 설도 있었다. 원정대는 동남 아시아와 인도, 중동, 아프리카까지 돌며 각 나라의 진귀한 물건들을 실어온다. 그래서 원정대의 함선들은 '보물배'라고 불렸다. 이 원정으로 정화는 북방의 실크로드에 견주어 바다의 실크로드라는 남해 항로를 개척했다.

방촌 황희 黃喜
1363~1452

황희,
임금에게 소신을 말하다

방촌 황희는 648년 전 고려 말 개성에서 태어나 조선의 명재상이 된 사람이다. 그의 인생은 지금 아는 것처럼 순탄치만은 않았다.

황희 정승이라는 말이 방촌 황희보다 훨씬 친근하다. 황희는 후대에 조선의 학자라기보다 인자하고 너그러운 어른으로 알려져 있다. 하지만 그에게는 아직 알려지지 않은 면모가 많다. 황희 정승하면 허허 정승이라고 알려져 있듯이 다른 사람을 배려하고 마음씨 좋은 사람으로만 알고 있다. 그러나 그는 강직한 사람으로 자신이 옳다고 생각하는 것에 대해서는 다른 사람과 타협하지 않는 소신파였다. 이로 인해 그는 유배를 가기도 했다.

황희가 정치계에 입문한 것은 고려 말로 문과에 급제하고 성균관 학관이 되면서부터였다. 고려가 멸망하자 조선에 출사한 그의 벼슬길은 평탄하지만은 않았다. 임금의 뜻에 맞지 않는 말로 파면을 반복하기도 한다. 그러다 갑자기 승진을 거듭하게 된다.

〈조선왕조실록〉 황희의 졸기(卒記)에 보면 그를 믿고 천거한 박석명이라는 사람이 있었다. 태종은 그에게 사직을 허락하는 조건으로 그만큼 믿을 수 있는 사람을 추천하라고 했다. 그는 황희를 천거했고, 태종은 박석명의 천거라면 믿을 만하다고 여겨 아직 하급관리였던 황희에게 도평의사사경력과 병조의랑이라는 벼슬을 내린 것이다. 황희는 빠른 승진을 거쳐 지신사*에까지 이르고, 이후에도 업무 수행을 잘하자 태종은 그를 더욱 중용한다.

황희가 태종에게 깊은 인상을 심어준 사건도 있다. 민씨 형제에 대한 처단이다. 민무구, 민무질은 왕권을 위협하던 외척이었다. 태종은 비서실장이던 황희에게 자신의 처남이자 왕자들의 외삼촌인 최측근을 몰아내도록 했고, 민씨 형제는 옥사했다(1410년 민무구, 민무질 형제 사사). 황희에 대한 태종의 신뢰는 이토록 대단했던 것이다. 그래서 황희를 늘 곁에 두고 그의 의견을 구하곤 했다. 태종은 하루라도 황희를 보지 못하면 매우 답답해했다고 기록은 전하고 있다. 황희는 비서실장으로서 국왕의 귀와 마음을 사로잡았던 것이다. 황희에 대한 태종의 마음은 매우 각별했다. 태종은 황희에게 마치 자식과 같다고까지 말했다고 한다.

> 내가 황희에 대해서는 다른 사람의 자식을 기르는 것이 아니라 친부모가 자식을 기르는 것처럼 했다. - 〈조선왕조실록〉 중

---

* 지신사(知申社) : 조선 전기 왕명의 출납을 맡아보던 정3품 벼슬.

그러나 이러한 태종의 신뢰를 저버리는 일이 벌어진다. 양녕대군의 폐위론이 팽팽하던 당시에 황희가 양녕대군을 두둔한 것이다. 그때 조정의 분위기는 훗날의 세종인 충녕대군을 향하고 있었다. 태종의 뜻도 강경해서 양녕대군을 죽여서라도 세자를 다시 세우려 했다. 왕과 대소신료들이 그렇게 주장하는 가운데 황희만이 동의하지 않았다. 이유는 복잡하지 않다. 왕위계승의 원칙을 지키자는 것이었다. 성리학 사회인 조선시대에서 가장 중요한 왕위 계승 원칙은 장자로 적자로 이어지는 것이다. 그런데 적자이면서 장자인 사람이 양녕대군이었으니 반대를 한 것이다. 당시 조정 분위기에서 황희가 계속 반대를 한 것을 보면 그가 얼마나 원칙주의자였는지를 알 수 있다. 태종의 뜻이 얼마나 분명했는지는 누구보다 황희가 더욱 잘 알았다. 그럼에도 불구하고 황희는 자신을 자식처럼 돌보던 왕에게 반대표를 던진 것이다. 태종의 분노는 어쩌면 당연한 것이었다. 결국 황희는 이 일로 인해 파주로 유배를 가게 된다. 그리고 얼마 지나지 않아 유배지가 다시 한번 바뀐다. 파주는 서울과 너무 가깝다는 상소가 빗발쳤기 때문이다. 태종은 신료들의 의견에 따라 황희를 이배시킨다.

황희, 남원으로 유배를 가다

황희의 두 번째 유배지는 남원이었다. 광한루는 지금도 사시사철, 그곳 풍광과 애달픈 이야기에 매료된 사람들의 발걸음이 끊이지 않는 곳이다. 춘향이와 이몽룡의 애틋한 사랑으로 유명한 광한루에 그가 있었다. 광한루는 1419년, 황희가 세웠다. 황희

조선시대를 대표하는 정원인 누원 광한루. 1419년 방촌 황희가 세운 것으로 후대에 보수와 증축이 이루어져 현재의 모습이 되었다.

는 자신의 선조였던 황감평이 쓰던 요천강변의 일재라는 서재 터에 조그마한 초당을 짓고 은둔생활을 했다. 그는 남원에 머무른 4년 동안 철저히 은둔했다. 책을 읽고 생각하며, 몸가짐을 조심했다. 유배지에서의 형벌을 황희는 묵묵히 감당했다. 심지어 동갑 친구가 방문해도 일절 만나주지 않았다. 손님을 거절하니 누구라도 그의 얼굴을 보기가 힘들었다. 이런 기록이 왕조실록에 남아 있다.

> 황희가 남원에서 문을 닫고 손님을 거절하니 비록 친구일지라도 그 얼굴을 보기가 힘들었다 - 〈조선왕조실록〉 중

이는 그에게 다른 뜻이 있어서가 아니라 다만 자신의 소신을 지키기 위해 반대했을 뿐, 태종이나 국가에 대한 충정은 변함이 없다

는 것을 보여주기 위한 태도였던 것이다.

광한루는 오랜 세월 보수와 증축이 이루어진 끝에 지금의 모습이 되었다. 황희가 처음 세울 당시의 이름은 광통루다. 광한루는 25년 뒤 정인지가 붙인 이름이다. 그 후 남원부사였던 장의국이 오작교를 지었고, 전라관찰사였던 송강 정철이 호수를 만들었다. 정철은 이곳에 세 개의 섬을 만들고 대나무를 심고, 연꽃도 심었다.

오늘날 조선시대 정원을 대표하는 누원인 광한루가 지금의 모습이 있기까지 여러 사람의 공이 보태졌다. 정유재란 때, 왜군에 의해 불타기도 했던 광한루는 인조, 철종, 고종 시대를 거치며 지금의 모습으로 다듬어졌다. 광한루에는 오랜 시간을 거치면서도 잃어버리지 않은 글귀가 있다. 황희의 아들 황수신의 것이다.

황수신은 그의 아버지처럼 영의정을 역임했다. 그는 자신을 가르친 아버지 황희에 대한 자랑스러움을 기록으로 남겼다. 그가 지은 광한루기에는 아버지의 이름이 황희이고 명재상이라는 것, 그리고 남원의 연고에 대한 내용도 있다.

> 내 아버지의 이름은 황희요, 명재상이셨다
> 친족의 묘소가 모두 남원에 있으니, 이곳은 영원한 고향이 되리
> 라 - 황수신의 〈광한루기〉 중

황희는 아들 수신을 엄격히 가르쳤다. 하루는 셋째아들 수신이 술에 취해 귀가했다. 황희는 그런 아들에게 절을 올린다. 놀란 아들이 연유를 묻자 아비의 말을 듣지 않는 아들은 손님이니 마땅히 절을 해야 한다고 답했다. 이를 계기로 황수신은 바른 길을 가게

되었고 마침내 영의정까지 오르게 된다. 이를 통해 황희의 자녀교육에 대한 소신을 알 수 있다.

또 다른 일화도 있다. 큰아들이 과거에 급제해 새 집을 짓자 황희는 집들이를 하는 잔치에 와서 성을 내고 돌아가버린다. 거처가 호화로우니 뇌물이 오가지 않겠느냐는 따끔한 훈계였다. 이런 황희의 강직한 인품을 기리는 서원이 광한루에서 20킬로미터쯤 떨어진 대강면에 있다.

전라북도 남원시 대강면 풍산리에 있는 풍계서원이다. 정조 12년에 지어진 풍계서원은 강당과 사당, 내삼문 등으로 이뤄진 소박한 서원이다. 한켠에 창덕사가 마련되어 있고, 내부에는 황희의 위패와 영정이 모셔져 있다.

황희를 기리는 서원은 전국 각지에 세워져 있다. 그중 남원의 서원은 그의 선친들이 자리했던 곳이라는 점에서 남다른 의미가 있다. 남원에는 황희의 조부인 참찬공의 묘소가 있다. 산소를 만들 때의 이야기가 전해진다. 황희의 아버지가 전라도 일대의 풍수지리 전문가를 찾아다니다가 나옹화상을 만나는데, 그가 자리를 잡아주었다는 것이다. 당시 나옹화상은 묘는 이 자리에 쓰되, 고향을 떠나야 큰 인물이 난다고 충고했다.

남원에 살던 선조들은 황희가 태어나기 전 이곳을 떠났고 황희는 개성에서 태어났다. 고향을 떠난 뒤, 한동안 후손들은 남원을 찾지 않았던 것 같다. 후에 청년 황희가 과거에 급제하고 인사를 와 보니 비석이 없어서 조부의 묘를 정돈하고 비석을 세웠다.

황희,
세종에게 발탁되다

남원에서 4년을 보낸 황희는 세종의 부름을 받고 한양으로 돌아온다. 과거 황희는 충녕대군의 세자 책봉을 반대했으니 세종에게는 악감정이 남아 있을 수도 있었다. 그러나 세종은 당시 예순 살의 황희를 기꺼이 불러들였다. 조선의 새 역사를 쓰려고 했던 세종에게 황희는 꼭 필요한 인재였던 것이다.

때는 세종 4년, 조정의 반대가 거셌지만 국정 안정을 위한 세종의 선택이었다. 황희에 대한 태종의 오해도 풀린 지 오래였다. 태종 자신도 황희가 개인적인 욕심 때문에 양녕대군을 옹호한 것은 아니라는 것을 이미 알고 있었다. 아들 세종이 국정을 운영해나갈 때 왕을 보좌할 수 있는 믿을 만한 신하가 필요하다고 생각했고 그런 상황에서 황희를 재기용한 것으로 보인다. 황희를 만난 자리에서 세종은 상왕이 된 태종이 자신에게 황희에 관해 자주 이야기했는데, 오늘에야 만났다고 반가움을 드러냈다고 한다.

황희, 소신과 관용으로
국정을 이끌다

황희의 치세는 세종을 보필하며 꽃을 피운다. 그는 세종 앞에서도 그 뜻을 굽히지 않고 펼쳐나갔다. 황희가 5년간의 유배를 마치고 돌아와 한 일은 조정의 구조조정이었다. 조정에는 재상 반열의 고위직 관리가 많아 국록을 축내고 있었다. 황희는 개국 초기에 비해 재상과 중신의 수효가 급격히 늘어나 있음을 지적했다. 40명이 안 되던 수가 그 사이 70여 명에 이르러 폐단이 크다는 주

❶ 현재의 파저강 ❷ 파저강 일대에 살고 있던 여진족의 분포 ❸, ❹ 파저강 야인정벌의 비밀병기 총통과 애기살.

장이었다. 황희는 작은 정부를 지향했다. 태조 초기의 제도에 따라 중앙부서의 몸집을 줄여 재정을 아끼는 동시에 행정능률을 높이고자 했다. 황희의 주장으로 40%가 넘는 서른 명의 관리들이 구조조정된다. 과감한 결단이었다. 당연히 황희를 반대하는 무리들의 상소가 빗발쳤다. 그러나 세종은 황희의 의견을 존중해 책사로서의 역할을 맡겼다. 그리고 중대사를 결정할 때도 황희의 발언이 크게 반영되었다. 세종이 황희에게 "경은 일을 결단하는 데 아주 뛰어나다."라고 말한 것처럼 황희는 매우 결단력 있는 재상이었다. 또한 국가 대사에 있어서는 단호한 의지와 추진력을 가졌던 지도자였다.

황희의 결단력은 전쟁에도 발휘되었다. 여진족이 평안도를 습격해 조선의 병사가 전사하고 민간인이 사로잡히는 변란이 일어났다. 그때 신료 다수의 의견은 참고 넘어가자는 쪽이었다. 심지어 후하게 대접해 달래자는 중론까지 일었다. 이에 황희는 거세게 반대한다. 모욕을 당했는데도 잠자코 있는 것은 옳지 않다고 했다.

> 그들이 우호적인 관계를 청해 오면 후하게 대접하고 어루만져 회유하옵소서 - 허조
> 모욕을 당하고 잠자코 있는 것은 옳지 않습니다 - 황희
> - 〈조선왕조실록〉 중

황희는 전쟁을 원했고 세종은 이번에도 황희의 뜻을 따랐다. 이것이 바로 파저강* 토벌 전쟁으로, 세종 15년 파저강 일대 여진족을 토벌한 사건이다. 황희는 병사의 배치와 작전지휘에도 깊숙이 개입했다.

황희는 국방에 관한 부분만큼은 현상유지가 좋은 게 아니라고 생각했다. 국가가 결정해야 할 사안에 대해서는 과감한 결정을 하는 것이 필요하다고 했고, 세종도 황희의 의견을 따라주었다. 황희는 나라의 전체 그림을 보고 긴 안목에서 결정해주는 정승의 역할, 재상의 역할을 발휘했다. 이 부분에서 우리는 황희의 리더십을 확인할 수 있다.

황희의 강단에 의정부의 관료들은 고개를 들고 바로 쳐다보지도 못했다. 북방 6진을 개척했던 친하의 김종서도 이려워했다. 이느 날, 김종서가 술에 취해 공회에 참석했다. 그 모습을 본 황희는 김

---

* 파저강 : 길이 약 80km. 랴오닝성에서 발원하여 남쪽으로 흘러 압록강에 합류한다. 강 유역은 고구려의 발상지로 북부여에서 남하한 고구려족이 환련 지방을 근거지로 삼아 나라의 기틀을 다졌다고 한다. 조선시대 세종 때 퉁자강(파저강) 유역에서 출몰하여 조선으로 넘어와 노략질을 일삼던 여진족을 토벌하기도 하였다.

종서를 앞에 두고 다른 하급 관원에게 일러 김종서의 자세가 바르지 않으니 고쳐주라고 이른다. 김종서는 이 일을 두고, 전장에서도 낯빛이 변하지 않았는데 오늘은 식은땀이 등을 적셨다고 말할 정도였다.

세종은 그런 황희 정승을 늘 곁에 두고자 했다. 심지어 황희가 모친상을 당했을 때도 출사하라고 명령했다. 오래전 황희는 부친상을 당했을 때도 기복(起復)의 명을 받고 3년상을 치르지 못한 바 있었다. 황희는 무사태평한 시기에 왜 전례를 무너뜨리시느냐고 아뢨지만 거절당한다. 세종은 그의 자리를 공석으로 비워놓고 하염없이 황희를 기다리고 있었다. 황희는 부친과 모친의 3년상을 왕명으로 인해 제대로 치르지 못했다. 이는 당시 국정운영에 있어 황희가 차지하는 비중이 컸고, 세종의 황희에 대한 신임이 높았다는 것을 단적으로 보여주는 일례다.

세종은 이후 황희를 파격적으로 대우하며 아꼈다. 이조판서에 이어 곧바로 우의정을 제수했고, 1년도 되지 않아 좌의정으로 승진시켰다. 또, 세자사까지 겸하게 했다. 이로부터 4년 뒤에는 영의정에 임명했다. 이는 매우 파격적인 인사였다.

세종 9년에 맹사성과 황희가 발탁되는데, 그때부터 이른바 세종 맨들로 의정부가 꾸려지면서 일이 효과를 거두게 된다. 세종 8년까지만 해도 그는 무능력한 왕으로 지탄을 받기도 하고, 백성들 사이에서는 형을 몰아내고 왕이 되어 나라가 엉망진창이라는 말도 일부 있었다. 그러나 황희와 맹사성이 정승으로 자리를 잡으면서 농사나 민생, 과학, 외교 등 모든 분야에서 성과가 나타나기 시작했다.

황희, 세종과 함께
태평성대를 열다

세종의 태평성대가 열리고 있었다. 정치가 안정되고 민심이 왕을 따르자 세종은 문화 창달에 매진했다. 정치적 격변기나 혼란기였다면 훈민정음은 창제되기 어려웠을 것이다. 훈민정음과 더불어 손꼽히는 세종의 업적 중에는 아악 정비도 있었다. 천문역법도 발전했다. 천문시계인 혼천의나 해시계가 제작되었고 세계 최초 우량계인 측우기도 만들어졌다. 세종을 보필했던 황희의 역할이 이 태평성대에 숨어 있었다. 황희는 어떤 사안들이 논의될 때 핵심을 정확히 파악하고 거기에서 해법을 찾는 데 탁월한 능력을 보였다고 그의 졸기에 나와 있다. 세종 때의 태평성대에서 황희는 관료사회의 조정자로서, 리더로서 역할을 완벽하게 수행했던 것이다.

황희는 세종이 승하하기 1년 전까지 조정을 떠나지 못했다. 여든일곱 살이 되어서야 평생의 벼슬살이를 마치고 파주 반구정으로 돌아올 수 있었다. 황희는 반구정에서 갈매기를 벗 삼아 3년을 지낸다. 그의 바람대로 비로소 쉴 수 있게 된 것이다. 문과에 급제한 뒤 스물여덟 살 때 성균관에 나아가 여든일곱 살까지 관직에 있었다. 60여 년간 조선을 돌보는 동안 6조 판서를 모두 거쳤고, 3정승을 24년간, 영의정을 18년간 역임했다. 반구정에는 그에 대한 글귀들이 현액으로 남아 있다. 미수 허목이 지은 반구정기에는 "재상이었던 황희 정승이 이곳 반구정에서 갈매기같이 해오라기같이 살았다"고 기록돼 있다.

태조부터 세종까지 네 명의 임금을 모시며 황희는 쉼 없이 살았다. 정권이 바뀔 때마다, 새로운 왕이 등극할 때마다 황희는 한결같

황희와 함께 이루어낸 세종대왕의 업적들. ❶ 훈민정음 ❷ 세계 최초의 우량계 측우기 ❸ 세종 때 정비된 아악을 연주하는 장면 ❹ 조선의 문화창달을 이룩한 세종대왕.

이 조선을 살폈다. 인재가 아무리 많아도 존경은 그들 모두의 것이 되지 않는다. 이름이 얼룩지지 않고, 세상에 따라 그 모습이 다르게 인식되지 않으려면 평생의 행보에 치우침이 없어야 한다. 그래서 그를 찾는 사람들에게 황희는 깨달음을 주는 것이다.

조선을 위해 떠났던 황희의 길. 황희는 그의 소신으로 과거의 고려를 등지고, 미래의 조선을 선택했다. 그것은 아마도 나라의 이름은 바뀌었을지언정 하늘 아래 같은 백성이 살고 있었기 때문이었을 것이다.

황희의 자취와 흔적을 따라가다

반구정 아래에는 황희의 유적지가 있다. 파주는 그가 젊어서부터 인연을 맺었던 곳이다. 그가 먹고 마시고 걷고 생각하고 쉬던 곳. 600년 전, 황희의 흔적이 고스란히 이곳에 남아있다.

황희의 호를 따라 지은 방촌기념관에는 황희의 영정과 복사한 유품들이 전시돼 있다. 황희의 일대기를 볼 수 있게 꾸며 놓았는데 세종과의 인연이 각별한 만큼 〈세종장헌대왕실록〉도 보인다. 황희의 서체도 찾아볼 수 있다. 하지만 안타깝게도 많은 유물이 전해져 내려오지는 않아 채 열 점이 되지 않는다.

한적한 시골마을의 4차로 도로 옆에 자리 잡은 아담한 촌가에서 그의 후손이 술을 빚으며 산다. 멋 내지 않은 시골집에서 술이 익는다. 선조들은 수백 년간 술을 빚으며 문경에서 살아왔다.

문경장수 황씨종택에는 한때 서애 류성룡을 비롯한 선비들도 머물렀다고 한다. 이곳에서 수학하며 학문을 닦았을 것이다. 디귿(ㄷ)자로 지어진 종택은 문경 양반 가옥으로서 원형이 잘 보존돼 있다. 후손들과 지방 유림들은 황희의 문경 종택에서 황희의 탄신일인 음력 2월 10일에 매년 제를 올린다. 제례는 종택의 역사만큼 오래되었을 것이다.

마을 사람들도 특별한 절기가 되면 이곳에 모였다. 정월대보름이면 종택에 모여 당산제를 올리곤 했다. 마을과 가족의 평안을 빌 장소로 사람들은 종택을 택했다. 그 신령한 공간의 중심에는 400년 된 탱자나무가 있다. 경상북도 기념물 제135호인 탱자나무는 두 그루가 동서의 방향에서 함께 자라고 있다. 아직도 열매를 맺는 나무는 이 집을 지을 때 함께 심은 것으로 보인다. 탱자나무는 수백 년간 전해져 내려오는 황희 정승의 이야기를 들으며 사람들과 함께 나이를 먹었다. 후손들은 황희를 더 세세히 기억하고자 영당을 짓고 선조를 모셨다.

숙청사는 황희의 맑은 정신과 마음에 엄숙하게 경의를 표하는 사당이다. 이곳에는 황희의 영정이 모셔져 있다. 꾸밈이 없는 작은 공간에 황희의 모습이 영정으로 남아 있다. 원래 이곳에는 아주 오래된 영정이 있었는데 도난당했다. 그래서 상주 옥동서원의 영정을 모사해 왔다. 어진 인품으로 귀감이 되었던 황희는 후손들에게도 크게 존경받고 있다. 하지만 조선을 대표하는 정승으로 이름이 높아진 만큼 이런 수난을 당하기도 했다.

숭모각은 황희 정승의 유물을 보관하던 장소다. 황희의 손길이 직접 닿았던 유물은 얼마나 남아 있을까. 예상 밖으로 많지 않아 채 열 점이 되지 않는다. 유물은 옛이야기를 말한다. 세종대왕의 총애가 벼루에 깃들어 있고 평생 정사를 돌봤던 흔적이 서각대에 묻어 있다. 춘추관과 홍문관에 재직하던 시절 사용했던 문진도 모양이 그대로 남아 있고 급제 후 중서성에 있을 때 사용하던 갓끈도 훼손되지 않았다.

청백리 황희, 청빈한 삶으로 후세의 귀감이 되다

60여 년을 관직에 몸담았던 황희에 대해 가장 널리 알려진 모습은 청백리다. 전해져 내려오는 이야기에 의하면 황희가 영

방촌 황희의 유물(지방문화재 제123호).

의정이었을 때 세종이 미복 차림으로 황희의 집을 불시에 찾았다. 그의 밥상에는 보리밥과 푸성귀와 된장이 놓여 있었고 바닥에는 멍석이 깔려 있었다. 황희의 사정을 보고 세종은 등이 가려우면 시원하게 긁기엔 좋겠다며 너털웃음을 웃고 돌아갔다고 한다.

청빈과 관련한 또 다른 일화가 궁 안에서도 있었다. 어느 겨울 밤, 세종이 황희를 급하게 찾았다. 그런데 황희의 관복이 이상했다. 검소하기로 소문난 황희의 관복 안에 값비싼 양털이 보인 것이다. 세종은 황희에게 화를 낸다. 그러나 오해가 있었다. 마침 그날, 황희의 아내가 한 벌뿐이던 관복 안의 솜을 뜯어 빨아놓았던 것이다. 세종의 부름을 받은 황희는, 속옷 위로 솜뭉치를 동여매고 관복을 입을 수밖에 없었다. 그 사실을 알게 된 세종은 황희에게 미안해하며 사과했다고 한다.

정승의 반열에서 20년 넘게 봉직한 황희가 평생을 그렇게 가난하게 살았다는 것은 시사하는 바가 크다. 황희는 명재상으로서의 업적도 돋보이지만, 검소하고 청빈한 삶의 태도는 오늘날 우리에게 귀감이 되고 있다.

황희의 덕행을 추모한다, 경북 상주의 옥동서원

경상북도 상주에는 옥동서원이 있다. 옥동이라는 이름은 1789년, 정조 13년에 나라로부터 사액서원으로 인정받았을 때 정조로부터 직접 하사받았다. 옥동서원은 유림의 화합과 교육의 장소로 이용되어 서원의 맥을 이었다. 전국의 모든 서원이 문을 닫다시피 했던 시기에도 살아남아 황희의 덕을 기렸다. 조선조 말, 흥선 대원군이 서원철폐령*을 내렸던 시기에 600여 소의 서원이 사라지거나 통폐합되었다.

서원은 조선시대의 대표적인 사학기관이었다. 흥선 대원군 시절에 여러 가지 서원의 폐단이 있어 전국의 수많은 서원들이 철폐된다. 많은 서원들 중 도산서원과 소수서원, 옥동서원 등 일부 서원들만 남게 된다. 이 중 옥동서원이 존속하게 된 이유는 황희 정승의 청렴결백하고 관용적인 삶과 백성들을 위했던 위민사상이 계속 이어졌으면 하는 바람 때문이었다.

서원의 경내에는 사당과 강당 등이 남아 있다. 유림이 회합하고 유생들이 휴식을 취하던 옥동서원에서 후손들은 때때로 모여 황희의 덕행을 이야기하기도 하고 1년에 두 번 제를 올리기도 한다.

---

* 서원철폐령(1870~1871) : 전국 650개 서원 중 도산서원, 옥동서원 등 사표가 될 만한 47개의 서원만 남기고 나머지는 철폐.

2층 구조로 된 독특한 양식의 옥동서원 정면과 내부 모습.

그리고 옥동서원에는 황희의 특별한 유물이 보존돼 있기도 하다. 〈방촌선생실기〉 목판이다.

〈방촌선생실기〉는 황희의 면모를 자세히 기록한 책이다. 황희가 쓴 글과 황희에 대한 기록을 정리한 목판으로 조선 초기의 정치, 사회, 경제 정책을 이해하는 데 유용하다.

옥동서원에 세워져 있는 경덕사. 황희를 중심으로 좌우에 황효헌, 황맹헌, 황뉴의 위패를 모시고 있다. 옥동서원은 황희의 후손인 황맹헌과 황효헌 등이 공부를 하던 글방이었다. 선조였던 황희의 영정을 이곳에 모시기로 하면서 옥동서원의 모태가 되었다.

옥동서원에서 이어진 작은 길을 10분 정도 따라 오르면 백옥정이 나타난다. 상주의 여러 마을이 한눈에 들어오는 곳에 세워졌다. 백옥정에서 내려다보이는 마을은 황희가 주는 교훈을 잊지 않기 위해 특별한 이름들이 붙어졌다고 한다.

마을의 이름은 오도(吳道), 일관(一貫), 동산(東山), 신덕(新悳)으로 이들을 합해서 수봉리라고 부른다. 옥동서원이 있는 수봉리는 장수 황씨의 집성촌이다. 마을의 이름은 후진 양성을 위해 붙여진 것으로 옥동서원과 무관하지 않다. 황희는 또 어떤 의미와 흔적을 남겨놓았을까. 후손의 집에서 황희의 유물을 볼 수 있다. 유물은 손이 잘 타지 않을 집안 깊은 곳에 보관돼 있었다. 그것은 〈방촌선조유묵〉*이라는 책이었다. 600여 년 전 황희의 생각과 마음을 옮겨 담은 책으로 황희의 친필 작품이다. 후손들은 황희의 글을 읽으며 조상의 깨달음을 마음에 새겨보고자 했다.

청산에 내려와서 황하에 다다르니
그 아래 장안으로 가는 길이 있네.
세상에 사람들이 명리만 좇으니
서로 만나도 어른을 몰라보는구나.
- 〈방촌선생유묵〉 중

옛 글은 여전히 현대의 교훈으로 살아 있다. 사람이 가져야 할 가장 중요한 가치는 세월이 흐른다고 달라지지 않는다. 황희의 생각은 지금도 유효하다.

황희, 관찰사가 되어 강원도 백성을 구휼하다

강원도는 가장 척박했던 땅이었다. 그리고 황희는 그곳을 살리기 위해 강원도 관찰사로 부임했다. 강원도로 가는 길은 한양에서 시작해 경기도 동부를 거쳐 강원도를 이어주던 조선시대 간선도로였다. 그중 삼척 구간 60리는 황희 정승의 자취를 느낄 수

---

* 방촌선조유묵 – 방촌 황희의 친필 시를 제본해 놓은 것.

있는 구간이다. 사람과 우마차가 다니던 옛길이 비교적 잘 보존돼 있다. 지금은 '황희 정승을 만나는 길'이라 불리고 있다.

600년 전 황희는 이 길을 걸으며 동해의 절경보다는 굶주림에 힘겨워하는 백성들을 걱정했을 것이다. 1423년 강원도 일대에 큰 기근이 들었다. 백성들은 먹을거리가 없어 흙을 캐어 먹었다. 황희의 말에 의하면 강원도는 경치가 수려하고 아름다운데 먹을 것은 없는 가난한 지역이라고 되어 있다. 황희가 관찰사로 가게 된 것도 대기근에 시달리고 있던 백성들을 구휼하기 위해서였다. 실록에 의하면 당시 인구 중 27%가 고향을 떠나 다른 곳으로 빌어먹으러 다니는 상황이었고, 농토도 60% 가량이 황폐해 추수를 할 수 없었다고 한다. 황희 이전에도 가장 유능하다고 믿었던 이명덕이라는 관리를 관찰사로 보냈지만 해결하지 못했다. 세종은 누구를 보낼지 고민하다가 황희를 보내게 된다.

황희는 구호곡식을 급송해 15만 4500석의 곡식을 마련한다. 그리고 구휼식량을 나눠주는데 남다른 원칙을 세운다. 배분하는 역할을 아전이 아니라 승려들에게 맡긴 것이다. 황희가 현장에서 보고 있으니 평안도 지역에서 온 어떤 아이가 굶주려서 소에 얹혀서 왔다. 담당하는 아전이 자신이 담당하는 구역이 아니라고 그 아이를 돌려보냈다. 그것을 본 황희는 충격을 받는다. 그는 아전들에게 일을 맡기면 지기의 권역을 따지고 평소 친한지 안 친한지에 따리 농간을 부릴 것이라고 생각했다. 그렇기 때문에 공정하게 배분하기 위해 승려들에게 맡긴 것이다.

백성들에게 곡식이 균등하게 돌아갈 수 있도록 황희는 또 다른 제도도 만들었다. 구휼의 성과를 수령의 근무평점에 반영하고 성

강원도 관찰사 재직시 강원도 백성들의 민생을 살핀 황희의 덕을 기리기 위해 후세의 유림들이 세운 산양서원.

과가 미흡하면 벌을 주는 상벌제도였다. 강원도의 구휼 활동은 빠르게 진행되었다. 민심이 안정되었음은 물론이다.

황희는 흉년이란 난제를 수습하기 위해 1년여 동안 강원도 일대를 돌며 관찰사로 재직했다. 백성들은 그에 대한 감사한 마음을 표현하기 위해 소공대를 지었다. 황희가 쉬던 곳에 돌을 쌓아 대를 만들고 소공대비도 세웠다. 소공은 중국의 주문왕 때 선정을 베푼 이의 이름이다.

비명은 영세불망소공대비로 황희에 대한 충심이 고스란히 드러나는 명칭이다. 비문의 내용은 이렇다.

덕망이 소공과 비슷해 주린 자를 배부르게 하고 추운 자를 따뜻하게 했다. 관동에 은혜가 남았고 사모하는 눈물을 대 밑에 흘렸다. 이 글을 굳은 돌에 새겨 천년토록 알리리라 그 덕은 후대에도 잊히지 않았다. 그 후 400여 년이 지난 1824년에 사림은 황희의 덕을 기리기 위해 소동사를 세웠다. 소동사는 지금의 산양서원이다. 황희 사후 400년, 철종 8년에 서원으로 승격되고, 다시 4년 뒤인 철종 12년에 묘정비가 세워졌다. 서원 앞에 자리하고 있는 산양서원묘정비(강원도 문화재자료 제123호)는 황희가 세상을 떠난 지 400년이 지나 세워졌을 만큼 백성들은 황희에게 감사하는 마음을 잊지 않았다. 그것은 지금도 마찬가지다. 사람들은 황희가 있었기 때문에 지금의 내가 있다고 믿는다.

서원에서는 3년 전부터 황희 정승의 공덕을 기리는 제례가 거행되고 있다. 매년 음력 10월이면 100여 명의 인사들이 모여 봉행한다.

황희, 시대를 대표하는 조선의 명재상

시대를 대표하는 조선의 명재상 황희에 대한 한결 같은 이야기는 오늘도 수십 가지가 전해져 내려온다. 어느 소가 일을 잘하느냐는 황희의 질문에 소가 들을까, 귓속말로 대답을 해준 농부의 일화도 있다. 황희는 이런 소소한 일들을 마음에 품고 살았다. 그는 세종과 함께 태평성대를 이끌어냈다. 그것을 가능케 했던 것은 황희의 인품이었다. 황희는 백성을 향한 애틋한 미음을 평생 지니고 살았다. 사람에게는 높고 낮음이 없고, 백성은 하늘이 내려준 이들이라는 생각으로 평생을 살았다.

한때 황희의 집에서 부리는 노비 중에 특히 영특한 사내아이가 있었다. 이를 기특하게 여긴 황희는 그 아이를 노비의 신분에서 벗어나게 해주고 돈을 주어 떠나보냈다. 떠난 아이의 소식은 그 후 알 수 없었다. 세월이 흐르고 아이가 떠난 지 10년이 되던 어느 날 한 선비가 황희를 찾아온다. 그 선비는 이전에 떠나보냈던 그 아이였다. 황희의 배려로 떠났던 아이는 열심히 공부하여 장원급제를 했다는 것이다. 선비가 황희에게 인사를 하며 어릴 때의 이름을 밝히려고 하자, 황희는 급히 선비의 말을 막고 이름을 밝히지 못하게 했다. 벼슬길에 장애가 될 수 있으니 조심하라는 말만 했다.

황희가 한 중요한 역할 가운데 하나가 유능한 인재의 등용이었다. 능력은 있지만 학벌이 약한 사람, 문벌은 없지만 능력이 있는 사람을 계속 추천한다. 장영실도 황희의 추천으로 승진했다. 장영실이 승진했을 때, 신하들이 천민을 어떻게 중요한 자리에 두느냐며 반대를 하자 황희는 얼마 전에 평양에 관노 출신 김인이라는 사람도 능력이 있으니 벼슬을 터주지 않았느냐며, 장영실은 그보다 더 중요한 사람인데 못할 게 뭐가 있느냐고 강력하게 추천한다. 이에 세종이 장영실을 발탁, 등용하고 고위직으로 올렸다.

황희는 신분에 매여 능력을 펼치지 못하는 세상을 바꾸고 싶어했다. 아버지가 양인일 경우 아들도 양인인 아버지를 따르게 해주자는 주장을 펴기도 했다. 또, 황희의 집에서는 양반과 노비의 아이가 차별을 받지 않았다. 노비의 아이들이 황희에게 올린 밥상의 음식을 모조리 먹어치우기도 했고 황희가 작성하는 문서에 오줌을 싸기도 했다. 심지어 수염을 잡아당기기도 했지만 황희는 허허정승답게 언제나 허허 웃을 뿐이었다.

한번은 종의 아들과 황희의 손자들이 같이 뛰어오는 것을 보고, 집에 와 있던 손님이 종의 아이를 꾸짖으니 황희가 왜 차별을 하느

여든일곱의 나이로 조정에서 물러난 방촌 황희가 여생을 보낸 임진강의 반구정.

냐면서 사람이란 모두 천민(天民), 즉 하늘이 내린 백성이니 모두 귀하다고 말했다고 한다. 황희는 사람은 모두 귀한 존재이기 때문에 신분에 따라 사람을 차별하는 것은 잘못된 일이라고 했다.

황희는 옥중의 장기수들에게도 인정을 베풀었다. 옥중 장기수들을 사면하거나 법정형의 기준을 낮추었다. 그것은 어느 날의 일화에서 비롯되었다.

어느 날, 황희가 보니 쥐 두 마리가 배를 굴려가며 옮기고 있었다. 이 사실을 모르는 부인이 계집종을 다그치자 종이 자신의 짓이라며 거짓자백을 했다. 황희는 이 일을 보고 형벌과 고문으로 인해 거짓자백을 하는 경우가 있다는 사실을 알았다. 이에 감형과 사면을 추진한 것이다. 죄수들을 저빌하는 경우에도 죄가 명백하지 않은 경우나 죄에 대한 법률상의 적용이 모호한 경우에는 가능한 한 가벼운 형벌로 처리하라고 강조했다. 이런 면에서 황희가 아랫사람을 불쌍히 여기고 관대하게 대했던 모습을 볼 수 있다.

청백리 황희의 묘소. 18년간 영의정을 지낸 정승의 묘소치고는 소박하다.

황희는 말년에 이를 때까지 관직을 떠나지 못했다. 세종의 허락을 얻어 벼슬에서 물러난 때는 황희가 세상을 뜨기 겨우 3년 전이었다. 여든일곱 살까지 정사를 돌보다 아흔 살에 눈을 감았다. 그는 조선의 4대 왕을 모시며 60여 년을 백성을 위하고 청렴을 스스로 실천하며 살다가 갔다. 사람들이 존경하는 데에는 반드시 뒷받침되는 사연이 있다. 황희가 어떤 사람이었는지는 그를 바라보는 사람들이 얻은 깨달음으로 알 수 있다. 그의 마지막 말도 황희다웠다.

    내가 죽은 후에 장례를 치를 때는
    집안 형편과 분수에 맞게 치러야 하며
    허례허식은 일절 행하지 마라

5
설득과
통합의 리더

서애 류성룡

1592년 4월 13일, 200년 역사의 조선은 최대 위기에 처했다. 일본을 통일한 도요토미 히데요시가 18만 대군을 동원해 조선을 침략했다. 임진왜란 7년 전쟁의 시작이었다. 일본군은 파죽지세로 북상했고, 조선 백성들은 엄청난 희생을 치렀다. 경복궁은 불탔고 선조는 임진강 건너 북쪽으로 몽진했다. 조선 최대 위기였다. 이 절체절명의 위기에 온몸을 던져 조선을 구한 인물이 있었다. 서애 류성룡이다. 그는 어떻게 위기에 처했던 조선을 구했던 것일까?

류성룡이 정인홍 등 북인의 탄핵을 받아 관직을 삭탈당했다가 복권된 해인 1600년대 초, 세계적으로도 많은 변화가 있었다. 이 시기 명나라는 임진왜란 때 조선에 10만여 명에 달하는 대규모 원군을 파견하여 국력이 소진되고 국가 재정도 바닥을 드러내고 있었다.

일본에서는 도요토미 히데요시 사후 일본 정국의 주도권을 놓고 세키가하라 전투(1600년)가 벌어져 도쿠가와 이에야스가 승리해 에도 막부를 개창하고 첫 쇼군이 되었다.

1606년 영국에서는 스코틀랜드의 제임스 6세가 잉글랜드(아일랜드 포함)의 제임스 1세로 등극했다. 스코틀랜드와 잉글랜드, 아일랜드 간의 동군연합을 이뤄내 훗날 대영제국 통합의 기틀을 마련했다.

또 다른 신대륙인 북아메리카에서도 여러 변화가 있었다. 최초의 성공적인 정착지로 꼽히는 제임스타운의 버지니아 식민지(1607년)와 플그림의 플리머스 식민지(1620년) 등이 건설되어 대규모 이민이 줄을 이었다.

서애 류성룡 柳成龍

1542~1607

서애, 경북 의성의 외가에서 태어나다

경북 안동의 병산서원에는 400년이 지난 지금도 류성룡을 추모하는 발길이 끊이지 않는다. 서애 류성룡을 모신 서원 안의 사당에는 연초만 되면 길일을 잡아 유림들이 모여 그에게 제례를 올린다. 류성룡의 업적을 기리고 그의 정신을 이어받으려는 제례다. 후학과 후손들의 마음과 정성이 향불로 피어오른다. 한 인물의 업적과 정신에 바치는 이들의 몸짓은 정중하기 이를 데 없다.

영의정 문충공 서애 류성룡은 조선을 대표하는 유학자이자 관료였으며, 정치가이자 전략가였다. 특히 임진왜란 극복 과정에서 그는 관료이자 외교가로, 그리고 군사전략가로서의 진면목을 유감없이 발휘했다.

1542년 류성룡은 경북 의성의 외가에서 태어났다. 그가 태어난 의성의 사촌마을은 송은 김광수, 서애 류성룡, 천사 김종덕 등 많

서애 류성룡이 태어난 의성 사촌마을의 만취당과 안동 하회마을에 있는 서애 고택 충효당.

은 학자를 배출한 유서 깊은 마을이다. 류성룡의 어머니는 안동 김씨로, 그는 이곳의 만취당에서 태어났다. 만취당은 조선 중기 문 신이었던 김사원이 세운 건물로 만취당 현판 글씨는 명필로 유명 한 한석봉의 작품이다.

의성 외가에서 태어난 류성룡은 본가가 있는 안동에서 어린 시 절을 보냈다. 낙동강의 유장한 물길이 휘감고 지나가는 안동 하회 마을이 바로 류성룡이 자라고, 말년을 보낸 곳이다. 물길이 휘돌아 나간다 하여 하회라는 이름이 붙은 마을로 2010년 유네스코 세계 문화유산으로 등재된 하회마을은 풍산 류씨가 600여 년간 대대 로 살아온 우리의 대표적인 전통마을이다. 뿐만 아니라 하회별신 굿탈놀이, 하회선유줄불놀이 등 우리의 전통문화가 고스란히 보존 되고 있다. 지금도 150여 가구가 살고 있는 하회마을의 한가운데 에는 류성룡의 종택 충효당이 자리 잡고 있다. 충효당은 류성룡의 손자 류원지가 내당을 짓기 시작하여 증손자 류의하가 외당을 완 성하여 지금의 형태를 갖췄다.

류성룡은 늘 자손들에게 나라에 충성하고 부모에게 효도하는 것을 으뜸 덕목으로 삼을 것을 강조했다. 이를 받들어 집 이름을 충효당으로 한 것이다. 그렇게 이어온 명가의 전통이 400여 년, 류성룡의 가르침은 후손들에게 면면히 이어지고 있다. 아로새길 가르침이 있고 본받을 선조가 있다는 것은 후손들에게는 큰 축복이 아닐 수 없다. 충효당의 후원, 만지송이라는 노송 아래에 그를 모신 사당이 있다.

서애, 퇴계의 문하에서 학문을 배우다

류성룡은 황해도 관찰사 류중영과 어머니 안동 김씨 사이에서 둘째아들로 태어났다. 스물한 살 되던 해, 류성룡은 한 스승을 찾아갔다. 도산에 은거하고 있던 62세의 퇴계였다. 당시 퇴계는 모든 벼슬을 버리고 낙향하여 저술과 후학양성에 힘을 쏟고 있었다. 그 무렵 수많은 문인들이 퇴계 문하에서 학문을 닦고 있었다. 명실상부한 영남학파의 중심이 된 도산이었다. 하회마을과 가까운 곳에 퇴계가 있다는 것은 류성룡에게 행운이었다. 그는 퇴계에게서 〈근사록〉을 전수받았다. 〈근사록〉은 송나라 유학자인 섭채가 성리학의 기본만을 뽑아 엮은 책이었다.

조선 최고 학자이자 숱한 관직을 두루 거친 퇴계는 류성룡에게 더 없이 좋은 스승이었다. 퇴계 역시 40년 연하의 약관 류성룡의 가능성을 알아보고 그를 높이 평가했다. 퇴계는 류성룡은 하늘이 낸 인물이니 장차 나라를 위해 큰일을 할 것이라고 칭찬했다. 류성룡 역시 출사에 뜻을 두었다. 1564년 스물두 살의 나이에 소과에 급제 생원·진사가 되었다. 다음해 성균관에 들어가 수학한 다음, 1566년 스물네 살에 별시문과에 병과로 급제하여 벼슬길에 올랐다. 이후 그는 여러 관직을 거치며 1580년에는 부제학에 올랐다.

임진왜란이 일어나기 전까지 류성룡의 벼슬길은 비교적 순탄했다. 그의 벼슬길이 순조로웠던 이유는 그가 가진 역량이 뛰어났다는 데 있다. 자신의 역량을 그 시대에 발휘할 수 있었기 때문이다. 또 하나는 그가 당시 조정과 재야에서 존경을 받던 퇴계 이황의 제자라는 점도 서애의 벼슬길이 순탄했던 한 요인이 되었다.

류성룡은 안동과 서울을 자주 오갔다. 그는 문경 마성면의 물가 경치 좋은 곳에 봉생정이라는 정자를 지었다. 고향과 서울을 오갈 때, 그는 이곳에 들러 주변 경치를 즐기며 휴식을 취했다. 대나무 숲에서 날아온 봉황이 앉았던 곳이라는 뜻의 봉생정이 있는 곳은 영강과 조령천 물줄기가 합쳐지는 곳으로 그 풍광은 지금도 여전하다. 정자 기둥과 처마선 안으로 들어온 풍광은 그대로 한 폭의 산수화가 된다.

류성룡이 다리 쉼을 하던 곳이 또 있다. 그가 신발을 벗고 행장을 풀어놓고 쉬었다는 곳은 예천의 수락대다. 효종 때는 스물다섯 명의 학자들이 이곳에 모여 선유계라는 계를 만들고 학문을 논했다. 이를 기념하여 1915년, 여섯 가문 후손들이 이 수락대 정자를 지었다. 후학들은 바위에 서애선생장구지소(西厓先生杖屨之所)*라는 글귀를 새겨 류성룡을 오래 기억하고자 했다.

맑고 깨끗한 물줄기, 류성룡 역시 이를 예찬하지 않을 수 없었다.

한 물방울이 흩어져 떨어지는 것이

---

* 서애선생장구지소(西厓先生杖屨之所) : 류성룡이 귀향길에 잠시 머물던 곳.

맑은 날에 눈이 흩날리는 것 같다 - 〈영가지(永嘉誌)〉 중

서애, 흔들리는 조선을 위해 준비하다

류성룡의 벼슬길이 늘 순탄했던 것만은 아니었다. 1591년, 이른바 건저문제(建儲問題)로 북인인 이산해파와 대립하기도 했다. 대립이 있을 때마다 류성룡은 상대를 설득하고 타협을 이끌어냈다.

건저문제

세자를 책봉하는 것을 건저(建儲)라고 한다. 정실 왕비가 낳은 세자가 있으면 아무 문제가 없는데, 그렇지 못하면 세자 책봉이 문제가 된다. 당시 류성룡은 중립을 지키며 어느 편도 들지 않았다. 이유는 원자가 태어나지 않은 상태에서 후궁에서 태어난 아들 중 누구를 세자로 세워야 할지는 왕이 결정할 문제라고 본 것이다.

이 무렵 조선은 이른바 정치적으로 분열에 휩싸이고 있었다. 이조정랑 자리를 누가 차지할지로 다투던 조정대신들은 급기야 동인과 서인으로 나뉘고 말았다. 정치적 판단과 시국을 바라보는 시각의 차이로 인해 동인과 서인은 치열한 정쟁을 벌이고 있었다. 동인은 주로 퇴계 이황과 남명 조식의 문하생들로 이루어졌고, 서인은 율곡 이이 등 기호학파로 구성됐다. 류성룡은 동인의 중심인물이었다.

나라 밖의 상황도 심상찮았다. 특히 일본의 움직임이 예사롭지

않았다. 1590년, 조선은 일본에 통신사를 파견했다. 일본의 사정을 알아보려는 의도였다. 그러나 통신사의 보고는 달랐다. 서인 측은 전란을 예고했고 동인 측은 전란이 일어나지 않을 것이라고 보고했다. 1591년 2월, 통신사의 보고가 실록에 잘 남아 있다. 정사 황윤길은 반드시 왜군이 침입할 것이라고 보고했다. 반면, 부사 김성일은 전쟁을 일으킬 정황을 발견하지 못했다고 보고했다. 또한 김성일은 도요토미의 눈은 쥐와 같아 두려워할 위인이 못된다고 보고했다. 류성룡이 같은 동인인 김성일을 만났다. 류성룡은 황윤길과 다르게 말하는데, 만약 전쟁이 나면 어떻게 하려느냐고 물었다. 이에 김성일은 전란 발생은 장담할 수 없지만 나라가 혼란에 빠질까봐 그랬다고 대답했다.

김성일의 개인적인 견해는 차치하고라도 조선통신사가 받아온 서계에는 일본의 침략 의도가 분명하게 적혀 있었다. 류성룡의 고민이 깊어져 갔다. 이미 그는 병조판서를 거쳐 좌의정과 이조판서를 겸하고 있었다. 일본의 의도와 일본인들의 발언을 볼 때 전란은 피할 수 없는 것이었다.

류성룡은 전란에 대비해나갔다. 조정의 반대를 무릅쓰고 일본이 침공할 조짐이 있다는 것을 명나라에 통고했다고 한다. 특히 류성룡은 조선의 방어체계에 대해 깊이 고민했다. 그는 제승방략 대신 진관체제를 주장했다. 제승방략은 유사시, 각 지역 군사들이 모여 서울에서 장수가 내려오면 적을 막는 전략이었다. 반면 진관체제는 다른 지역에 간섭하지 않고 오직 자신이 소속된 지역만을 지키는 체제였다. 그러나 진관법은 받아들여지지 않았다.

이 무렵 또 하나, 류성룡이 준비한 것이 있었다. 바로 인재등용이었다. 류성룡은 뛰어난 장수들을 천거했다. 이순신을 전라좌수사로, 원균을 경상우수사로, 권율을 의주목사로 천거했다. 다행히 선조는 이를 받아들여 정읍군수로 있던 이순신을 전라좌수사로 임명했다. 단번에 여섯 품계나 승진시키는 유례 없는 파격적인 승진 인사였다. 여기에는 류성룡과 이순신의 오랜 인연이 있었다.

서애, 이순신을 천거하고 끝까지 후원하다

이순신은 1545년 남산 기슭 건천동에서 태어났다. 이 무렵, 열세 살에 서울로 올라온 류성룡은 가까운 묵정동에 살고 있었다. 특히 이순신의 바로 윗형 요신과 류성룡은 친구 사이였다. 이 때문에 류성룡은 어린 시절부터 이순신의 됨됨이를 잘 알고 있었던 것이다.

전란 이후 그가 남긴 〈징비록〉에 보면 류성룡은 늘 이순신의 처지를 안타까워했다. "조정에서 이순신을 천거해주는 사람이 없어

❶ 이순신 영정. ❷ 류성룡과 이순신의 각별한 인연을 알 수 있는 증손전수방략. 류성룡은 임란 발발 전 이순신에게 병법서인 이 책을 전했다.

문관인 류성룡이 어떻게 이런 전략서를 썼을까?

조선은 문관 위주의 체제였기 때문에 무장 위의 도체찰사(총사령관)는 항상 문관이 하게 되어 있었다. 그래서 조선의 고위급 문관들은 병법도 공부했다. 그러나 문관이 병법을 공부하는 것은 병서를 보는 사변적인 정도에 그치기 때문에 실제 전투나 전장에 적용하기는 쉽지 않다는 문제가 있었다. 그러나 류성룡은 실리를 중요시했기 때문에 이론뿐만 아니라 현실에서도 능한 병법을 쓸 수 있었다는 차이점이 있다.

서 무과에 오른 지 10년이 됐지만 승진되지 않는다."고 개탄하고 있다. 류성룡은 전란 도중 역적으로 몰린 이순신이 죽음 직전에 처하자 그를 보호하기 위해 애쓴다. 이순신이 무군지죄 등으로 한산도에서 잡혀와 처형을 당할 위기에 처하자 류성룡은 사직소를 내며 저항했다. 자신이 천거한 인물에 대해 끝까지 책임을 지려고 한 것이다. 이러한 류성룡의 노력 덕분으로 이순신은 목숨을 건져 전란을 끝낼 수 있었다. 오랜 인연으로 이순신을 전라좌수사로 천거한 류성룡의 국방과 이순신에 대한 관심은 계속되었다. 1592년 3월 전란이 일어나기 한 달 전, 류성룡은 〈증손전수방략(增損戰守方略)〉이라는 병서를 저술하여 이순신에게 보냈다. 이 책을 받아본 이순신은 무릎을 치며 감탄했다. 육전, 해전, 화공법 등 다양하고도 신묘한 전술이라고 평가했다.

서애, 온몸으로
국난극복에 앞장서다

류성룡의 우려에도 불구하고 전쟁은 터지고 말았다. 부산에 상륙한 일본군은 파죽지세로 북상하여 단 20일 만에 서울을 점령해버렸다. 전쟁이 터지자 류성룡은 병조판서를 겸하고 도체찰사로 군무를 총괄했다. 그러나 중과부적이었다 결국 선조는 몽진을 시작했다. 처음에 선조는 류성룡을 유도대장에 임명하여 서울을 사수하도록 했다. 이에 이항복은 백성을 위무하고 외교 전략을 펼치기 위해서는 류성룡과 함께 가야 한다고 주장하여 함께 임진강을 건넜다. 개성에 다다른 선조는 류성룡을 영의정에 임명했다. 그러나 반대파의 탄핵으로 류성룡은 그날로 영의정을 사직했다. 전란 속에서도 조선 조정은 파행을 거듭하고 있었다. 선조의 피난은 계속되었다. 개성을 거쳐 평양까지 이어졌다. 류성룡은 도체찰사직에서도 파직된 몸으로 선조를 호종했다. 아무런 벼슬도 없이 왕을 모신 것이다. 그는 비록 면직되었지만 어가를 모심에 감히 뒤처짐이 없었다고 기록은 전한다.

일본군의 북상이 계속되자 선조는 요동으로 망명할 계획을 갖고 있었다. 그러자 류성룡이 강하게 반대했다. "아직 조선 팔도가 완전히 점령된 것도 아니며, 호남 지방에서는 여전히 의병이 일어나고 있다."며 극구 만류했다. 류성룡이 결사적인 만류로 선조의 몽진은 의주에서 그쳤다. 만약 선조가 압록강을 넘었더라면 역사는 어떻게 됐을까? 류성룡은 끝까지 선조를 설득했다.

개전 초기 승승장구하던 일본군이었지만, 전황은 일본의 바람대로 진행되지 않았다. 육군은 모두 무너졌지만 조선에는 수군이 있었다. 류성룡이 천거한 전라좌수사 이순신이 일본의 해상 보급로를 완전히 차단해 버린 것이다. 특히 한산대첩으로 일본의 전략은 물거품이 되었다. 일본군은 평양에 발이 묶였고 선조는 압록강을 넘지 않아도 되었다.

그리고 1592년 12월, 명나라 지원군 이여송 부대가 참전하여 일본군의 진격 의지를 꺾어버렸다. 조·명 연합군은 평양성을 수복했고, 일본군을 임진강 이남으로 패퇴시켰다. 이들 명나라군을 지원하는 임무 역시 류성룡이 맡았다.

당시 류성룡의 활약상을 보여주는 기록이 있다. 남하하던 조·명 연합군 앞을 임진강이 가로막았다. 류성룡은 군사들에게 칡넝쿨을 모아 밧줄을 꼬게 했다. 그리고 강 양쪽에 통나무로 지지대를 세우고 칡넝쿨 밧줄을 연결했다. 그러나 밧줄이 늘어져 강물에 잠겨 있자 모두가 헛힘만 썼다고 투덜댔다. 이에 류성룡은 강 양쪽에 베틀 같은 구조물을 설치하고 1,000여 명의 군사를 동원하여 밧줄을 당겨 팽팽하게 했다. 그러자 부교가 완성되었다. 이 부교 덕분에 대포와 물자가 무사히 도강했다. 미국의 역사학자 헐버트는 금속활자와 한글, 거북선, 그리고 류성룡의 부교를 한국의 4대 발명품이라고 극찬했다.

육지에서도 전황이 달라지기 시작했다. 특히 전국 각지에서 의병들이 일어났다. 백성들 입장에서는 아무리 나라가 위기에 처해도 목숨을 걸고 의병이 되는 것은 쉽지 않은 선택이었다. 그런데도 의병이 무수히 봉기한 까닭은 무엇일까? 전란 도중, 선조는 한글로 된 교지를 내렸다. 내용은 놀라운 것이었다. 누구든지 공을 세우면 비록 천민이라도 면천을 시켜주겠다고 했다. 이는 류성룡이 제안한 것이었다. 임금의 한글교지는 금방 효과를 드러냈다. 이 교지로 수많은 의병들이 봉기해 일본군에게 큰 타격을 입혔다.

> 왜를 잡아서 나오거나 왜가 하는 일을 자세히 알아 나오거나…
> 공이 있으면 양민, 천민을 물론하고 벼슬도 줄 것이니… - 선조
> 의 한글 교지 중

서애, 도탄에 빠진 백성들의 삶을 돌보다

전란이 나자 민생이 도탄에 빠졌다. 먹을 것이 없자 백성들은 산과 들에서 풀뿌리를 캐먹기도 했다. 심지어는 인육을 먹는 일까지 일어난다. 실록에 그 기록이 남아 있다.

> 기근이 극도에 이르러 심지어 사람의 고기를 먹으면서도 전혀 괴
> 이하게 여기지 않습니다. - 〈선조실록〉 1594년 1월 17일

이에 류성룡은 또 하나의 과감한 정책을 제안했다. 압록강변에 개시, 즉 국제시장을 열자고 한 것이다. 그리고 누구든지 중국인과 무역을 하도록 했다. 당시 엄격하게 금지돼 있던 사무역을 과감하게 허용한 것이다. 중국인들은 질 좋은 조선의 무명에 열광했다. 엄청난 식량이 압록강을 통해 쏟아져 들어왔다. 또한 류성룡은 황해도 염전의 소금 일부를 사유재산으로 인정해주자고 주장했다. 국가 재정도 늘리고 백성들의 민생도 안정시킬 수 있는 정책이었다. 당시 소금은 모두 나라에 바쳐야 하는 공물이었다. 만약 소금의 일

부를 사유재산으로 인정해주면 생산량이 늘어날 것이고 이렇게 되면 염부들 개인뿐만 아니라 1년 안에 국고도 늘어날 것이라고 판단했다.

또한 류성룡은 세금제도의 개혁도 단행했다. 류성룡의 과감한 개혁정책은 크게 보면 하나로 귀결되는데 당시의 불합리한 신분제를 완화 내지는 철폐하는 방향으로 정책의 초점이 맞춰져 있다. 이전의 공납이 각 가호(집안) 단위로 세금을 납부했다면 류성룡이 제안한 것은 가호 단위가 아닌 농지 소유 단위로 바꾸자는 것이다. 그러나 이 세법을 강행하려고 하니 조정의 모든 사람이 반대했다. 모든 벼슬아치, 모든 양반, 심지어는 아전들까지 반대했지만 류성룡은 이를 무시하고 작미법을 강행한다. 후대에는 작미법이 대동법이라는 이름으로 불리게 된다. 작미법 때문에 떠났던 백성들의 마음이 다시 돌아온다.

서애, 옥연정사에서 집필에 힘쓰다

병산서원 가는 길은 옛 정취가 그대로 묻어난다. 낙동강변의 아름다운 길의 끝에 병산서원이 있다. 병산서원 가장 깊숙한 곳에는 존덕사가 있다. 광해군 때인 1613년, 정경세가 중심이 되어 지방 유림이 창건한 존덕사에는 서애 류성룡의 위패가 모셔져 있다.

병산서원은 풍산현에 있던 풍산 류씨의 풍악서당을 1572년, 류성룡이 이곳으로 옮긴 것으로 공부하는 공간인 입교당과 기숙사인 동재, 서재 등 전형적인 서원 형태를 갖추고 있다. 철종 임금 때 '병산'이라는 사액을 받아 사액서원(賜額書院)이 되었다.

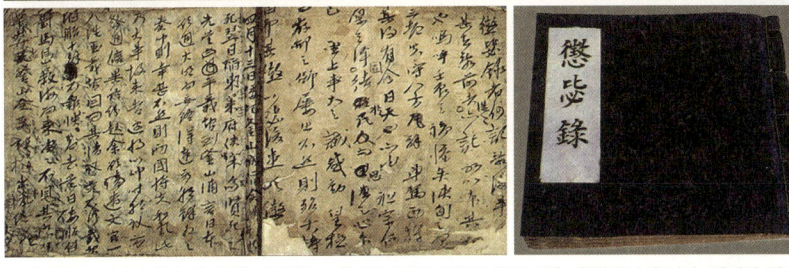

류성룡은 옥연정사에서 징비록을 집필했다. ❶ 류성룡이 10년에 걸쳐 지은 옥연정사 ❷서애. 필생의 역작인 징비록.

병산서원 건축물 중에서도 특히 주목을 끄는 건축물이 있다. 공부하면서 쉬는 곳 역할을 했던 만대루가 그것이다. 이 만대루는 특별한 매력을 품고 있다. 낙동강과 주변 풍광이 만대루 기둥 사이로 한 폭의 산수화로 담긴다. 자연을 그대로 받아들인 만대루의 독특한 구조로 인해 병산서원의 아름다움과 품격은 한층 더 높아지고 있는 것이다.

병산서원에서 멀지 않은 곳에 류성룡의 생애에서 결코 빼놓을 수 없는 옥연정사가 있다. 류성룡이 10년에 걸쳐 지은 옥연정사는 사랑채와 문간채, 안채와 별당채가 단아하게 어우러져 있다. 임진 왜란 7년 전쟁을 온 몸으로 극복해낸 류성룡은 전란 이후, 우리 역 사에 매서운 회초리를 들었다. 전란에 대한 통절한 반성의 기록을 남겼던 것이다. 낙동강이 내려다보이는 이 옥연정사에서 말년의 류 성룡은 필생의 역작 〈징비록〉을 썼다. 숱한 저술을 남긴 류성룡이 지만, 그중에서도 〈징비록〉은 커다란 울림이 되어 다가온다.

징비록은 과연 어떤 책일까?

안동에 있는 한국국학진흥원 은 민간이 소장하고 있는 각 종 자료를 전시하고 있다. 또한 이곳은 다양한 학술대회와 연구가 활발히 이루어지는 곳으로 우리나라 유교 문화의 본산이다. 류성 룡의 귀중한 유물과 저서들도 모두 이곳에서 보관되어 있다. 서고 깊숙한 곳에 소중하게 보관돼 있는 상자가 하나 있다. 이 상자에는 국보 제132호를 담겨 있다.

이 책이 바로 류성룡이 말년에 저술한 〈징비록〉이다. 임진왜란의 배경과 전개과정을 낱낱이 기록한 책으로, 그는 치열한 자기 반성 을 이 책에 담았다. 또한, 이 책이 후손들에게 경계가 되기를 바라 는 마음도 함께 담았다.

> 나라의 중대한 책임을 맡아서 위태로운 판국을 바로잡지도 못하 고 넘어지는 형세를 붙들어 일으키지도 못했다. 지금에 와서 비 록 후회한들 무슨 소용이 있었으랴마는 그래도 훗날의 경계가 되겠기에 상세히 기록하여 둔다. - 〈징비록〉 중

〈징비록〉의 일부인 〈근폭집(芹曝集)〉은 국가의 군사업무와 일반 국정을 다룬 군국기무 10조와 류성룡의 간단한 상소를 간추려 엮은 책이다. 〈진사록(辰巳錄)〉은 1592년부터 1593년까지 왕에게 올린 장계를 모은 것이다. 또한 〈군문등록(軍門謄錄)〉은 류성룡이 임란 당시 도체찰사로 있었던 때 쓴 글로 군사업무 전반에 관한 것이 수록돼 있다. 〈징비록〉은 임진왜란을 사건의 시대 순서대로 기록하고 있어 임진왜란을 증언하는 가장 믿을 만한 기록이다.

그렇다면 이 징비록에는 과연 어떤 내용이 기록돼 있을까? 징비록에는 임진왜란 당시 류성룡의 다양한 활약과 면모가 그대로 담겨 있다. 특히 명나라 군을 대하는 그의 활약에서 외교전문가 류성룡의 진면목을 볼 수 있다. 1592년 12월, 이여송 부대가 참전하면서 명나라가 본격적으로 임진왜란에 개입했다. 지원군 자격으로 참전한 명나라군은 조선과 류성룡에게 큰 짐이었다. 한때 10만명에 이르렀던 이들의 식량을 조달하고 명나라 장수들을 접대하는 일을 류성룡이 도맡았다. 그것은 결코 쉬운 일이 아니었다.

1593년 2월, 행주산성 전투가 있었다. 오로지 조선군의 힘만으로 열 배가 넘는 왜군을 격퇴시킨 임진왜란 3대첩 중 하나였다. 류성룡은 여세를 몰아 서울을 공격하여 수복하자고 주장했다. 그는 명나라군을 한강을 통해 바로 서울로 입성시키자는 전략을 제시했다. 일본군의 허를 찔리 배후를 칠 수 있는 전략이었다. 그러나 명나라 군의 지휘부는 좋은 전략이라고 말만 할 뿐, 결코 군대를 움직이지 않았다. 당시 참담했던 그의 심경이 실록에 그대로 남아있다. 서울을 치자고 명나라 장수에게 몇 번이고 간절히 요청했으나 듣지 않자 류성룡은 더욱 마음 아프고 민망하다고 했다.

서애, 외세의 간섭을
적극 차단하다

명나라는 평양성을 탈환하면서 이제 일본군의 공격으로부터 명나라 본토가 안전해졌다고 확신한다. 그렇기 때문에 많은 장수들은 더 이상 적극적으로 조선을 위해 명나라 군대가 희생할 필요가 없다고 생각한다. 다만 이여송만이 더 큰 전공을 세워 황제의 눈에 들려고 했는지 적극적으로 일본군을 추격했다. 그러다 보니 대포를 사용하는 부대들의 지원을 받지 못한 상황에서 일본군과 전투를 벌이게 된다. 결국 명나라 군대는 벽제관 전투에서 일본군에게 크게 패하고 만다. 더 이상 큰 희생을 치를 필요가 없는 상황에서 일본군에게 패하기까지 하자 명나라 장수들은 더 이상 적극적으로 조선을 위해 싸우려 들지 않았다. 실제로 이 패배 이후 명나라 군대가 일본군과 전투하는 모습을 볼 수 없게 되었다.

류성룡을 더욱 힘들게 하는 것이 있었다. 명나라와 일본이 조선을 소외시킨 채 강화협상을 벌인 것이다. 조선을 분할하려고 한 것이다. 즉 한강을 경계로 이남을 일본에게 양도하려고 했다. 특히 명은 선조를 퇴위시키고 광해군을 내세워 자신들이 직접 조선을 통치하려 했다. 류성룡은 이를 사전에 간파하고 선조를 적극 보호했다. 자주 국가를, 조선을 위한 길이었다. 만약 류성룡이 없었다면 조선은 두 동강이 나고 말았을 것이다.

또 다른 돌출 변수가 발생했다. 조선과 명과 일본의 전쟁에 건주여진이 참전하려 했다. 만주지방에서 누루하치를 중심으로 세력을 키워나가던 건주여진은 나중에 청나라를 세웠다. 이들이 달콤한 제안을 해왔다. 누루하치가 기마병과 보병을 동원하여 일본을 몰아내주겠다고 제안한 것이다. 그러나 류성룡은 즉각 이를 거절했다. 이들도 명나라처럼 군사 지원을 이유로 여러 가지 곤란한 요구를 해올 것이 뻔했기 때문이다. 류성룡은 냉정한 판단으로 누루하치의 전쟁 참여를 막았다. 조선으로서는 더 큰 부담과 비극을 사전에 막은 것이었다.

서애, 군사전략가로서의 능력을 발휘하다

임진왜란 극복과 반성의 기록 〈징비록〉에는 또 어떤 류성룡의 면모가 담겨 있을까? 〈징비록〉에서 군사전략가로서의 류성룡도 만날 수 있다. 대표적인 것이 바로 훈련도감 설치에 관한 것이었다. 임진왜란 발발 다음 해에 그는 훈련도감 설치를 주장했다. 그의 주장이 받아들여져 동대문 운동장 자리에 훈련도감이 설치되었다. 동대문 역사문화공원 조성 과정에서 당시의 훈련도감 유구*가 발견되어 학계의 비상한 관심을 끌었다. 서울시는 훈련도감 복원 계획을 세워두고 있다. 그렇다면 훈련도감은 과연 무엇이었을까?

임진왜란이 일어났을 때 한양에는 제대로 된 군인이 없었다. 그 이유는 한양에 사는 가난한 사람들이 지방의 부자들을 대신해서 번(숙직, 당직)을 서는 상황이었기 때문이다. 즉, 실제로 군인 역할을 하는 사람들은 군적에 이름이 없고, 군적에 이름이 있는 사람들은 실제 훈련을 받지 않는 상황이었다. 류성룡은 가난한 사람들에게 급료를 주는 새로운 성격의 군대를 만드는 것이 좋겠다고 판단한

---

* 유구 : 옛날 토목건축의 구조와 양식을 알 수 있는 실마리가 되는 자취.

동대문 역사문화공원 조성 과정에서 발견된 훈련도감 옛터.

다. 또 중국에서 새로 들어온 병법들을 훈련시킬 수 있는 요원들을 양성하기 위한 장소도 필요했다. 그래서 만든 것이 훈련도감이다. 그는 훈련도감을 만들어 조선의 전반적인 군사력을 강화하고 아울러 중앙에서 혹시 일어날 수 있는 빈민들의 소요사태를 예방하려고 한 것이다.

문관이었던 류성룡이 어떻게 이런 군사전략가적인 면모를 갖추게 됐을까? 그의 아버지 류중영은 수군절도사와 병마절도사를 겸하는 황해도 관찰사를 지냈다. 류성룡은 이런 아버지로부터 군사 지식과 정보를 얻었을 것이다. 또한 당시에는 문관들도 병법을 공부했다. 이런 배경으로 전란이 발발하자 류성룡은 좌의정으로서 병조판서를 겸임하면서 최고 군사사령관인 도체찰사로 임명되었다. 그리고 다음해 1593년에는 영의정에 올라 훈련도감을 책임지는 도제조가 되었다. 이처럼 〈징비록〉에는 비록 문관이지만 군사전략가의 면모와 능력을 유감없이 발휘한 류성룡의 활약이 아주 자세하게 기록돼 있다. 이 덕분에 사료적으로도 매우 가치 있는 기록으로 평가받고 있다.

서애, 개혁정책의 학문적 배경은 양명학이다

성리학자였던 류성룡은 전란 도중에도 세제 개혁과 군제개편 등 과감한 개혁정책을 추진해나갔다. 이런 개혁정책의 학문적 배경은 무엇일까?

류성룡 학문의 또 다른 면모를 엿볼 수 있는 현장이 그의 고향에 있다. 하회마을의 원지정사(遠志精舍)는 부친상을 당해 낙향한 류성룡이 1576년 세운 그의 서재다.

원지정사의 서쪽은 널따란 마루이며 동쪽이 서재였다. 또한 서재와 이어진 곳에 높은 다락을 지었다. 이곳에서는 강 건너의 원지산이 한 눈에 들어온다. 집의 이름을 원지(遠志)로 붙인 것도 이 때문이었다. 원지정사의 정자인 연좌루는 팔작 지붕의 추녀가 마치 제비 날개와 같다 하여 연좌루라 불렀다. 산과 강을 바라보기 위해 류성룡은 정자를 마련했다. 그러나 이들은 임진왜란 당시, 왜군들의 방화로 모두 소실된 상태였다.

1593년, 전쟁이 소강상태에 접어들자 류성룡은 잠시 고향 안동에 들러 어머니를 만났다. 그리고 불타 버린 원지정사 터에서 〈양명집〉을 발견하게 된다. 그것은 당시 여느 성리학자들과는 또 다른 학문 세계관을 가졌던 류성룡을 말해주는 것이었다. 류성룡은 당시로서는 이단으로 취급받던 양명학을 접했던 학자였다.

어린 시절, 류성룡은 당시 이단적인 학문으로 낙인 찍혔던 양명학을 우연히 접했다. 17세 때 아버지의 임지인 의주로 갔다가 당시 사은사 심통원이 버리고 간 짐 속에서 양명학 서적을 발견해 그것을 읽고 간직했던 것이다.

그렇다면 양명학이란 어떤 학문이었을까? 당시 주류 성리학과 가장 큰 차이점은 무엇이었을까? 성리학과 양명학의 가장 큰 차이는 성리학에서는 양반사대부들을 하늘이 내려준 배타적인 권리로 인식하는데 반해, 양명학은 그러한 철학에 반대한다. 양명학에서는 이업동도(異業同道)라 해서, '직업은 각자 다르지만 추구하는 도는 같다'고 한다. 즉, 성리학에서는 '정치(정사)는 양반 사대부 계급만이 하는 것이라고 규정하는데 반해, 양명학에서는 '누구든지, 심지어 천민도 정치를 할 수 있다'고 규정한다. 그래서 양명학과 성리학의 근본적인 차이는 신분제에 대한 시각 차이라 할 수 있다. 양명학은 성리학과 다르게 보다 전향적이고 개방적이었다. 류성룡이 전시에 추진했던 면천법이나 속오군, 작미법 등이 대부분 성리학의 신분제를 완화 내지는 해체하는 방향으로 나타나고 있다. 이는 류성룡이 양명학의 영향을 깊게 받아들이고 있었다는 증거라고 볼 수 있다.

성리학자를 표방했던 류성룡이었지만 그는 금기시되던 양명학의 장점도 수용했던, 열린 학문관을 갖고 있었다. 이러한 그의 학문 세계가 전란의 시대에 다양한 개혁정책을 세우고 추진했던 또 하나의 배경이 되었던 것이다.

〈징비록〉은 임진왜란의 전개과정에 대한 기록만 아니라 전쟁을 겪은데 대한 통절한 반성의 기록이었다. 그것은 류성룡의 용기이자

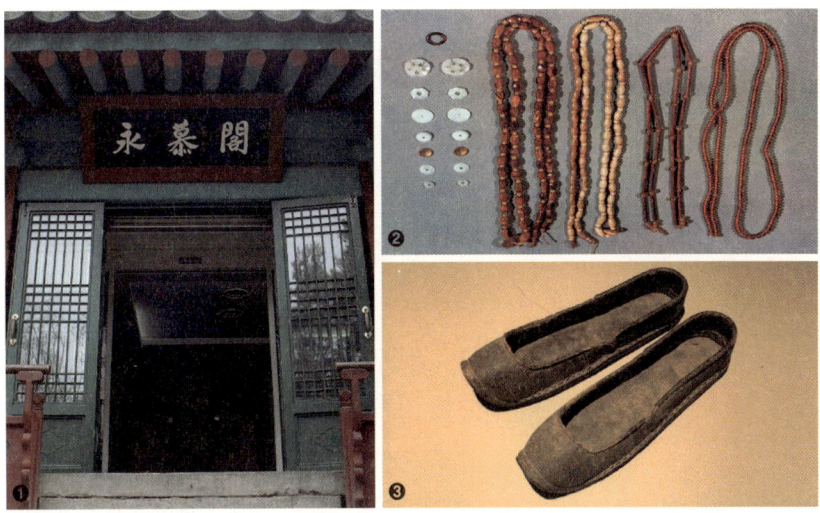

❶ 서애 류성룡의 유물이 보관되어 있는 영모각. 영모각 현판글씨는 고 박정희 대통령 친필 글씨. ❷ 선생의 유물들. ❸ 영모각에 보관되어 있는 서애 선생의 유물 중 선생이 신었던 가죽신인데 신의 크기로 보아 선생은 거구였을 것으로 짐작된다.

학자의 양심이었다. 그러나 역사는 류성룡의 간절한 바람대로 흘러가지 않았다. 임진왜란이 끝난 지 겨우 한 세대만에 조선은 또다시 전란에 휩싸였다. 정묘호란과 병자호란이 그것이었다. 역사는 여전히 류성룡의 통절한 반성을 외면했던 것일까?

서애, 조정에
사직상소를 내고 낙향하다

1598년 8월 도요토미 히데요시는 일본군에게 철수령을 유언으로 남기고 사망했다. 임진왜란이라는 긴 전쟁이 끝나가고 있었다. 이 무렵 류성룡은 누구도 예기치 못했던 결단을 내렸다. 1598년 9월, 류성룡은 사직 상소를 올렸다. 자신의 관직을 환수하여 사람들의 논란을 그치게 해달라고 했다.

류성룡의 사직상소 이유는 탄핵을 받았기 때문이었다. 전란 극복에 혼신의 힘을 다하던 그가 탄핵을 받은 이유는 무엇일까? 조선 후기 이긍익의 〈연려실기술〉에 그 이유가 기록돼 있다. 속오법을 만들고 작미법을 빙자하여 류성룡이 이익을 탐냈다고 되어 있다. 농지 소유를 기준으로 세금을 쌀로 내도록 하자는 류성룡의 세제개혁이 작미법이었다. 백성의 부담이 줄고 지주들의 부담이 늘어나는 제도였다. 당연히 기득권층의 반발이 거셌다. 또 다른 탄핵 이유는 류성룡이 천한 신분을 면천시켜주는 등 신분제 질서를 흔들었다는 것이다. 전란이 나자 류성룡은 군사력 증강을 위해 천민이나 양반, 서얼까지 군역을 지우자고 했다. 양반들은 이를 자신들의 기득권에 대한 도전으로 보고 격렬하게 반발했다.

민생안정과 국방력 강화를 위한 그의 정책들에 반발한 반대파가 류성룡을 탄핵했던 것이다. 그가 탄핵을 받았던 때는 도요토미가 죽고 일본군들이 철수를 서두를 무렵이었다. 반대파 입장에서는 이제 곧 전란은 끝날 것이고, 류성룡의 능력이 더 이상 필요치 않았던 것이다. 선조의 태도도 모호했다. 류성룡의 사직상소에 대해 "사직하지 말라"고만 대답했다. 전란 극복의 주역 류성룡의 사직을 적극 말리지 않았다. 류성룡의 반대파에 대한 질책도 없었다. 선조도 류성룡이 부담스러웠을까? 결국 류성룡의 사직 상소는 받아들여졌다. 류성룡은 고향 안동으로 향했다. 사직한 류성룡의 낙향 길은 빈한했다. 도중에 여비가 떨어져 안동에 사람을 보내 양식을 가져오도록 했을 정도였다. 한 나라의 영의정까지 지내며 40년간이나 벼슬을 했던 류성룡의 낙향은 그렇게 쓸쓸했다.

류성룡이 파직당한 날은 1598년 11월 19일이다. 그런데 공교롭게도 이날은 류성룡 자신이 천거했던 이순신이 관음포에서 전사한 바로 그날이었다. 나중에 소식을 들은 그는 이순신의 죽음을 매우 애통해했다. 이순신을 애도하는 그의 시가 전한다.

이순신을 애도하다
당시 백전노장 이 장군은
한 손으로 친히 하늘 절반을 지탱했네
맹렬한 불길로 풍신수길 같은
왜적의 마음을 다 태웠네
공은 컸지만
모함과 시샘의 틀을 피하지 못하여
목숨을 깃털처럼 여겼으니
무엇이 아까웠으리

고향으로 내려온 류성룡은 긴 칩거에 들어갔다. 낙향 5년째인 1603년, 선조는 류성룡을 부원군으로 복직시켰다. 그러나 그는 곧바로 사직 상소를 올렸다. 다음해, 선조는 그를 호성공신 2등에 책봉했다. 이 역시 사퇴 상소를 올리고 나라에서 공이 있는 신하에게 내리던 상훈문서인 공신녹권에서 자신의 이름을 빼달라고 요청했다. 조정에서는 공신들의 초상화가 필요하다며 그에게 화공을 보냈지만 이마저도 물리쳤다. 류성룡은 선조가 내리는 그 어떤 벼슬이나 혜택도 받지 않았다. 선조를 버린 것이다.

1607년 선조 40년, 류성룡의 병세가 위중해졌다. 그는 모든 병문안을 사양했다. 그리고 그해 5월 6일 조용히 숨을 거두었다. 향년 66세였다. 류성룡이 세상을 떠나자 선조는 사흘간 정사를 멈췄다. 백성들은 조정이 정한 날짜보다 하루 더 철시를 하며 그의 죽음을 애도했다. 사대부들은 서울 남산, 류성룡의 옛 집터에 모여 신위를 마련하고 친척상처럼 통곡했다. 장삿날에는 사대부와 유생 400여 명이 모였고 술과 고기를 입에 대지 않는 사람들도 있었다고 한다.

6
살아서도 죽어서도 청백리

백성들에겐 오리 대감보다 우리 대감으로 불렸던 오리 이원익. 그는 매사에 합리적이고 현실적인 대안을 제시하는 인물로 왕에게 두터운 신임을 받았다. 임진왜란 때 도체찰사로 임명되어 군의 질서를 잡고, 삼도수군통제사 자리에서 밀려나 파직당한 이순신을 옹호하며 나라가 위기에서 벗어나는데 결정적인 역할을 해냈다. 자신의 소신과 원칙에 입각한 관료로서 능력을 돋보이고, 국가와 백성을 위한 의식이 매우 투철했던 이원익의 개인적 삶은 어떠하였을까?

몸소 청빈한 삶을 실천하고 백성과 국가를 위해 살았던 조선의 재상 오리 이원익을 만나보자.

이원익이 인조반정 이후 영의정으로 재직하며 민심을 수습하던 1620년대 세계 여러 곳에서 큰 변화가 있었다. 먼저 중국에서는 중원의 패권을 놓고 명나라와 후금(청나라) 간의 혼전이 거듭되고 있었다. 명나라에서는 1620년 천계제가 즉위했지만 기울어가는 명나라의 운명을 막지 못했다. 후금은 1616년 허투알라에서 누르하치가 청의 전신인 후금을 건국한 후 파죽지세로 명을 몰아붙이고 있었다. 특히 1619년 명과 예허 여진, 조선이 연합해 후금에 대항했던 사후르 전투에서 후금군이 대승을 거둔 이후인 1621년, 후금군은 명군을 만주에서 완전히 몰아내고, 선양을 점령해 새 수도로 삼아 강대한 국력을 과시하고 있었다.

북아메리카에서는 1620년대 초부터 이민자들의 숫자가 급격히 늘어났다. 당시 들어온 사람들은 뉴잉글랜드와 버지니아, 캐롤라이나 등 현재 미국 동부 해안 지역과 플로리다를 비롯한 동남부 여러 곳에서 살며 훗날 미국 역사를 태동시켰다.

오리 이원익 李元翼

1547~1634

난세의 명재상, 오리 이원익

한 노인이 쓰러질 듯한 초가에서 돗자리를 짜고 있었다. 생계를 위한 노인의 일과였다. 나중에 효종이 되는 봉림대군이 우연히 이 모습을 보고 눈물을 훔쳤다는 일화가 전해지고 있다. 이 노인은 다름 아닌 오리 대감 이원익이었다. 그는 임진왜란 당시 도체찰사로서 누구보다 앞장서서 전란을 극복한 주역이다. 또한 선조, 광해군, 인조의 세 임금을 모시고 다섯 차례나 영의정에 올랐던 인물이다. 그러나 조선의 명재상 오리 대감 이원익은 업적에 비해 덜 알려진 리더였다. 전란극복의 무장이자, 영의정, 그리고 돗자리 짜는 노인이었던 오리 이원익은 과연 어떤 인물이었을까?

개국 200년째인 1592년 조선 역사상 최대 위기였던 임진왜란이 발발한다. 아무런 대비도 없이 당한 전란이었기 때문에 조선은 속수무책이었다. 개전 초기, 조선 수군을 제외한 조선 육군은 18

만 일본군의 침공 앞에 철저히 유린 당했다. 선조를 비롯한 조선 조정도 일대 혼란에 빠졌다. 조정은 파천, 즉 임금의 피난을 결행했다.

선조가 한밤중 폭우 속에서 경복궁을 떠나자 성난 백성들은 임금의 피난 행렬을 막아서기도 했다. 그렇게 조선 조정은 걷잡을 수 없이 무너지고 있었다. 이때 임금의 피난을 책임진 인물이 오리 이원익이었다.

전란이 터지자 선조는 이조판서 이원익을 평안도 도순찰사를 겸하게 했다. 이원익은 평양에 임금이 머물 행궁과 식량 등을 차질없이 준비했다. 그러나 왜군은 파죽지세로 진격하여 임진강을 건너고 대동강으로 압박해왔다. 임금은 다시 북쪽으로 피신했고 백성들은 조정의 아무런 보호도 받지 못한 채 뿔뿔이 흩어졌다.

오리, 일본과의 전투에서 선봉에 서다

그 무렵, 이원익에게는 평양을 사수하라는 명령이 떨어졌다. 도순찰사 이원익은 김명원, 윤두수 등과 평양성에 남았다. 당시 평양의 군 지휘관은 김명원 등 무려 세 사람이나 되었기에 지휘체계가 흔들렸다. 그러자 이원익은 스스로 자신의 지위를 낮춰 지휘체계를 다잡았다.

당시 평양성에 남은 군사는 겨우 3,000여 명으로 군사들은 두려움에 빠져 사기가 땅에 떨어져 있었다. 그래서 이원익은 앞장서서 진두지휘를 한다. 군사들의 사기를 높이고 일본군의 기세를 꺾는 일이 급선무였기 때문이다. 이원익은 과감한 작전을 구사한다. 바로 문관인 자신이 전장의 선봉에 나선 것이다.

일본군 선발대가 대동강 능라도에 진을 치자 이원익은 토병 240여 명을 이끌고 야간 기습공격을 감행했다. 기습작전은 주효했다. 문관 이원익이 선봉에 선 전투였다. 이원익의 어떤 면모가 이런 과감한 작전을 가능하게 했을까?

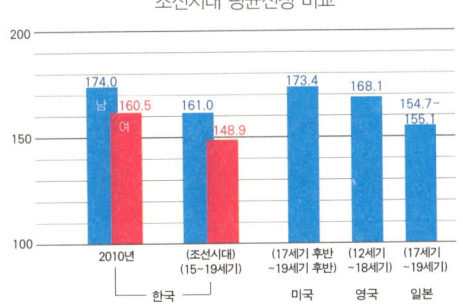

조선시대 평균신장 비교. 당시 조선시대 성인 남성의 평균신장은 161.1cm, 여성의 평균신장은 148.9cm라고 한다.(출처 : 서울대 의대)

기록에 따르면 이원익은 매우 키가 작았다고 한다. 일설에 의하면 그의 키는 타인보다 유난히 작아서 3자 3치였다고 한다. 이 수치라면 1m를 조금 넘는 키다. 따라서 사람들은 그를 두고 '키 작은 대감'이라고 칭하기도 했다. 이원익의 젊었을 때 이야기가 전해진다. 하루는 그가 관상을 보러 갔다. 관상쟁이는 그의 모습을 보는 순간 한숨을 크게 내쉬며 말했다.

"참으로 아깝소이다. 키가 한 치만 더 작았더라면 일인지하 만인지상의 위치에 오를 관상이외다."

관상쟁이는 못내 아쉬운 표정으로 이원익의 얼굴을 바라보았다. 이를 지켜보던 이원익은 빙그레 웃으며 자신이 신고 있던 나막신을 벗어 보였다. 관상쟁이는 그만 소스라치게 놀라며 그 자리에 부복하였다. 이원익이 나막신을 벗자 본래 1m 정도 밖에 되지 않는 그의 키가 그대로 드러난 것이다. 관상쟁이의 예언이 맞아서일까 이원익은 후에 영의정이 되었다.

이원익은 비록 체구가 작았지만 신념이 강하고 강단이 있던 인물이었다. 그런 모습 때문에 전쟁 중 위급한 상황에서도 진두지휘하면서 군사적인 미비점을 보완하고 군사들을 독려하는 등 강력한 리더십을 발휘할 수 있었다.

오리 이원익, 그는 누구인가

이원익은 1547년, 서울에서 태어났다. 이원익이 태어난 곳은 낙산 아래, 대학로가 있는 지금의 동숭동 일대로 전해질 뿐 그의 생가 자리는 정확하게 밝혀지지 않고 있다. 도성의 동쪽 지역은 권문세가들이 살던 북촌(가회동 일대)과는 멀리 떨어져 있었다. 그러나 그는 왕족으로 조선 3대왕 태종의 열두 번째 아들 익녕군의 4대손이었다. 그러나 이원익의 집안은 곤궁했다. 태종의 아들 익녕군부터 오리 대감의 아버지 함천군까지 벼슬을 못했다. 왕의 4대손까지는 벼슬을 못하는 것이 당시 국법이었기 때문이다. 이원익 대에 와서야 비로소 과거시험을 볼 수 있는 자격이 주어졌다. 1564년 이원익은 18세에 과거에 응시하여 사마시에 합격했다. 14세 때는 낙방했고, 17세 때 합격한 진사시는 취소가 되는 등 우여곡절 끝의 출사였다. 이때 함께 합격한 이가 열한 살 연상의 율곡 이이였다. 과거에서 맺은 인연으로 율곡은 늘 이원익을 높이 평가했다.

이원익이 황해도 도사로 재직할 때 이이가 황해도 순찰사로 가게 된다. 당시 이원익은 실무에 아주 능해서 상관으로부터 높은 평가를 받고 있었다. 율곡 이이도 그를 직접 만나보면서 실무능력을 인정하게 된다. 모든 어려운 일에 대해 이원익에게 물어보면 해결될 것이라고까지 평가하면서 이원익에게 매우 우호적이었다.

과거 급제 이후 이원익은 성균관 유생을 거쳐 벼슬에 나가 승 승장구하게 된다. 사간원 홍문관 등을 거쳐 1583년에는 우부승 지에 올랐다. 서른일곱 살 한창 일할 나이에 임금의 최측근이 되 었던 것이다. 그러나 당시는 이른바 당쟁이 격화되던 시대로 조정 은 늘 당파끼리의 알력으로 조용할 날이 없었다. 그가 우부승지 시절 성균관 유생들이 올린 상소를 승정원이 가로막고 있다는 탄 핵이 있었다. 진노한 선조는 탄핵상소를 쓴 주모자를 밝히라고 했지만 이원익은 원칙에 어긋난다며 선조의 요구에 응하지 않았 다. 임금의 명령에 불복한 이원익은 결국 파직되고 말았다. 스물 네 살 때부터 서른일곱 살까지의 관직 생활을 일단 마감한 것이 다. 이원익은 4년간 야인 생활을 하다가 1587년 안주목사로 복 직한다. 그는 안주목사로 있으면서 백성들을 위한 여러 가지 정 책을 펼쳐 백성들로부터 신임을 받았다. 조정에 양곡 1만여 석을 청하여 굶주리는 백성들을 구제하고, 곡식을 나누어 주어 백성 들의 생업을 안정시켰다. 또, 병졸들의 훈련 근무도 연 4차 입번 (入番)하던 제도를 6번제로 고쳐 시행하여 백성들의 부담을 줄여 주었다. 이 제도는 이후 윤두수의 건의로 전국적인 병제로 정해 졌다. 그리고 제갈공명이 뽕나무로 생계를 이었다는 전설에서 힌 트를 얻어 백성들에게 뽕나무를 심고, 누에를 치게 하여 백성들 이 가난에서 벗어나도록 했다. 이러한 일화로 뽕나무를 이공상 (李公桑 : 이원익에 의해 계발된 蠶桑이라는 뜻)이라 부르기도 한다. 이후 그는 형조참판으로 승진한 뒤 이조판서 겸 도총관을 맡는 다. 그리고 1592년에 임진왜란이 발발한 당시에는 평안도 도체찰 사를 겸하며 전란을 온 몸으로 겪게 된다.

1592년 12월 명나라 지원군 이여송 부대가 압록강을 넘어 조선으로 들어왔다. 그러나 이여송은 일본군과의 접전을 피하려고만 했다. 이에 이원익은 평양성 탈환을 위한 상세한 작전지도를 이여송에게 건넸다. 치밀한 이원익의 면모였다. 이에 이여송도 확신을 갖고 전투에 나서 승전을 거둘 수 있었다.

평양성 탈환은 전란의 물줄기를 되돌리는 중요한 전환점이었다. 일본군의 북상을 막고 전황을 반전시킬 수 있었다. 이 중요한 전투에서 이원익은 조선군을 추슬러 승전을 이끌어내는 핵심적인 역할을 했던 것이다.

임진왜란 극복과정에서 이원익이 보여준 또 하나의 극적인 리더십이 있다. 바로 이순신과의 인연이었다. 정유재란 당시 이순신이 역적으로 몰려 서울로 압송되었다. 이는 임금 선조의 강력한 의지였다. 사건이 일어나자 이순신을 천거하고 지지했던 서애 류성룡 등 일부만이 그를 옹호할 뿐이었다. 이때 이원익이 나섰다. 그는 이순신을 적극 옹호했다.

이순신은 수많은 장수들 가운데 가장 쟁쟁한 자입니다.
경상도에 있는 많은 장수들 가운데 이순신이 제일 훌륭하다고 여겨집니다. - 선조 실록 중

임진왜란의 위기에서 조선을 구한 대표적인 인물은 두말할 것도 없이 이순신 장군이다. 이러한 이순신이 위기에 빠졌을 때 그를 천거하고 계속 후원해 준 사람이 류성룡과 더불어 이원익이었다. 류성룡과 이원익은 이순신을 적극적으로 높이 평가하면서 옹호하여

마침내 그가 나라를 위기에서 구하는데 결정적인 역할을 했다고 볼 수 있다. 류성룡과 이원익에 대한 당시 사람들의 평가가 재미있다. "이원익은 속일 수는 있지만 차마 속이지 못하겠고, 유성룡은 속이고 싶어도 속일 수가 없다." 이는 류성룡은 똑똑한 사람이라는 뜻이고, 이원익은 바르고 착하다는 뜻이다. 이들은 서로 성격은 달랐지만 나라를 생각하고, 인물을 볼 줄 아는 안목은 같았다는 의미일 것이다.

개전 초기, 전라좌수사 이순신은 한산대첩 등으로 제해권을 완전히 장악했다. 이로써 보급로가 봉쇄된 일본군은 엄청난 전략적 차질을 빚었고 조선은 나라를 수습할 기회를 가지게 된다. 1594년 이원익은 하삼도, 즉 충청도, 전라도, 경상도의 도체찰사가 되었다. 그는 서울에서 일을 하라는 한 선조의 명령에도 직접 한산도를 방문해 이순신과 함께 전략 극복에 나선다.

오리, 영의정이 되어
민생과 국정을 안정시키다

임금이 선조에서 광해군으로 바뀌었다. 이원익은 선조 대에 이어 다시 영의정이 되었다. 실무와 경륜이 뛰어난 이원익을 신임 왕 광해군이 높게 평가했던 것이다. 이원익의 또 다른 큰 업적은 민생을 돌본 것이다. 전란 이전부터 백성들의 삶은 피폐해 있었다. 가장 큰 이유는 가혹한 세금과 불합리한 제도 때문이었다. 이원익은 세금제도의 개혁을 주장했다. 세금제도 개혁은 자칫 왕권에 도전하는 것으로 여겨질 만큼 위험한 주장이었으나 이원익은 소신을 피력했다. 그는 모든 세금을 쌀로 통일하자고 주장했는데, 그것이 바로 대동법(大同法)이다.

나무가 귀하고 쌀이 천해서 공물을 쌀로 통일하면 백성들이 기뻐할 것입니다. - 선조 실록 중

당시 백성들은 지역 특산물을 세금으로 바치고 있었다. 그러나 특산물 납부가 원활하지 않자 중간상인들이 등장하여 대신 세금을 납부하고 백성들에게 부담을 지우는 일이 늘어났다. 이원익은 세금을 쌀로 통일함으로써 백성들의 부담을 크게 줄일 수 있다고 여긴 것이다.

대동법은?

대동법의 핵심은 부자들의 부담은 커지고 가난한 백성들의 부담은 적어지는 제도다. 이 제도가 이전까지 제대로 실시가 안 된 이유는 지주권을 가진 지주들이 대부분 관료였기 때문이다. 그러나 이원익은 그런 기득권에서도 자유로울 수 있었기 때문에 백성들의 부담을 경감을 해주기 위해 적극적으로 추진한 것이다.

광해군 시대는 인조 반정으로 급박하게 저물고 말았다. 1614년 인목대비 폐모 사건으로 유배형에 처해졌던 이원익은 일흔 나이로 유배와 은거 생활을 하고 있었다. 이원익은 여주에서 서울로 올라오는 길에 반정 소식을 들었다. 민심과 국정 안정이 급선무였던 새 임금 인조는 이원익을 영의정으로 불렀다. 노재상 이원익의 등장으

로 민심은 빠르게 수습돼 갔다. 그에 대한 백성과 대신들의 신망이 그만큼 두터웠던 것이다.

그는 광해군을 사사해야 한다는 반정공신들의 주장에 굴하지 않았다. 그는 끝끝내 자신의 소신을 주장했고, 임금 인조도 결국은 이원익의 뜻에 따라 광해군을 죽이지 않았다. 광해군에 대한 의리를 지킨 것이다. 인조는 이원익에게 광해군 시절 부정을 저지른 권신들에 대한 처분을 명령한다. 이 소식을 듣고 한 고관의 첩이 구슬로 장식된 사치스러운 꽃신을 이원익 측실에게 선물하면서 남편의 구명을 부탁했다. 이를 알게 된 이원익은 눈물을 흘리면서 "신하들에게 이런 것을 갖게 하고서 어찌 그 임금이 망하지 않겠으며, 백성들이 굶어 죽는 마당에 첩에게 이런 신을 신게 하고서 그 사람이 어찌 용서를 받을 수 있겠는가?"라고 하면서 그 고관에게 엄한 벌을 내렸다고 한다. 이원익의 강직함과 청렴함이 돋보이는 대목이다.

이원익은 관료로서의 능력도 뛰어났지만 소위 당쟁의 시대에 정치 감각도 뛰어났다. 이원익이 그럴 수 있었던 원동력은 그가 현실적이고 실무적인 능력을 갖췄기 때문이었다. 그리고 그가 일을 추진해나가는데 있어 반대파의 공격을 받지 않았던 원인 중 하나는 항상 청렴하고 검소한 삶을 지향했기 때문이다.

탁월한 실무 능력과 청렴을 겸비했던 이원익에 대한 모든 흔적이 광명시에 남아 있다. 충현박물관은 그의 후손이 세운 이원익에 대한 사설 박물관이다. 박물관을 들어서면 만나게 되는 작은 집 한 채가 있는데 말년의 이원익이 기거했던 관감당이다.

40년 정승을 지낸 사람의 거처치고는 단출하기 짝이 없는 이 집

오리 이원익에 대한 모든 흔적이 남아 있는 ❶ 충현박물관 ❷ 관감당.

에 담긴 사연이 각별하다. 이원익이 은퇴하자 인조는 그가 어떻게 사는지 보고 오라고 했다. 보고를 받은 인조는 충격에 빠졌다. 이원익이 다 쓰러져가는 초가에 살면서 돗자리를 짜 내다팔면서 생계를 잇는다는 보고를 받았던 것이다. 보고를 받은 인조는 "40년 정승이 집 한 칸 없다는 것이 말이 되느냐"면서 이원익에게 집을 지어주라고 하교했다. 이런 사연을 가진 관감당이지만 이원익은 이 집의 하사를 네 번이나 거절했다. 이에 인조는 백성과 신하들의 본보기로 삼겠다며 거듭 하사했고 결국 이원익은 임금의 간곡한 당부를 받아들였다. 이와 더불어 이원익이 공신 책봉이 되고 나서 선조가 "당신이 눈을 들어 보이는 땅은 다 주겠다"고 하자 바늘을 들어 바늘구멍을 통해 보이는 땅만 가졌다는 일화가 전해질 만큼 그는 청렴결백했다. 관감당 오른쪽에는 이원익과 관련된 유물과 그가 사용하던 물건을 비롯한 서적들이 진열되어 있다. 그리고 그의 개인 문집인 〈오리집〉 등도 볼 수 있다.

이들 중에서 가장 눈길을 끄는 것은 그의 영정 두 점이다. 그중

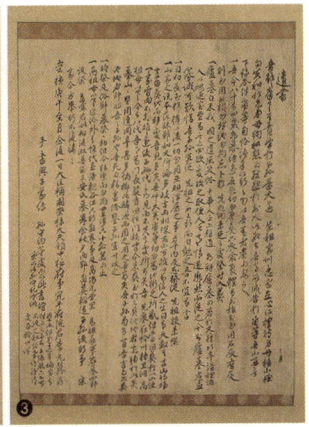

❶ 평양 생사당 구장 이원익 영정(경기도 유형문화재 제80호) ❷ 호성공신도상 이원익 영정(보물 제1435호)
❸ 이원익의 친필 유서.

왼쪽의 것은 그의 업적을 기린 평양의 서리들이 이원익 생사당을
세울 때 그린 것으로 전한다. 오른쪽은 영의정 때의 모습을 그린
것으로 보물 제1435호로 지정되어 있다.

또 하나, 이원익 생애의 정점을 볼 수 있는 유물이 있는데 바로
그의 친필 유서다. 이원익은 유서에서 자식들에게 신신당부했다.
절대로 후하게 장사 지내지 말고 다만 수의와 연금으로 시체를 싸
도록 하라고 말이다. 이는 끝까지 청렴하고자 했던 이원익의 유산
이자 높은 정신이었다. 자식들 역시 아버지의 뜻을 받들었다.

오리 이원익은 다른 역사적 인물에 비해 비교적 덜 알려졌다. 최
근 이원익을 알리기 위한 노력이 시작됐다. 이원익 기념 사업회가
발족되어 이원익과 그의 정신을 널리 알리기 위한 다양한 사업을
시작하고 있다. 이를 위해 학술대회뿐만 아니라 소설, 애니메이션
등 다양한 작품 창작에 나서고 있다.

이원익은 1634년, 여든여덟 살을 일기로 자택에서 생을 마감했다. 평범하기 그지없는 그의 무덤은 살아서도 청빈하고 죽어서도 청빈하겠다는 그의 정신을 웅변하고 있다. 다섯 차례나 영의정에 오르고 40년 동안 정승을 지냈지만 집 한 칸 없이 돗자리를 짜서 생계를 유지했던 오리 이원익. 오늘날 그가 남긴 울림이 유난히 크게 다가오는 것은 왜일까?

이원익 부부의 합장묘. 그의 무덤은 살아서도 청빈하고 죽어서도 청빈하겠다는 그의 정신을 웅변하고 있다.

7
한국의
셰익스피어

한국 문학사의 거장 송강 정철은 주옥 같은 한글가사로 조선 최고 시인의 반열에 올랐다. 한글로 지어진 송강의 시는 우리말의 정수를 보여준다. 사미인곡, 속미인곡, 성산별곡, 관동별곡은 충정에 대한 뛰어난 상징과 자연에 대한 수려한 묘사로 특히 유명하다. 그러나 시에 가려 시인의 삶은 그만큼 드러나 있지 않다. 송강은 어떻게 한글가사의 대가가 되었을까? 그 배경에는 녹록지 않았던 송강의 삶이 담겨져 있다. 그의 삶을 통해 송강의 시를 다시 만난다.

정철의 시대 세계는

기축옥사를 기점으로 정철이 주도하는 서인의 정국이 된 1590년대, 당쟁만 일삼던 조선은 세상의 격변을 알아채지 못했다. 가까운 일본에서는 센코쿠 시대의 실력자 오다 노부나가가 죽은 '혼노사의 변' 이후, 급부상한 도요토미 히데요시가 전국통일을 이뤄 백 수십 년간 지속됐던 전국시대가 막을 내렸다. 이후 히데요시는 내부의 불만을 밖으로 돌리기 위해 조선을 침략할 계획을 세우고 있었다.

중국에서는 철혈재상 장거정이 내치를 잘해 그럭저럭 명나라는 굴러가고 있었다. 하지만 장거정이 죽은 이후, 정치에 관심이 없었던 만력제는 정사를 돌보지 않고 개인의 치부에만 몰두해 민심이 크게 이반되었다.

당시 스페인은 현재의 포르투갈, 이탈리아 남부, 시칠리아, 독일, 벨기에, 네덜란드, 룩셈부르크 등에서 전체 혹은 일부 영토를 정복하고, 영향력을 북부 아프리카까지 넓힌다. 하지만 1588년 경제 패권과 유럽 지역의 제해권을 두고 벌인 칼레 해전에서 스페인의 무적함대가 영국군에 패하며 스페인은 자존심에 상처를 입는다. 칼레에서 승리한 영국의 국력은 이후 크게 성장한다.

송강 정철 鄭澈

1536~1593

송강, 가사문학의 백미
사미인곡을 짓다

송강에게 평생 고향 같았던 담양은 꼿꼿한 대나무가 선비들로 하여금 수많은 시를 짓게 했던 고장이다. 또한 걸출한 문인들이 빼어난 산수에 대한 찬가를 지은 곳이기도 하다. 이 푸른빛이 아름다운 땅 한가운데 송강 정철이 있었다. 담양 시내에서 차로 10여 분을 달리면 송강정이 있다.

정철은 이곳 송강정에서 시를 짓고 있었다. 50대 초반의 송강이 담양으로 낙향해 시문에 열중하던 이때 송강 문학의 백미로 꼽히는 시들이 태어났다. 사미인곡이다.

평생 임과 함께 살아가려 하였더니
늙어서야 무슨 일로
따로 두고 그리워하는고
짓는 것이 한숨이요

흐르는 것이 눈물이라
- 사미인곡 중

상징이 빼어난 시구는 임금을 향한 것이다. 송강은 사미인곡에 연군(戀君)에 대한 정서와 한 여성이 남자를 사랑하는 정서의 서로 다른 두 가지 정서를 도입한다. 바로 인식의 전환이다. 송강은 사랑과 연군의 경계 영역을 넘나드는 특이한 장르를 만들었다는 점에서 우리 문학사에 큰 업적을 새겼다. 그리고 또 하나의 미인곡인 속미인곡도 지어졌다. 속미인곡은 특이하게도 두 여인이 대화하는 형식을 취했다.

내 사정을 들어보렴
응석부리고
교태를 어지럽게 굴었는데
반기시는 낯빛이
어째서 예전과 다르신고
그렇게 생각하지 마소
- 속미인곡 중

송강은 속미인곡에서 '반기시는 낯빛이 어째서 예전과 다르신고'로 모든 것을 이야기한다. 이미 옛날과 달라진 사랑의 정열과 묘한 갈등. 인간의 변화를 낯빛이라는 순수한 우리말로 잘 표현하고 있다. 송강은 한자 문화권에서 한문으로 시를 짓고, 문학을 해왔던 시대에 우리말의 아름다움을 문학적 경지로 승화시키고 그것을 창조한 업적이 있다.

송강, 식영정에 머물며
성산별곡을 짓다

담양은 정철의 운명을 바꿔놓 았다. 이곳에서 정철은 인생과 학문과 문학의 스승을 만나게 된다. 정철의 한글가사에 직접적인 영향을 주었던 이도 담양에서 인연을 맺었다. 그가 바로 면앙정 송 순이다. 송순은 강호가도의 선구 자로 일컬어진다. 강호가도는 자 연예찬을 노래했던 조선 시가의 특징이다. 면앙정 송순의 면앙정 가(俛仰亭歌)와 송강이 지은 성 산별곡(星山別曲)을 구절구절 대 조해보면 스승의 영향이 드러나 는 묘사 방법과 표현 형상화 방 식을 발견할 수 있다. 정철은 우 리말 시가를 쓰면서 우리말에 대한 감각과 시를 작품화하는 점을 송순에게서 크게 영향을 받있다.

광주호 기슭에 있는 송강정철가사의 터.

굼기든 늘근 놓이 선잠을 갓 깨야
머리를 안채시니 - 면앙정가 중

물 아래 잠긴 농이 잠 깨야

니러날 듯 - 성산별곡 중

용천산 나린 물이 정자 압 너븐 들에

올올히 퍼진드시 - 면앙정가 중

창계 흰 물결이 정자 압에

둘러서니

- 성산별곡 중

　우리말의 맛을 살려 지은 송강의 시가 있기까지는 담양의 빼어
난 경관이 일조를 했다. 정철이 산책하며 노닐던 명소들은 지금 광
주호 아래 잠들어 있다. 남아 있는 곳도 제법 있다. 광주호 곁에 송
강정철가사의 터라 불리는 유적지가 있다. 정철의 처외재당숙이었
던 서하 김성원이 지은 정자로 그의 호를 딴 서하당이다. 정철과 김
성원은 각별한 사이였다. 그리고 서하당의 위쪽으로 또 하나의 누
정이 있다. 10대와 20대의 정철이 수백 번을 오르내렸을 이 길을
따라 오르면 식영정이 옛 모습을 고고히 간직하고 있다.
　식영정은 그림자가 쉬고 있는 정자라는 뜻이다. 정자 앞으로 광
주호 상류인 창계천이 유유히 흐른다. 정철은 식영정에서 문우들
과 교유했다. 당시 사람들은 정철과 김성원, 임억령과 고경명을 '식
영정 사선'이라 불렀다. 임억령은 정철의 스승이었고, 고경명은 정
철과 막역한 사이였다. 김성원은 정철보다 열한 살이 많았지만 정
철과 동문수학했다. 식영정 사선은 성산의 경치 좋은 스무 곳을 택

송강 정철이 김성원, 임억령, 고경명과 함께 〈식영정 이십영〉을 지은 식영정. 이 시는 성산별곡의 바탕이 되었다.

해 한 사람당 20수씩, 총 80수의 〈식영정 이십영〉을 지었다. 이는 훗날 성산별곡의 바탕이 되는 시가 됐다.

> 어떤 나그네가 성산에 머물면서
> 서하당 식영정 주인아 내 말 듣소
> 인생 세간에 좋은 일 많건마는
> 어찌 한 강산을 갈수록 좋게 여겨
> 적막한 산중에 들어가 나가시지 않는고
> - 성산별곡 중

성산별곡이 지어진 시기는 송강의 나이가 스물여섯 살 때다. 성산별곡은 지나가는 손님이 김성원에게 좋은 세상을 두고 왜 산중에 있느냐고 묻자 이에 대해 김성원이 답하는 내용이다. 또한 이곳에서 바라보는 사계절의 경관이 잘 나타나 있다. 송강은 여기에서 청소년 시절을 보내면서 많은 작품을 창작한다.

시를 짓고 학문을 닦으며 담양에서 10년을 보낸 송강은 과거에 급제하며 화려하게 정계에 진출한다. 하지만 정철의 벼슬살이는 녹록지 않았다. 당시는 붕당정치로 조정에 바람 잘 날이 없던 조선 16세기였다. 당쟁이 본격화되자 송강은 더 이상 버티지 못하고 조정을 떠나고 만다. 그가 낙향해 찾은 곳은 마음의 고향 담양이었다.

송강, 관동별곡 800리길을 걸으며 시를 읊다

정철이 다시 본격적인 벼슬길에 올랐을 때는 처음 낙향했을 때로부터 5년이 지난 1580년이다. 그는 강원도 관찰사 직무를 하기 위해 원주 감영으로 부임한다. 여러 차례 관직을 사양하며 벼슬길에 나가지 않던 정철이 강원도 관찰사 직에는 흔쾌히 응했다. 그 이유는 당시 그가 지은 시의 내용만으로도 쉽게 추측해볼 수 있다.

송강이 강원도 관찰사 시절에 지은 시가 저 유명한 관동별곡이다. 관동 지방의 풍경을 우리말로 노래한 한글가사다. 그 시에 원주로 향하는 송강의 마음이 숨김없이 잘 드러나 있다.

강호에 병이 깊어 죽림(담양)에 누웠더니
관동 팔백리의 관찰사를 맡기시니

관동별곡의 무대가 된 의상대. 이곳에서 정철은 일출의 장관을 노래했다.

어와 성은이야 갈수록 망극하다

- 관동별곡 중에서

관동별곡의 본격적인 출발점은 금강산이다. 회양을 거쳐 금강
산으로 들어가 만폭동, 금강대, 비로봉, 화룡소 등 스무 곳의 공간
이 고루고루 등장한다. 그리고 다음 행보는 고성을 옆에 끼고 삼일
포, 선유담, 영랑호, 만경대로 이어진다. 이렇듯 송강은 강원도를 두
루 유람하며 총 146행이나 되는 장문의 시를 관동별곡으로 남겼
다. 금강산의 다음 행보는 낙산이다. 양양의 명소인 의상대는 신라
의 고승 의상이 낙산사를 세울 때 지은 것으로 알려져 있다. 바닷
가 암벽 위에 지어져 동해가 시야 가득 들어온다. 또 낙산은 일출
의 장관으로 유명하다. 송강은 의상대에 올라 동해의 일출에 감동
한다. 당시의 상황과 풍경이 관동별곡에 상세히 묘사돼 있다.

낙산 동쪽 갓길로 의상대에 올라 앉아
일출을 보려고 한밤중에 일어나니
상운(상서로운 구름)이 피어나는 듯
여섯 마리 용이 받치는 듯
- 관동별곡 중

　　양양을 거쳐 강릉에 다다른 송강은 경포의 모래밭과 송림의 경
치에 빠졌다. 그는 강릉을 풍류를 회고하며 선비가 사는 고장의 예
절을 높이 사는 아름다운 고을로 그리고 있다. 그리고 다음은 경포
대로의 일정이다. 고려시대에 세워져 역사가 685년이나 되는 경포
누각에서 바라보는 경포호의 풍경은 당시에는 대단했을 것이다. 예
전에는 지금보다 경포호가 훨씬 넓었다. 현재 경포호의 둘레는 4킬
로미터지만 본래는 12킬로미터에 달했다. 경포호는 관동팔경 중의
한 곳으로 오랫동안 수많은 선비들을 매료시켜 시를 짓게 했고, 그
중 송강은 이 풍광을 한글로 노래하며 한글 문학의 자존심을 높였
다. 송강은 경포대에 와서 강릉의 풍속과 호수의 풍경, 동해의 광활
한 모습을 보며 다음과 같이 노래했다.

우개지륜(가마)이 경포에 내려가니
십리 빙환(고운 비단)을 다리고 다시 다려
장송 빽빽한 속에 한없이 펼쳤으니
물결도 잔잔하고 잔잔해 모래알을 셀 수 있겠도다
- 관동별곡 중

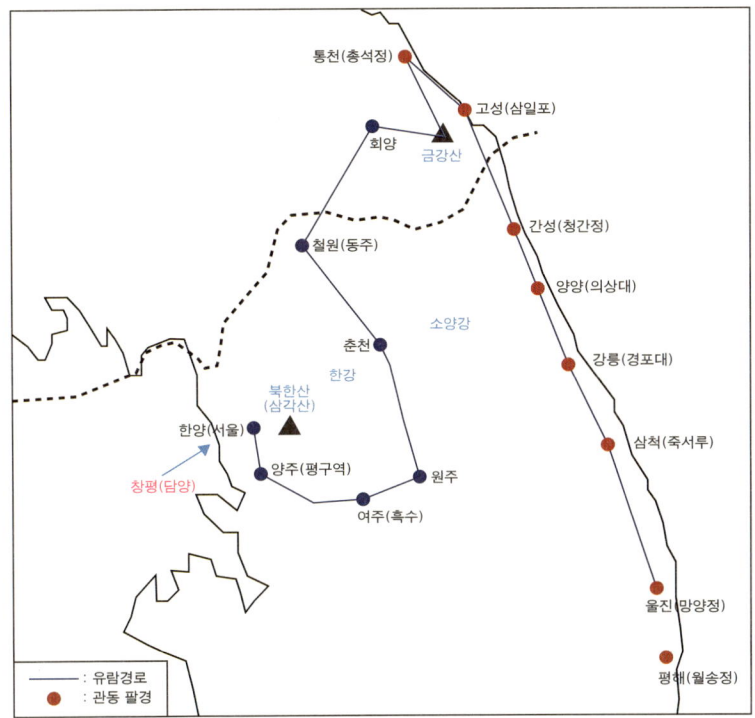

관동별곡 유람경로.

시어가 주인을 제대로 만나 맑은 시가 되었다. 경포의 풍경에 이어 강문교의 모습도 관동별곡에 등장한다. 강문은 강이 흐르는 입구라는 뜻이다. 경포호의 물이 바다로 흘러가 대양과 이어지는 곳이다.

관동별곡의 행로는 강원도 고성을 시작으로 강릉에 이어 삼척과 양양, 그리고 울진으로 이어진다. 동해안 길은 1,500년 전 신라의 화랑에게서 비롯된 순례길이다. 그 전통은 조선시대까지 이어졌고 산수유람을 위한 선비들의 교양과목이 됐다.

동해안의 생명력을 보며 정철은 울진에서 의문을 제기하게 된다. 바다를 바라보다 바다 끝의 하늘을 보게 되고, 다시 하늘 밖의 세상을 떠올린다. 망양정에 올라 넓은 하늘을 바라보며 미지의 세계를 동경하는 것이다.

우리 가사문학에서 미지의 공간에 대해 의문을 갖는 시는 매우 드물다. 송강은 어쩌면 바깥세계는 신선과 통할지도 모른다는 신비로운 생각에 빠진다. 그의 시가 막바지에 다다르고 있는 것이다.

> 하늘 끝을 보지 못해 망양정에 올라보니
> 바다 밖은 하늘인데 하늘 밖은 무엇인가
> 가뜩이나 성난 고래 그 누가 놀래켜서
> 불거니 뿜거니 어지럽게 구는가
> - 관동별곡 중

당시의 시는 아름다운 자연을 순수한 풍류의 대상으로 음풍명월하는 서경시가 주류였는데, 송강은 관찰사로 있으면서 훈민가를 짓거나 상소문을 올리는 등 단순히 경치의 아름다움에 매료된 시인이 아니라 어렵게 사는 당시 백성들의 고충을 앞장서서 상소하는 현실 참여적인 마음이 컸다. 강원도 관찰사로 재직하던 정철은 시조도 한 편 남겼다. 훈민가다. 삼강오륜과 같은 유교적 윤리를 주 내용으로 해 백성들에게 도덕을 깨우치고자 지었다. 한문이 존중받던 시대에 한글로 지은 송강의 시는 고단한 백성들에게 좀 더 쉽고 널리 다가갈 수 있도록 지어졌다.

오늘도 날이 샜다 호미 메고 가자꾸나

내 논 다 매면 네 논도 좀 매어주마

오는 길에 뽕 따다가 누에 먹여 보자꾸나

- 훈민가 중

송강, 한글가사로 우리말을 문학으로 승화시키다

정철의 시가 높게 평가받는 가장 큰 이유는 그의 대표작들이 우리말로 지어졌기 때문이다. 한글 시문학이 발달하지 않았던 당시에 정철은 일필휘지로 한글가사를 지어냈다. 송강의 시는 아낌없는 칭송을 받아왔다. 조선을 대표하는 4대 문장가 중 한 사람인 상촌 신흠(1566~1628)은 송강의 시를 두고 "시상이 기발하여 후세에 전할 만하고, 많은 시인들이 노래했지만 여기에 미친 이는 아직 보지 못했다."라고 극찬했다.

문학평론집인 〈순오지〉에 실린 관동별곡에 대한 평가도 "형상화하는 솜씨와 말을 만드는 기발한 재주가 악보 가운데 실로 절창"이라고 극찬하고 있다.

송강이 한글로 시를 지은 이유는 많은 사람이 같이 읽게 하기 위한 것이었다. 실제로 당시에는 기생들도 송강의 시를 가지고 노래로 지어서 부르기도 했다. 송강의 가사는 민간에서도 유행했다. 정철의 나이 서른한 살 때 함경북도 지방을 살피러 갔다가 우연히 지은 시 한 수는 20여 년이 지난 뒤에도 불리고 있었다. 정철이 함경도 관찰사가 되어 길주에 이르렀을 때, 한 기녀가 여전히 송강의 노래를 부르고 있었다. 이 일을 두고 송강은 다시 시 한 편을 짓는다.

이십 년 전 이곳에서 읊었던 노래
어느 해에 이렇듯 기방으로 떨어졌나

　　시는 눈으로 읽는 독서물인데, 당시에는 시라고 하지 않고 시가
라고 했듯이 가창이 되었다. 문학 향유 방식으로 따지면 가창하고
이를 전승하여, 파급효과가 독서물보다는 훨씬 컸다. 그뿐만이 아
니다. 국문학을 연구하는 학자에게도, 우리 문학을 배우고자 하는
학생들에게도 송강의 시는 필수관문이다. 교과서에도 실려, 누구나
한 번쯤은 송강 시의 호방함을 접하게 된다. 그의 시는 한글로 지
어졌기에 우리말의 정서와 아름다움을 더 빼어나게 묘사할 수 있
었다. 한글을 창제한 것은 세종이지만 한글의 묘미를 살려 최고 경
지로 끌어올린 것은 송강이라 할 수 있다. 그는 어떤 작품을 놓고
주제를 형상화할 때의 표현이 간결하고, 언어 선택이 탁월했다. 한
글을 아름답게 구사한 송강의 시는 그 업적을 높이 평가받아 세종
문화회관에도 전시되고 있을 정도다. 세종대왕의 업적을 기리기 위
해 '세종이야기'라는 제목으로 마련된 전시관에 정철의 시가 있다.
　　사대부 가운데 가곡을 지은 이는 드물지만 있었다. 그러나 개인
이 가집을 낸 것은 송강이 시초로 보인다. 송강은 한글이 대접받지
못하던 시기에 우리말로 노래를 지었다. 그로 인해 당대뿐 아니라
후대에도 한글문학을 부흥시키는 데 기여했다. 정철은 우리말을
문학으로 승화시키고, 가사문학에서 우리말의 사용 체계를 정형화
하는데 큰 업적을 남겼다. 소설에서 김만중이 그런 역할을 했다면,
가사에서는 단연 송강이 그 역할을 했다.

송강의 소꿉동무는 명종이었다

송강은 과거에 장의동이라 불리던 지금의 청운동에서 태어났다. 이곳의 청운초등학교에는 송강을 기리는 특별한 기념석이 세워져 있다. 송강의 시비로 그의 대표작들을 새겨놓았다. 담양에서 지었던 성산별곡도 보이고, 강원도 관찰사로 재직하던 당시 지었던 관동별곡도 눈에 띈다. 한국의 대표 시인 송강에 대한 예우인 것이다. 이곳이 특별한 장소이기 때문에 더 의미가 있다. 바로 송강 정철이 태어난 곳이기 때문이다.

정철의 어린 시절은 유복했다. 왕실과 혼인을 맺은 가문이라 부족함 없이 자랐다. 정철은 훗날의 명종, 즉 경원대군과 소꿉동무였고 궁궐을 편히 출입했다. 그러나 송강의 나이 열 살 되던 해에 을사사화(1545)가 터졌다. 을사사화는 명종의 모후인 문정왕후의 세력이 집권하며 장안에 숙청의 칼바람을 불러일으킨 사건이다. 정철의 가문도 타격을 받았다. 매형인 계림군이 역모죄로 처형을 당하고, 아버지와 형이 연루되었다. 아버지가 귀양을 가지만 사건이 마무리되면서 아버지의 유배도 곧 풀리게 된다. 그러나 이후에 양재역 벽서 사건이 일어난다. 여왕이 집권해 나라가 망한다는 내용의 벽보를 붙인 양재역 벽서 사건(1547)으로 을사사화의 여파가 다시 정철의 집안에 휘몰아쳤다. 이 일로 인해 정철의 큰형은 매를 맞아 죽었다. 아버지 정유침도 다시 유배길에 올랐다. 둘째형은 충격을 받아 전라도 순천으로 은거했고, 정철도 아버지를 따라 유배지를 전전했다. 그의 10대는 화려했던 유년기와 전혀 달랐다. 그런데 선조가 태어나던 해에 아버지의 유배가 풀린다. 명종이 원자가 태

❶ 송강 정철이 태어난 종로구 청운동의 생가터 ❷ 현재는 청운초등학교가 자리하고 있다. ❸, ❹ 학교 담장을 따라 대시인의 시비가 서 있다.

어나자 전국에 대사면령을 내렸기 때문이다. 유배에서 풀린 정철의 아버지는 가족들을 이끌고 전라남도 담양으로 내려가 자리를 잡는다. 그리고 정철은 담양에서 귀한 사람들을 만나게 된다. 순천에 은거한 작은형을 만나러 가던 어느 날 갑자기 정철의 길을 한 선비가 막았다. 송강의 스승이 되는 김윤제였다. 뛰어난 시인이었던 김윤제가 낮잠을 자고 있었는데 희한한 꿈을 꾸게 된다. 집 앞 개울에서 용이 놀고 있어서 깜짝 놀라 잠에서 깨보니 마침 송강이 눈앞에 있는 게 아닌가. 그는 정철이 범상치 않음을 단박에 느낀다. 그래서 그는 송강이 순천으로 가는 것을 만류하고 슬하에 두어 면학의 길을 열어준다. 을사사화로 가족이 화를 입었지만 그 일의 결과로 훌륭한 스승을 만나게 되는 정철의 새옹지마 같은 이야기다.

소쇄옹 양산보가 낙향하여 지은 소쇄원. 이곳에서 정철은 많은 학자들과 교유하며 학문과 시를 배웠다.

송강, 담양에서
학문을 닦아 출사하다

정철은 김윤제의 문하에서 새로운 길을 열었다. 스승의 보살핌 아래 송강은 정계에 진출하기 전까지 환벽당에서 10년을 공부했다. 김윤제는 정철을 무척이나 아껴 외손녀와 혼인을 시키는가 하면, 정계에 진출할 때까지 아낌없이 뒷바라지했다. 정철의 상처는 회복되는 듯했다. 담양에서의 삶은 평온했다. 10년 세월이 순조롭게 흘러갔다. 공부를 하고 시를 지으며, 그의 문학에 지대한 영향을 미치는 스승들도 연이어 만나게 되었다. 평생의 지기였던 율곡과 교유를 시작한 것도 이때였다.

조광조의 제자 양산보가 건립한 소쇄원은 조선 최고 민간 정원이다. 소쇄공 양산보는 관직에 나가지 않고 평생을 초야에 묻혀 살았다. 양산보가 뛰어난 선비로 추앙받으며 소쇄원은 호남의 명사와 유명 인사들이 출입하는 명소가 됐다.

송순, 김인후, 임억령, 고경명 등이 소쇄원을 출입했는데 그중엔 정철도 있었다. 이렇듯 정철은 담양에서 호남시단의 맹주 아래 시를 배웠다. 담양은 정철에게 서울보다 더 고향 같은 곳이었다. 후원하는 스승도 만났고 결혼도 했다. 한글가사를 배우며 우리말의 아름다움도 익혔다. 담양의 풍경은 정철의 아름다운 시구를 더 풍요롭게 만들어주었다. 정철이 얼마나 담양을 아꼈는지 죽록천에서 짐작할 수 있다. 죽록천은 증암천이라고도 불리는데 또 다른 이름은 송강이다. 정철은 그의 호를 송강이라 짓고 죽록천의 경관을 즐겼다. 당시의 모습은 지금과는 비교도 되지 않을 정도로 훨씬 더 아름다웠을 것이다.

송강, 왕의 청탁도 거절하다

양반가 자제로서는 뒤늦게 시작한 공부였지만 정철은 담양에서 10년을 알뜰히 썼다. 쟁쟁한 스승 밑에서 수학하며 뒤떨어진 만큼을 따라잡았다. 정철은 스물여섯 살에 진사시에서 장원을 차지했고, 스물일곱 살 때 문과 별시에서 또 장원을 했다. 명종은 어린 시절의 소꿉동무였던 정철이 장원급제했다는 소식을 듣고 축하연까지 열어준다.

정철은 명종의 든든한 후원을 받으며 관료 생활을 시작한다. 그런데 정철이 사헌부 지평 시절에 명종의 근친인 경양군이 사람을 죽인 죄목으로 잡힌다. 명종이 친히 그에게 사람을 보내 관대한 처벌을 부탁한다. 그러나 정철은 쉽게 따를 수 없었다. 그는 뜻대로

강원도 관찰사로 재직한 송강 정철의 공덕을 기리는 영세불망비.

밀고 나간다. 사건은 원칙대로 처리되었고, 경양군은 결국 옥사를 하고 만다. 명종은 정철에게 서운함을 감추지 못했다. 이제 막 정치에 입문한 정철에게 특별히 정5품의 벼슬까지 내린 명종이었다. 이일로 정철은 한직을 전전하게 된다. 임금의 뜻을 거슬렀기 때문이다. 정철은 불의와 타협하지 않고 자기 뜻에 맞지 않는 것과는 야합하지 않았다. 소신껏 행동하고 발언했기 때문에 정적들의 공격도 많이 받았다.

명종이 죽고 선조가 즉위한다. 당시는 퇴계가 재야에서, 율곡이 조정에서 사림을 이끌던 유학의 황금기였다. 그러나 그때부터 당쟁도 시작되었다. 송강이 연이은 부모상을 마치고 조정에 다시 나섰을 때는 당쟁이 본격적으로 불붙기 시작한 때였다. 율곡이 모든 것을 포기하고 강릉으로 낙향하자 정철도 벼슬을 버리고 담양으로 낙향한다. 선조는 이후에도 정철에게 벼슬을 내리지만 그때마다 동인의 탄핵을 받아 출사와 낙향을 반복한다.

송강, 민생구휼을 위해
정식적인 절차도 생략하다

송강이 다시 벼슬길에 나선 것은 그의 나이 마흔다섯 살 때였다. 선조는 정철을 강원도 관찰사에 임명했다. 이때가 바로 관동별곡과 훈민가를 지었던 시기였고, 백성의 삶을 위로하고자 했던 때이기도 하다. 당시의 글이 〈유읍제문〉이라는 제목으로 남아 있다. 유읍제문은 시도 아니고 가사도 아니다. 관리들을 대상으로 하는 윤리 강령서와 같은 글이다. 수령들에게 지켜야 할 4가지 일과 버려야 할 10가지 일을 고시한 글이다. 강원도에 이어 다음 해 정철은 전라도 관찰사로 임명되었다. 정철은 부임 즉시 세금과 부역의 실상을 조사하고 개혁했다. 정철은 강원도, 전라도, 함경도의 관찰사를 지냈으므로 조정에서 멀리 떨어진 백성들의 실생활을 보았을 것이다. 정철은 고민을 거듭한 끝에 결정을 내린다. 군량미를 푼 것이다. 임금의 재가도 없었다. 정철은 스스로 곳간을 열어 백성들에게 곡식을 풀었다. 민생구휼을 위해 정식 절차도 생략한 정철은 소신대로 밀고 나갔다. 그것이 옳은 판단이라고 생각했기 때문일 것이다. 이 일로 그는 백성들의 칭송을 받았다. 전남 고흥에는 당시 주민들의 마음이 담긴 유물이 남아 있다. 관찰사상국정공철영세불망비가 바로 그것이다.

송강, 서인의 영수로
떠오르다

선조는 정철을 매우 아끼고 신뢰했다. 정철은 선조에게 신임을 얻어 관찰사직 이후 특명으로 자헌대부 예조판서로 승진했다. 정철을 지탄하는 이가 있어도 선조는 정철의 편을 들어줬다. 뿐만 아니라 예조참판에서 예조판서로, 성균관사에 이어 형조판서까지 제수했다. 선조의 적극적인 비호를 받던 시기였다. 선조는 정철을 아낀 나머지 총

술을 좋아하는 송강의 건강을 염려하여 왕이 내린 술잔. 지금도 제사 때 이 잔으로 술을 올린다.

마를 특별히 하사했다. 정철에게 궁궐을 출입할 때 타고 다니게 하니 사람들은 그를 총마어사라고 부르게 되었다. 특히 당시는 동인과 서인이 한창 당쟁을 벌이던 시기였다. 서인이었던 정철은 승진에 승진을 거듭하며 점차 서인의 영수로 떠올랐다.

이런 일화가 있다. 당쟁이 심해지자 보다 못한 친구 율곡이 정철에게 화해의 자리를 주선한다. 동인 쪽에서는 이발을, 서인 쪽에서는 정철을 불렀으나 오히려 사이만 더 벌어지고 말았다. 골이 더 깊어진 것이다. 이를 보고 이원익은 "진흙탕에서 둘이 싸우니까 점잖은 사람(이율곡)이 말리다가 셋이 같이 싸웠다."라고 했다.

정철은 정적들에게 술이라는 빌미를 제공해 더 많은 공격을 받았다. 평소에 술을 즐겨 위신을 잃는 일이 많고 또한 승진이 너무 빠르다는 이유에서다. 율곡을 비롯한 여러 사람들이 말렸으나 정철은 술을 끊지 못했다.

충북 진천에 관련된 재미있는 유물이 있다. 진천읍 문봉리에는 정철의 후손이 살고 있는데 이곳에 정철의 유물이 보관되어 있다. 그것은 다름 아닌 술잔이다.

지금도 이 술잔은 정철의 제사 때 사용되고 있다. 정철이 술을 워낙 좋아하니 선조가 그의 건강을 염려해 하사했다는 술잔이다. 선조는 정철을 공격하는 이들에게 심화를 풀 길이 없어 그런 것이니 애석하기는 하나 미워할 수는 없다고 편을 들어주었다. 그의 아픔을 적극적으로 항변하는 이도 있었다. 임란 때 의병장으로 크게 활약한 조헌이었다.

정철이 술을 좋아하는 것을 병통으로 여기는 사람들은 그의 심사를 모르고 하는 말들입니다. 정철은 일찍이 맏형이 사화에 얽혀 맞아 죽었고…, 그가 술에 의탁함은 실로 완적의 꾀에서 나온 것입니다. - 조헌의 상소문 중

조헌은 정철의 술 문제를 공격하는 이들에게 그의 심사를 몰라서 하는 말이라고 정철을 감쌌다. 맏형이 매를 맞아 죽어버린 상처가 있는 인물이며 그 아픔을 공격하는 이들은 완적이라고 공격했다. 정철은 스스로도 자신의 문제를 알고 있었다. 술을 사랑했지만 술을 끊지 못하는 스스로를 괴로워했다. 아들에게 술을 조심할 것을 당부하며 천 가지 만 가지 망령된 일들이 다 술로 인해 나오게 된다고 시인했다. 술을 마시고 한 행동을 처음에는 믿지 않다가 그것이 사실임을 알게 되면 부끄러워서 죽고만 싶다고 토로했다.

술잔을 기울이게 하는 아픔은 그의 생애에 걸쳐 끊이지를 않았다. 유배지를 함께 전전했던 아버지가 정철이 서른다섯 살 되던 해에 돌아가셨고, 어머니가 서른여덟 살 때 세상을 떴다. 훈민가에 그 절절함이 녹아 있다.

\아버님 날 낳으시고 어머님 날 기르시니
두 분이 아니시면 이 몸이 살았을까
하늘 같은 끝없는 은덕을 어디에다 갚으리오
-훈민가 중

뿐만 아니라 자식도 앞세웠다. 애지중지하던 맏아들을 쉰네 살에 잃었다. 큰아들이 먼저 가고 맏딸과 둘째 딸도 앞서 보냈다. 9명의 자녀 가운데 4명을 잃어야 했다. 부모와 형제, 자식을 잃고 평생 지기마저 먼저 떠나보냈다. 송강을 늘 염려해주던 좋은 벗이었던 동갑내기 친구 율곡 이이도 먼저 갔다. 풍류를 사랑했던 시인이었으나 일생에 괴로운 일들이 끊이지 않았다. 세상으로부터 비난을 받아도 술을 끊지 못했던 이유는 그의 파란만장한 삶에도 원인이 있을 것이다. 송강사에 보관된 영정 속의 송강은 평온하고 온화해 보이나 실제 그의 인생은 눈물과 한숨으로 얼룩져 있었다.

송강, 당쟁의 한가운데 서다

그는 자신의 뜻과는 무관하게 겪어야 하는 세상사 속에서 곡절 많은 정치인생까지 살아내야 했다. 선조의 신임도 정철에게는 결국 해로 작용했다. 이느 날 조정에 당도한 하나의 장계에는 세상을 발칵 뒤집어 놓을 만한 위험한 내용이 담겨 있었다. 모반이었다. 정여립이 모반을 시도하다가 발각되었다는 내용이 담겨 있었다. 정여립이 동인이었기 때문에 반역의 고변이 들어오자 동인이 수세에 몰린다. 그런데 위관을 동인 측 인사인 정언신이 맡는다. 그가 유야무야 사건을 덮으려 하자 선조는 낙향해 있던 송강을 다시 불러 올린다. 이것이 기축옥사의 서막이었다. 정철은 선조의 뜻을 받들어 기축옥사를 처리하는 위관을 맡게 된다. 동서인의 대립이 시퍼런 날을 세우고 있을 때, 정철은 주위의 만류에도 불구하고 위관을 맡아 옥사를 처리했다. 이미 사미인곡과 속미인곡으로 선조에 대한 충심을 드러낸 정철은 사화의 한가운데로 거침없이 들어갔다. 임금은 당쟁을 왕권에 유리하게 이용했고, 선조가 보기에 기축옥사 처리의 적임자는 바로 송강이었던 것이다.

3년여에 걸친 기축옥사가 마무리되었을 때, 정철은 세자 책봉 문제로 선조에게 미움을 샀고, 귀양길에 오르는 신세가 되고 만다. 함경도 명천에서 경상도 진주로, 다시 함경도 강계까지 유배지가 바뀌었다. 거주지 주변에 가시 울타리를 치는 위리안치의 혹독한 유배였다. 송강은 가시 울타리 속에서 술과 벗하며 책을 읽으며 쓸쓸히 2년여를 보냈다.

송강, 파란만장한 질곡의 삶을 살다

담양의 가사문학관은 송강의 한글가사에 대한 업적을 기리고자 세워졌지만 유배지에서 사용하던 유물도 함께 보관돼 있다. 가시 울타리 속에서 송강이 어떻게 세월을 보냈는지 살펴볼 수 있다. 〈강계위리시서산(江界圍籬時書算)〉은 강계에서 유배 생활을 할 때 위리안치된 곳에서 절차탁마하던 송강의 모습을 엿볼 수 있는 문서로, 한 권의 책을 일곱 번 정도 읽었다는 것을 알 수 있다.

외로웠을 그 시간이 빼곡하게 들어차 있다. 당시의 심정은 시로

❶ 가사문학관 ❷ 송강 정철의 초상화.

도 남아 있다.

> 위리안치
>
> 변방이라 외기러기 달과 함께 날아오르니
>
> 임 그리는 눈물 말라 소리 더욱 서럽구나
>
> 하늘 밖에 계신 임 계신 곳 아득히 바라나니
>
> 이후로 늙은이 이 대에 아니 오르리

    그의 유배는 임진왜란을 맞으며 풀린다. 왜군은 상륙 하루 만에 부산성을 점령하고, 20일 후엔 서울까지 함락시킨다. 선조가 치욕스런 피난길에 올라야 할 만큼 상황은 급박하게 돌아가고 있었다. 이때 선조의 힘이 되어준 이가 다시 정철이다. 그는 충청도와 전라노의 앙호를 제찰하라는 명을 받는다. 이어 강회도로 가서 왜에 맞섰다. 체찰하는 임무는 임금의 곁을 떠나 지방에서 군무를 총괄하는 일이다. 임시 벼슬로 재상이 겸하는 직책이다. 선조는 정철에게 국가의 회복은 오로지 경에게 달렸다고 신신당부했다. 정철은 환란 중의 임금을 걱정하며 임금에게 조선 땅을 버리고 강을 건너 중국으로 피신하지 말라고 당부했다. 그러나 그 역시 허망한 일이 되고 말았다. 전쟁 중에도 당쟁은 그칠 줄 몰랐다. 정철은 임무를 소홀히 한다는 고발을 받고, 체찰의 역할을 그만두어야 했다. 모함을 받은 송강은 사면을 청하고 강화로 물러난다. 이렇듯 그의 만년은 힘겨웠다. 입에 풀칠할 계책도 없었다. 생계를 꾸려나갈 수가 없었다. 그는 끼니를 잇기 위해 지인들에게 부탁을 해야 할 정도였다.

사면을 둘러보아도 입에 풀칠할 계책이 없으니 형이 조금 도와주실 수 있겠습니까. 늘그막에 대책 없이 이러는 것이 자못 본심에 부끄럽습니다. - 정철이 이회참에게 보낸 편지 중

어려운 형편 속에 송강은 결국 강화에서 쉰여덟의 나이로 숨을 거둔다. 파란만장한 질곡의 삶을 살고 생을 마감했지만 그는 평생 연군의 정을 잃지 않은 위대한 시인이었다.

8
은둔에서 찾은 희망

우리나라 최고 문인이자 학자로 조선시대의 손꼽히는 지성으로 불렸던 고산 윤선도. 그는 1636년 병자호란으로 나라가 치욕을 당하자 세상을 개탄해 평생을 초야에 묻혀 살기로 작정하고 제주도로 향한다. 도중에 풍랑을 만난 그는 우연히 보길도에 표착한다. 그에게 있어 보길도는 이상향이자 낙원이었다. 보길도의 아름다운 풍광과 파도소리는 험난했던 그의 인생을 위로했다.

윤선도가 인생의 전환점을 맞게 된 보길도와 아직도 후손들이 살고 있는 그의 고향 해남을 따라 그의 발자취를 따라가 보자.

윤선도의 시대 세계는

윤선도가 조정과의 인연을 끊고 보길도 부용동에서 은거하며 작품을 짓던 1640년대, 세상은 윤선도의 안빈낙도한 생활과는 달리 커다란 사건들의 소용돌이에 빠졌다. 중국 대륙에서는 1644년 명나라가 무너지고, 그 자리를 후금(청나라)이 차지한다. 250년이 넘도록 조선의 종주국이었던 명나라의 멸망은 조선에 커다란 충격이었고, 더구나 만주족을 오랑캐라고 업신여기던 조선의 지식인들에게 후금이 중원을 차지했다는 사실은 더 큰 충격으로 다가왔다.

서양에서는 이 시기 최고 전성기를 구가하던 스페인 제국의 몰락 조짐이 눈에 띄기 시작했다. 먼저 1640년에 포르투갈의 브라간사 공작이 프랑스 · 영국과 동맹을 맺고 동군연합으로 유지되던 포르투갈의 왕권을 가져가 독립을 했고, 1648년에는 스페인과 1572년부터 독립전쟁 중이던 네덜란드까지 베스트팔렌조약으로 완전히 독립하는 데 성공했다. 이어 30년 전쟁 종결 이후에도 계속되던 프랑스와 스페인 간의 전투는 피레네 조약에 의해 1659년에 끝났지만, 이미 이 전쟁을 치르느라 스페인의 국력은 크게 쇠락해져서 옛 영광을 재건하기에는 역부족이었다.

고산 윤선도 尹善道
1587~1671

고산, 세상을 등지고 은둔하다

1636년 12월 9일. 청나라는 10만 대군을 앞세워 조선을 공격했다. 기동력을 앞세운 적군은 열흘 만에 수도 한양까지 내려왔다. 나라가 위기에 처한 순간, 조선의 선비들은 의병을 이끌고 전

인조 임금이 삼전도의 치욕을 당하자 고산이 은둔한 보길도.

쟁에 참가한다. 애국심이 남달리 깊었던 윤선도도 그중 한 명이었다. 그는 향리 자제와 가솔 등 수백 명을 이끌고 배편으로 강화도까지 간다. 그러나 청나라의 막강한 군사력 앞에 조선은 힘없이 무너졌다. 오랑캐라 부르던 청의 태종에게 초라한 행색으로 인조는 무릎을 꿇는다. 조선의 항복을 받은 청나라는 공적비까지 세워 조선과의 군신관계를 확실히 하고자 했다. 윤선도는 이러한 치욕적인 소식을 전해 듣고 절망했다. 그리고 현실을 개탄해 평생 초야에 묻혀 살기로 결심한다. 제주도로 향하던 그는 풍랑을 만나 완도의 청정구역 보길도에 내린다. 한 폭의 산수화를 펼쳐놓은 듯한 수려한 경치의 보길도는 세상을 등지고자 했던 그에게는 최고 은둔지였다. 또한 영원히 머무르고 싶은 낙원이었다. 국토 최남단 해남에서 뱃길로 한 시간 거리에 있는 보길도를 윤선도는 신선이 사는 곳이라고 불렀다. 그는 이곳의 자연에 매료되어 세상을 등지고 살아가려고 했지만 조정은 그를 가만두지 않았다.

고산, 자신만의 이상향을 건설하다

윤선도는 선조, 광해군, 인조, 효종, 현종의 다섯 임금을 섬겼다. 당시는 왕권 약화로 인해 붕당이 정치를 주도했던 시기였다. 조선시대 그 어느 때보다도 정쟁이 치열했다. 인조반정 이후 득세한 서인의 모함과 견제로 인해 남인이었던 윤선도는 모진 풍랑의 세월을 겪어야만 했다. 그는 세상에 곧은 마음을 전하고자 했으나 그에게 돌아온 것은 고적한 은둔 생활뿐이었다. 사방이 산으로 둘러싸인 보길도 부용동에서 고산은 자신만의 이상향을 건설했다.

해남 보길도의 세연정. 고산은 이곳에 자신만의 이상향을 세운다.

그는 제일 먼저 정자를 세웠다. 깨끗하고 단아한 연못 가운데 세
워진 세연정은 우리나라를 대표하는 3대 정원으로 꼽힐 정도로 자
연과의 조화가 잘 이루어진 아름다운 누각이다. 세연정을 사이에
두고 양 옆으로 인공연못인 세연지가 조성되어 있다. 윤선도가 이
곳을 만들며 가장 중요하게 생각했던 것은 자연 훼손을 최소화하
는 것이었다. 자연을 사랑하고 즐겼던 그는 주변의 바위 하나하나에
도 이름을 붙였다. 세연정에는 과학 원리도 숨어 있다. 일명 굴뚝다
리라고도 불리는 판석보는 평소에는 돌다리가 되지만 우기에는 폭
포 역할을 한다. 이는 인공연못의 수면을 일정하게 하기 위함이다.

　구석구석 자신의 혼이 담겨 있는 세연정에서 윤선도는 저 유명
한 어부사시사를 지었다. 봄, 여름, 가을, 겨울 사계의 아름다움을
각각 10수씩 읊은 어부사시사는 전체 40수로 이루어진 장문의
시조로 자연의 순리에 따라 펼쳐지는 사계의 아름다움을 노래하

고 있다.

물가에 외로운 솔 혼자 어이 씩씩한고
배 매어라 배 매어라
머흔 구름 원망마라 세상을 가려준다
지국총 지국총 어사와
파도소리 싫어마라
세상의 시끄런 소리 막는도다.
- 어부사시사 중

고산, 음악가로서의
능력을 보이다

윤선도의 5대손인 윤위가 지은 〈보길도지(甫吉島識)〉에 따르면 윤선도는 세연정에서 매일 연회를 열어 어부사시사를 노래하게 했다고 한다. 그에게 음악은 시와 같았으며 이를 통해 세상 걱정을 잊을 수 있었기 때문이다. 2010년 10월, 고산이 지은 어부사시사는 360여 년 만에 국립국악관현악단에 의해 국악칸타타 〈어

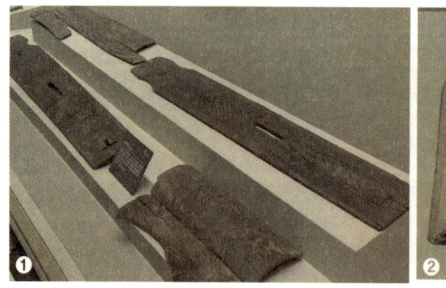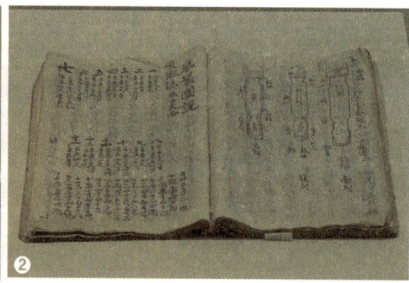

고산 윤선도의 음악인으로서의 재능을 짐작케하는 ❶ 고산유금과 ❷ 회명정측.

부사시사)로 공연되면서 새롭게 조명되기도 했다. 당시 총연출을 맡았던 황병기 예술감독은 조선시대 선비들 중에 고산 윤선도는 진정 음악을 사랑하고 풍류를 즐길 줄 아는 분이라고 평했다.

음악으로 심성수양을 완성하고자 했던 고산의 관심은 자연스럽게 예악으로 번져갔다. 그는 거문고에 고산유금이라 이름붙이고 직접 연주하기도 했다. 소실된 부분이 많아 연주가 불가능했던 고산유금을 최근 국립국악원이 복원했다. 거문고의 운율

윤선도의 어부사시사는 360여년 만에 국립국악관현악단에 의해 국악칸타타 어부사시사로 공연되었다.

을 고르면서 고산은 난세를 만나 어지러웠던 자신의 마음까지 조율했을 것이다. 비록 그는 문학가로 널리 알려져 있지만 음악적으로도 많은 유산을 남겼다. 그가 지은 〈회명정측〉이라는 책에는 금에 관한 도설이 수록되어 있다. 우리나라의 악서나 악보에는 악기제작에 관한 기록이 거의 드물다. 그럼에도 불구하고 아악기인 금의 제삭에 관한 기록을 남겼다는 것은 고산의 음악적 소양이 탁월했다는 것을 입증한다.

보길도에 자신만의 이상향을 건설했던 고산은 철저하게 자연에 은둔하고자 했다. 산중턱에 지어진 동천석실 또한 그의 심정을 대변한다. 아슬아슬한 절벽 위에 세운 한 칸짜리 정자인 동천석실의 동

천은 신선들이 머문다는 동천복지에서 비롯됐다. 부용동이 한눈에 내려다보이는 이곳에서 그는 서책을 읽으며 사색과 명상을 즐겼다. 그야말로 구름 위에 사는 신선과 같은 삶을 살았던 것이다. 고산 스스로도 동천석실에서 보이는 풍광을 부용동 제일의 절승이라 칭했을 정도다. 그는 또 동천석실과 산 아래 살림집 사이에 용두, 즉 도르레를 달아 산 밑에서부터 필요한 물품들을 조달했다. 인력의 수고를 줄이기 위한 고산의 지혜가 엿보인다.

풍수지리에도 능했던 고산은 보길도의 주봉인 격자봉 밑에 살림집인 낙서재를 마련했다. 세

❶, ❷ 고산이 서책을 읽으며 사색과 명상을 한 동천석실과 산 아래 쪽에 있었던 살림집 낙서재. ❸산 밑에서 생필품을 조달하기 위해 용두(도르레)를 달았던 바위.

연정과는 비교도 안 될 정도로 단출하다. 고산은 낙서재 뒤에 있는 커다란 바위를 소은병이라고 불렀다. 이는 주자가 기거했던 무이산 봉우리인 대은병의 이름을 차용한 것이다. 바위에 오르기를 즐겨 했던 윤선도는 소은병에 올라 주자를 비롯한 옛 선각자들의 삶과 사상을 연구했을 것이다. 그는 유학을 학문과 문학의 중심으로 삼았지만 거기에만 얽매이지 않았다. 호기심이 많은 학자였기에 그는 다양한 것들을 받아들였고 새로운 시도들을 즐겼다. 세상을 버렸

지만 멈출 수 없었던 그의 도전 흔적이 진도 곳곳에 남아 있다.

고산, 간척지를 조성하여
백성들에게 나누어주다

임진왜란에 이은 병자호란으로 인해 민초들의 삶은 더욱 고단해졌다. 윤선도는 민생 해결을 위해 농토 간척의 필요성을 느꼈다. 그래서 그는 막대한 사재를 투입하여 진도군 임회면에 60만 평방미터, 즉 축구장 크기의 300배에 달하는 간척지를 개척했다. 우리나라 민간 간척사업 1호로 기록되는 고산의 간척지는 수많은 시행착오를 거쳐 조성됐다. 그 땅은 마을 농민들에게 무상으로 제공되었다. 진도군 임회면 굴포리에는 그의 은혜를 기리는 사당과 비석이 남아 있다. 나라의 힘이 미처 닿지 못한 외딴 섬마을 사람들에게 고산의 새로운 시도는 단비와도 같았기 때문이다. 360여 년이 지난 지금도 굴포리, 남선리, 백동리, 신동리 4개 마을 주민들은 1년에 한 번씩 고산을 신위로 한 동제를 지낸다.

고산, 성리학적 명분보다는
실천적 민본을 중시하다

비록 자연에 은둔한 학자였지만 고산은 백성들을 위한 민본성신을 놓지 않았다. 이는 유배생활 중 큰아들 인미에게 보낸 편지글을 모아놓은 책인 〈기대아서〉에서도 찾아볼 수 있다.

또 고산은 후손들에게 인생의 덕목을 벼슬에 두지 말고 수신과 근행, 그리고 적선에 둘 것을 당부했다. 또한 인자한 행실과 근검절약을 제1의 덕목으로 가르쳤다.

어느 날, 고산은 명주옷을 입은 아들을 보고 크게 나무랐다. 모름지기 의복이란 몸을 가리는 것으로 만족해야 하는 것이라고 일갈하며, 모든 것에서 소박한 것을 가까이하고 사치스러움을 멀리하라고 훈계했다. 고산이 후손에게 전해주고 싶었던 유산은 성리학적 명분보다는 실천적인 민본사상이었기 때문이다.

해남읍에서 자동차로 5분 거리에 위치한 연동마을. 이곳에는 500년 된 은행나무가 지키고 있는 전라남도에서 가장 규모가 큰 고택이 있다. 윤선도의 4대 조부인 어초은공이 연동에 터를 정하면서 지은 해남 윤씨 녹우당이다. 해남 윤씨 집안은 예부터 삼개옥문적선지가(三開獄門積善之家)라는 별호를 가지고 있다. 큰 흉년이 들어 백성들이 세금을 내지 못하자 세 번이나 곡식을 나누어 주었기 때문이다.

고택의 솟을대문을 들어서면 고즈넉한 사랑채가 눈길을 끈다. 효종이 스승이었던 윤선도에게 내려준 집의 일부를 옮겨온 녹우당이다. 효종은 고산의 나이 71세 때, 스승의 은혜를 갚기 위해 수원에 집을 지어 준다. 멀리 해남까지 가지 말고 자신의 가까이에 있으라는 뜻이었다. 그런 효종이 갑자기 다음해에 승하한다. 그러자 윤선도는 집을 해체해서 자재들을 가지고 해남으로 돌아간다. 그리고 그것을 가져와서 연동에 녹우당을 짓는다. 고향에 은둔하겠다는 고산의 결심에 따라 해남으로 옮겨진 이후 녹우당은 윤씨가의 고택을 일컫는 공식 명칭이 되었다. 녹우당이란 이름은 덕음산의 비자나무숲이 바람에 흔들릴 때마다 마치 녹색의 비가 내리는 것 같다고 해서 붙여진 것이다. 지금의 현판은 실학자로 알려진 성호 이익의 형인 옥동 이서가 쓴 것으로 알려져 있다. 그 오른쪽에는 운업이라는 현판이 보인다. 꽃 성할 운(芸)과 씩씩할 업(業)이 합쳐진 글자로, 이는 공부를 의미한다.

고산, 정계에 입문하여
병진소를 올리다

윤선도는 공부를 소홀히 하지 않는 것이 선비의 의무라 여겼다. 그의 이러한 선비정신은 어린 시절부터 비롯됐다. 그의 나이 여덟에 고산은 작은아버지 윤유기의 양자로 입양된다. 독학으로 공부를 했던 고산은 18세에 진사초시에, 20세에는 승보시에서 1등을, 향시와 진사시에 연이어 합격하였다.

광해군 8년, 성균관 유생이었던 고산은 상소문 한 장으로 세상을 발칵 뒤집어 놓는다. 병진년에 쓴 상소문 병진소는 광해군을 왕위에 올린 일등 공신인 예조판서 이이첨의 불의를 비난하는 내용이었기 때문이다. 격렬한 어조로 써내려간 이 상소문으로 인해 대신들은 물론 권신 이이첨도 두려워했다고 한다.

> 이이첨의 무리는 아래에서 날로 득세하는데 전하의 권위는 위에서 날로 밀어지니 어찌 위태로운 지경이 아니겠습니까? - 병진소 중

하지만 이이첨 무리는 고산이 어진 신하를 모함한다고 주장하여 결국 그를 귀양길에 오르게 했다. 아무도 쉽게 하지 못한 직언,

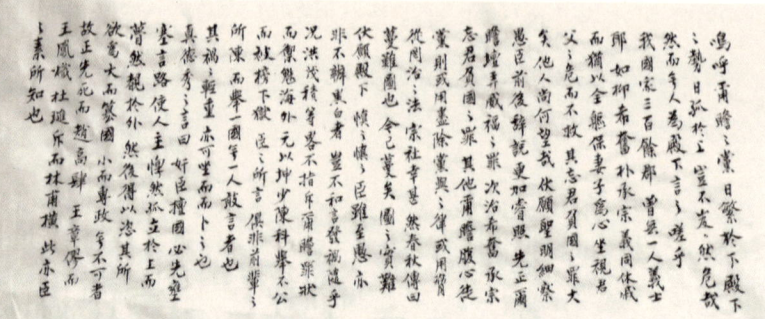
성균관 유생 시절 이이첨을 맹비난한 윤선도의 상소문 병진소. 정치인으로서의 윤선도의 면모를 알 수 있다.

이 일을 시작으로 고산의 파란만장한 정치 인생이 시작된다. 정치
적 좌절과는 별도로 고산의 유배생활은 그를 조선시대 최고 시인
으로 만든다. 그의 첫 유배지 함경도 경원에서 윤선도는 그의 시조
작품의 효시인 견회요를 짓는다. 자신의 비극적인 현실을 달래기
위한 글인 견회요는 모두 다섯 수로 이루어졌다. 이 작품에는 불의
와 타협할 줄 모르는 강직함, 임금을 향한 변함없는 충성심 등 고
산의 가치관과 인생관이 배여 있다.

  슬프나 즐거오나 옳다 하나 외다 하나
  내 몸의 해올 일만 닦고 닦을 뿐이언정
  그 밧긔 여남은 일이야 분별할 줄 이시랴
  - 견회요 중

고산의 어버이를 그리는 마음은 〈영모첩〉에도 잘 나타났다. 총 4
권으로 이루어진 이 책에는 고산이 귀양살이를 하면서 아버지 윤
유기와 주고받은 내용이 담겨 있다.

아들이 올린 상소 때문에 함께 파직당한 아버지 윤유기는 얼마 지나지 않아 세상을 떠난다. 부모의 임종을 지키지 못한 고산은 3년간 상복을 입고 멀리서 아버지의 시묘살이를 한다. 정치적 시련과 함께 찾아온 인간적인 아픔이 고산의 글에 고스란히 드러난다.

6년간의 유배생활은 마침내 인조반정으로 끝났다. 이후 고산은 의금부도사로 임명되었지만 3개월 만에 사직하고 해남으로 내려간다. 그리고 고향에서 두문불출하며 독서로 시간을 보낸다. 그로부터 5년 뒤 고산은 별시문과 초시에 장원급제를 하면서 또다시 벼슬길에 오른다. 학문적 깊이를 인정받은 그는 후에 효종이 되는 봉림대군과 인평대군의 사부가 된다. 이때 고산은 봉림대군의 또 다른 스승이었던 서인의 영수 우암 송시열과 대면한다. 고산과 우암은 각각 남인과 서인의 영수로서 가장 첨예하게 대립했던 정적관계였다.

고산, 평생의 숙적 우암과 대립하다

예송논쟁은 차남으로 왕위에 오른 효종의 정통성과 관련한 왕실의 상복 기간에 대한 논란이다. 1659년 효종이 승하했을 때 1차 예송논쟁이 일어났다. 서인은 효종이 적장자가 아님을 들어 1년상을 주장했고 이는 받아들여졌다. 2차 예송논쟁은 1674년 효종의 어머니인 인선왕후 승하 때 다시 불거졌다. 이번엔 남인의 기년설이 채택돼 남인이 정권을 잡는 계기가 됐다. 1차 예송 발발 이후 고산이 상소를 올린다. 그는 송시열과 송준길의 주장은 효종을 비하하는 것이니, 이들 양송이 역모를 꾀하는 것이라고 강력하게 비판한다. 그런데 이 상소로 인해 반대파의 공격을 받은 윤선도의 입지가 좁아지면서 조정에서는 사사까지 논의된다. 그러다가 결국 그는 함경북도 삼수로 유배를 가게 된다. 삼수는 인근의 갑산과 함께 가장 가기 꺼려한 지역이었다. 고산은 당시 74세의 고령이었다. 해남에서 나고 자란 그가 멀고 먼 함경도 땅으로 가는 유뱃길은 몹시도 혹독했을 것이다.

평생 숙적이었던 고산과 우암 사이에는 재미있는 일화가 전해진다. 하루는 우암이 병에 걸려 몹시 앓았다. 이때 우암은 아들에게 의학에 밝은 고산에게 가서 약을 지어오라고 한다. 라이벌에게 목숨을 맡기는 상황이었기 때문에 아들은 펄쩍 뛴다. 하지만 우암은 고산은 그런 인물이 아니라며 끝내 아들에게 약을 지어오라 명한다. 고산 역시 조선의 정치를 이끌어 갈 인물로 송시열만한 사람은 없다며 흔쾌히 탕제를 지어주었다. 아들은 독이 든 약재가 있다고 했지만 우암은 다 까닭이 있을 것이라고 하며 그 약재를 달여 먹었고 금세 병이 나았다고 한다.

전쟁과 당쟁으로 얼룩진 진흙탕 정치로 인해 고산은 평생 20년간의 귀양살이와 19년간의 낙향 생활을 해야 했다. 이러한 정치적인 한을 작품으로 승화시키려는 듯 고산은 초야에 묻혀 본격적인 시작 활동을 한다. 이때 찾은 또 한 곳의 자연이 있으니 해남의 수정동을 비롯한 금쇄동 일대다. 고산 문학의 주무대가 된 금쇄동과 수정동에서 고산은 오우가를 포함하여 산중신곡 19수, 속산중신곡 2수 등 모두 26수의 시가와 금쇄동기라는 한문수필을 집필했다.

고산은 자연을 작품세계로 택한 작가들 가운데 가장 뛰어나다는 평가를 받고 있다. 산중신곡에서도 그 역량을 확인할 수 있다. 외롭고 고적한 은둔 생활에 친구가 되어준 것은 자연이었다. 고산이 많은 자연물 가운데 유독 물과 돌, 소나무와 대나무, 달을 벗으로 삼고자 한 것은 고결하고 변하지 않는 자연을 수양의 본보기로 삼고자 했기 때문일 것이다.

오우가
내 벗이 몇이나 하니 수석과 송죽이라
동산에 달 오르니 더욱 반갑고야
두어라 이 다섯밖에 또 더하야 무엇하리

잡학을 가까이 하지 않던 당시의 양반들과는 달리 의학, 천문, 지리, 음악 등을 두루 섭렵하며 학자로서의 삶을 충실하게 살았던 고산은 마침내 85세 나이로 생을 마감한다. 그의 시신은 보길도와 함께 자신이 사랑하고 즐겨 머물던 금쇄동*에 안치되었다.

녹우당 뒤쪽에 있는 고산의 소박한 사당에 그의 위폐가 모셔져 있다. 한 시대를 풍미했던 문학의 대가요 불운한 정치가였던 고산은 영조 3년에 생전의 공을 인정받아 영원히 사당에 모실 수 있는 불천지위로 지정됐다. 강직한 선비였던 그기 맞은 정치가로서의 위기는 문인으로서의 기회가 됐으며 새로운 선택을 할 수 있는 전환

---

* 금쇄동 : 2001년 8월 17일 사적 제432호로 지정되었다. 금쇄동은 한국 문학사에 뚜렷한 발자취를 남긴 조선시대 중기 학자 윤선도의 창작산실이다. 옛 성의 형태가 비교적 잘 남아 있어 문화재적 가치가 매우 크다. 전라남도 해남군 현산면 구시리 산 181.

점이었다. 눈앞의 불이익에도 불구하고 자신의 소신을 굽히지 않았던 윤선도가 따르고자 했던 것은 세속적인 욕망이 아니라 자연이었다. 변심하지 않는 자연을 닮은 고산의 대쪽 같은 선비 정신은 400여 년이 지난 오늘까지도 그의 문학 속에 도도히 흐르고 있다. 또한 그가 세우고자 했던 유토피아 보길도 곳곳에 새겨져 이어지고 있다.

9
청량에
길을 묻다

숱한 저술과 사단칠정론 등으로 우리 학문사와 정신사의 큰 봉우리가
된 퇴계 이황. 그는 늘 청량산을 그리워하고 사랑했다. 그리고 그곳으
로 돌아가고 싶어 했다.
유산여독서(遊山如讀書)라 했던 퇴계가 청량산에서 보고자 했던 것은
무엇이었을까?
청량산에서 퇴계 학문과 정신의 본질을 만난다.

퇴계 이황이 청운의 꿈을 안고 갓 등과한 1530년대, 세계도 변혁의 시대를 겪고 있었다. 중국에서는 정사를 팽개친 채 도교와 불로불사의 단약에 정신을 빼앗긴 가정제 때문에 환관 출신 간신 엄숭이 정사를 농단하며 매관매직과 부패가 만연했다. 자연스레 서북 접경지역에서는 타타르가, 동북 지역에선 여진족이 만리장성을 넘어 화북지역을 약탈했고, 중국 남서 해안가에는 왜구가 출몰하여 해안도시가 초토화되는 소위 '북로남왜의 화'가 일어났다. 명나라는 가정제 이후 몰락의 길을 걷는다.

그 무렵 서유럽에서는 독일의 마르틴 루터로 인해 촉발된 종교개혁 운동이 들불처럼 일어나며 유럽 각국에 영향을 미치고 있었다. 또한, 이탈리아를 중심으로 하는 남유럽에서는 르네상스가 꽃을 피웠다. 이베리아 반도의 에스파니아와 포르투갈은 대항해시대를 활용해 강대국으로 발돋움하고 있었다. 특히 에스파니아는 아스테카 제국과 잉카제국을 정복하고 막대한 재화를 본국으로 가져왔다.

퇴계 이황 李滉

1501~1570

퇴계, 청량산의
품 안에서 나고 자라다

조선 최고 성리학자 퇴계 이
황은 60여 개 벼슬을 제수받

으며 중종부터 인종, 명종을 거쳐 선조까지 네 임금을 섬겼다. 일
흔아홉 차례나 벼슬을 사양하면서 끝내 학문의 길을 걷고자 했던
퇴계는 어린 시절, 청량산과 깊은 인연을 맺었다.

맑고 깨끗함이 지나쳐 차라리 서늘한 산. 청량산(靑凉山)은 맑은
물줄기와 기암절벽, 그 절묘한 조화로 그 이름을 얻었다. 당당한 기
품과 늘 푸르름까지, 청량산은 조선 선비의 풍모를 그대로 빼닮았
다. 태백산을 기점으로 백두대간에서 뻗어나온 낙동정맥이 힘차게
남쪽으로 내달리는 곳에 위치한 청량산은 경북 봉화와 안동에 걸
쳐 몸을 곧추세운 산이다.

청량산의 들머리에 퇴계 이황의 시비가 서 있다. 청량산에 대한
무한한 사랑과 그리움을 읊은 퇴계의 시가 새겨져 있다. 금견유산
사독서(今見遊山似讀書). 퇴계는 산을 오르는 것은 책을 읽는 것과

퇴계 이황이 늘 그리워하고 사랑했던 청량산.

같다고 했다.

청량산 입구에서 자동차로 10여 분 거리에 만만찮은 규모와 기품을 갖춘 고택이 자리잡고 있다. 그 앉은 자리가 천하의 명당으로 알려진 퇴계태실이다. 이 집은 일본인들도 존경하는 대학자 퇴계 이황이 태어난 곳이다. 솟을대문과 사랑채를 지나야 만날 수 있는 여인들의 공간, 내당의 마당 한가운데를 차지한 높다란 건물이 눈길을 끈다. 그 현판에 '퇴계선생 태실'이라고 써 있다. 바로 이 방에서 퇴계가 태어났다.

1501년 조선 왕조 중반기, 퇴계는 진성 이씨 집안의 8남매 중 막내로 태어났다. 그러나 그는 태어난 지 일곱 달 만에 아버지를 여의고 홀어머니 밑에서 자라야 했다. 퇴계의 조부가 지은 이 집은 미음(ㅁ)자 모양을 갖추고 있는데 퇴계가 태어난 방은 집의 한가운데에 자리 잡고 있다. 특히 미음자 형태의 안채와 마당 한가운데의 퇴계 태실은 매우 독특한 구조로 평가받고 있다.

소년 퇴계 이황이 글공부를 했던 곳에 세워진 청량정사.

퇴계, 홀어머니의 엄격한 가르침을 받다

퇴계의 어머니 춘천 박씨는 남편을 여의자 어려운 형편에도 농사와 양잠으로 집안을 일으켰고 혼자 힘으로 8남매나 되는 자식들을 훌륭히 키워냈다. 그녀는 자식들을 엄하게 교육했다. 과부의 자식이라는 비난을 받지 않기 위해서는 남보다 백 배 더 공부해야 한다고 독려했다. 훗날 퇴계도 자신에게 가장 큰 영향을 준 분은 어머니이며, 비록 문자는 몰랐지만 식견과 사려는 사군자(四君子)와 같았다고 하였다. 어머니의 훈육 아래 공부를 시작한 소년 퇴계는 12세 때 숙부 송재 이우(1469~1517)에게 〈논어〉를 배우며 학문에 정진한다. 어린 시절 퇴계는 사촌 형제들과 함께 청량산으로 보내졌다. 걸어서 한나절 거리의 청량산에는 퇴계가 글공부를 했던 장소가 지금도 남아 있다. 청량산 중턱에 위치한 청량정사는 조선 후기 순조대인 1832년에 퇴계의 후학들이 그가 공부한 장소에 세운 건물로 수많은 학자들의 공부와 수양의 장소가 되었다.

퇴계는 이곳 청량정사에서 본격적으로 공부를 시작했던 것이다. 청량정사 바로 옆 언덕에는 퇴계가 살던 시절부터 있던 것으로 알려진 고목이 한 그루 서 있다. 공부에 몰두하다가 지치면 이 나무 아래에서 깊은 사색에 잠기기도 했을 것이다. 퇴계가 본격적으로 글 공부를 시작한 청량산은 학문의 산이었다. 청량정사 뒤에 위치한 풍혈대는 신라 말 대학자 최치원이 공부하고 수도하던 장소였다.

풍혈대 위쪽의 김생 굴은 봉화 출신 신라 명필 김생이 공부를 하던 곳으로 전해진다. 김생은 이곳에서 10년 공부를 채운 다음, 비로소 명필이 될 수 있었다. 김생 굴 옆의 김생 폭포. 한겨울에 말라버린 물줄기는 먼 학문의 길을 상징하고 있다. 청량산은 공부하는 학생들을 위로하고 격려했다. 절벽 바위 틈새의 작은 샘은 공부하는 이들이 마시면 정신이 맑아진다고 해서 총명수라 불린다. 이처럼 청량산은 예부터 고승과 대학자들이 찾아들어 공부와 수양을 하던 학문의 산이었다. 이러한 청량산의 학풍 속에서 퇴계는 공부에 매진했던 것이다. 오랜 인연을 맺은 퇴계와 청량산, 퇴계에게 청량산은 산 이상의 의미를 가졌다. 퇴계는 청량산을 가리켜서 오가산(吾家山), 즉 우리 집안의 산이라고 하면서 항상 가까이 했다. 그는 청량산에서 자신의 학문을 완성하고 산수의 즐거움까지 누렸던 것이다. 말년의 퇴계가 자신의 호를 청량산 주인이라고 한 것 역시 청량산에 대한 그의 깊은 애정을 보여주는 것이라고 할 수 있다.

약관의 나이에 이미 생원진사 소과에 급제했던 퇴계는 벼슬보다는 학문에 뜻을 두었다. 그러나 주위의 권유로 대과에 응시해 서른 네 살 때 벼슬길에 나선다. 어려운 가정 형편을 돌봐야 할 처지였던 것이다. 벼슬길에 나선 퇴계는 홍문관, 승문원, 경연, 춘추관, 호조참판 등 모두 60여 개 관직을 역임했다. 중종, 인종, 명종, 선조까지 그가 모신 임금은 모두 네 명이다. 그들은 언제나 퇴계를 중임하려 했고 그때마다 퇴계는 사임을 거듭했다. 그는 모두 일흔아홉 차례나 벼슬을 사양한 것으로 전해진다. 그렇다면 퇴계는 왜 이토록 벼슬을 사양했던 것일까? 여기에는 퇴계의 독특한 학문관이 있다. 퇴계는 관직생활, 즉 출사하는 것보다 선비는 자신의 학문을 위한 수양이 먼저라고 보았다. 그래서 항상 관직을 사양하고 자신을 바르게 해야겠다고 생각한 것이다. 그는 벼슬을 하면서도 늘 고향으로 돌아가 학문의 길을 걷고 싶어 했다.

퇴계의 고향은 예안현 온계리, 지금의 안동시 도산면이다. 퇴계 이황의 고향에 최근 새롭게 복원되고 있는 건물이 하나 있다. 퇴계의 형인 온계 이해의 고택이 그것이다. 온계는 퇴계와 함께 벼슬길에 나섰던 인물이었다. 그러나 그는 을사사화 이후 함경도 갑산으로 유배를 가던 중 양주의 한 민가에서 숨을 거뒀다. 이런 일련의 사건들을 겪으면서 퇴계는 더욱 은둔 생활을 갈망했던 것이다. 퇴계가 높은 관직보다는 학문과 은둔에 뜻을 두었던 데는 형의 비참한 죽음도 한몫을 한 것 같다. 지금의 퇴계 종택은 1920년대, 그의 후손이 새로 지은 것이다. 사랑채와 실림집, 그리고 5칸 정자 등 시대부가의 규모를 그대로 갖추고 있다.

퇴계의 16대 종손인 이근필 옹은 찾아오는 손님들에게 조상의 가르침을 전하고 있다. 그는 고택을 찾는 사람들에게 퇴계의 가르침을 적은 글귀를 나눠주고 있다. 누구나 일상생활에서 능히 지킬

퇴계 종택. 지금도 찾는 이들에게 퇴계 선생의 가르침을 전하는 후손이 살고 있다.

수 있는 명귀들이다.

퇴계는 조선시대 최고의 훈남이었다

늘 학문과 수양에 힘썼던 대학자 퇴계이지만, 그의 개인사는 불우한 편이었다. 스물일곱 살 때 두 아들을 낳은 허씨 부인과 사별했다. 그리고 서른 나이에 맞이한 두 번째 부인 권씨는 정신이 온전치 못한 여인이었다. 권씨 부인은 붉은 천으로 두루마기를 기워 남편을 난처하게 하거나 함부로 제사상의 음식에 손을 대기도 했다. 그러나 퇴계의 대응은 남달랐다. 퇴계가 왜 제사상에 손을 댔느냐고 물어보자, 부인이 먹고 싶어서 그랬다고 했다. 그러자 그는 직접 사과를 깎아 주면서 앞으로 제사상에는 손대지 말고 먹고 싶으면 말하라고 했다고 한다. 이처럼 퇴계는 너그럽고 부드러운 여성관을 갖고 있었다.

퇴계,
낙향하여 도산에 머물다

그의 나이 쉰다섯 되던 해, 퇴계는 다시 벼슬을 뒤로 하고 도산으로 돌아와 있었다. 세 번의 사직소를 연거푸 올린 다음이었다. 어릴 때부터 몸이 약했던 퇴계였다. 그는 건강이 좋지 않아 관직을 수행할 수 없다고 했다. 그러나 그에게는 꼭 이루고 싶은 여망이 따로 있었다. 집을 나선 퇴계는 곧장 청량산으로 향했다. 지팡이 하나에 의존한 단출한 걸음이었다. 그의 집에서 청량산까지는 낙동강변을 따라 가는 길로 새벽에 출발하면 아침 나절에 닿을 수 있는 지척의 거리였다. 당시 퇴계가 걸었던 '녀던길'이다. 지금은 그 길 일부가 복원되어 있다. 퇴계 자신이 그림 속으로 들어간다고 할 만큼 아름다운 길이다.

퇴계 녀던 오솔길에서 만나는 쌍봉 윷판대. 널찍한 바위에 마치 윷판처럼 구멍이 패여 있어 윷판대라 불린다. 이곳 윷판대는 퇴계의 후손인 시인 이육사가 그의 대표시 〈광야〉를 구상한 곳으로 알

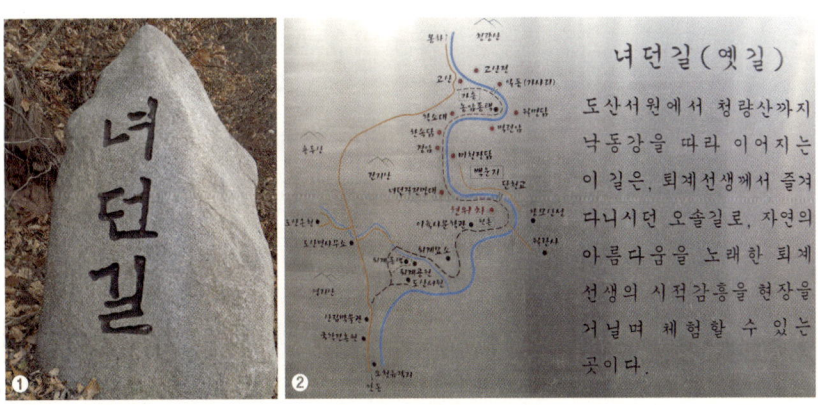

❶ 예전 퇴계가 즐겨 다니던 길에 세워진 녀던길 비석 ❷ 녀던길 등산로 표식.

려져 있다. 이육사는 낙동강과 들판을 바라보며 잃어버린 조국의
운명을 노래했던 것이다. 도산에서 20여 리를 걸으면 청량산을 한
눈에 바라볼 수 있는 전망대가 보인다. 전망대 옆에 있는 퇴계의
시비가 오가는 이들의 눈길을 끈다. 청량산으로 가던 퇴계는 이곳
에서 추억에 잠겼다. 그리고 미천장담(彌川長潭)이란 시를 남겼다.

한참 동안 기억하여 보네, 어릴 때에 여기서 낚시하던 일을,
삼십 년 긴 세월 동안에 속세에서 자연을 등지고 살았네.
내 돌아와 보니 알아볼 수 있네, 옛 시내와 산모습을
시내와 산은 반드시 그렇지는 못하리라
나의 늙은 얼굴을 알아보지는.

퇴계의 학문적 덕목은
함양과 체찰

퇴계는 평생을 공부하는 사람
으로 살고자 했다. 세상에 나
가는 출사 대신 공부와 수양에 몰두하고자 했다. 그것이 선비의 진
정한 길이라 여겼고 또 그것을 실천했다. 그에게 공부는 인간의 본
성과 심성을 찾는 것이었다. 그는 인간의 심성에 대해 깊이 탐구하
고 사색했다. 인간다움이란 무엇인가? 어떻게 해야 인간다울 수 있
는가를 늘 연구했다.

함양(涵養)과 체찰(體察), 퇴계는 이것이 유교 가르침의 으뜸이라
고 믿었다. 함양은 학식을 넓혀 심성을 닦는 일이며, 체찰은 공부
한 바를 몸소 실천하는 것이라고 가르쳤다. 그 길이 비록 외롭고
멀지라도 결코 포기하지 않는 것이 학자의 길이며 학문의 근본이

라고 여겼다.

퇴계의 학문은 근본적으로 성인을 추구하는 학문이다. 그는 자신의 일생을 끝없는 구도의 길로 보았다. 어떻게 하면 인간의 사사로운 욕망을 버리고 참다운 진리의 빛을 간직할 수 있느냐가 퇴계 학문의 요체라고 할 수 있다. 이미 대학자로 이름 높았던 50대 중반의 퇴계는 여전히 참다운 진리를 찾고자 했다. 그의 발길은 마침내 청량산의 청량사에 이르렀다.

청량사는 의상대사와 원효대사가 창건했다는 두 가지 설이 있다. 한때는 20여 개 암자를 거느렸던 대가람인 청량사의 중심 전각은 유리보전이다. 그 현판은 홍건적의 난을 피해왔던 고려 공민왕의 친필이라고 전해진다.

청량사에서 모시고 놀던 옛일을 생각하니
두 갈래로 땋았던 머리가 이제는 백발이 되었구나
학등에는 몇 번이나 언덕과 계곡의 변화를 보았던고
남기신 시를 세 번 반복하니 눈물이 가로 흐르네

퇴계는 이곳에서도 여전히 공부하고 사색했다. 그는 승려들과 토론을 벌이는 것도 마다하지 않았다. 그의 열린 세계관이었다. 청량산은 모두 열두 봉우리로 이루어졌다. 퇴계는 이 열두 봉우리의 깊이와 침묵에서 사람의 길과 학문의 길을 본받고자 했다. 변치 않는 바위 봉우리에서 세파에 휘둘리지 않는 지조 높은 선비의 모습을 보았다. 사철 푸른 소나무는 그대로 자신의 자화상이었다.

산을 오르는 것은
글을 읽는 것과 같다

퇴계는 유산여독서(遊山如讀書). 즉 산을 오르는 것은 글을 읽는 것과 같다고 했다. 산을 오르는 것은 자체가 심성을 닦는 일이라고 여겼다. 퇴계는 심성을 닦아 자신을 비우는 것이 성인의 길이라고 보았다. 그래서 그의 학문 목적은 당대 다른 학자들과는 사뭇 달랐다. 이는 오늘 우리들에게도 시사하는 바가 크다. 현대인들은 서양 철학과 문화의 영향으로 인간 스스로가 세상과 자연으로부터 소외되고, 우리를 둘러싸고 있는 환경으로부터 버림받고 있다. 또, 인간과 인간 사이에도 보이지 않는 담이 생겨 소통의 길이 막히고 있는 실정이다. 이런 상황에서 퇴계학은 서로의 담을 허물고 현대인이 갖고 있는 병증을 해소할 수 있는 자기 성찰의 철학이다. 그래서 오늘날 우리들에게 큰 울림을 주는 학문이다.

퇴계는 이런 학문의 의미를 되새기기 위해 자주 산을 찾았던 것이다. 자란봉과 선학봉을 연결하는 하늘다리는 우리나라에서 가장 높고 가장 길다. 길이는 90여 미터, 높이는 100미터가 넘는다.

하늘다리를 건너면 곧 청량산 정상인 장인봉이다. 풍기군수 시절 주세붕이 중국 태산의 장악을 모방하여 붙인 이름이다. 장인봉에 서면 산을 휘감아 나가는 낙동강 줄기가 한 눈에 들어온다. 퇴계는 청량산 열두 봉우리를 육육봉이라 칭하며 아끼고 사랑했다. 그리고 그 산에서 학문에 대한 의지를 다지고 학문의 근본을 고민했다.

우리나라에서 가장 높고 긴 하늘다리.

퇴계가 청량산에서 얻고 싶었던 것은 경이다

오로지 인간다움을 추구했던 퇴계는 칠순의 나이에 〈성학십도〉를 지었다. 어린 나이에 왕위에 오른 선조를 위한 제왕학이었다. 성인의 세상을 바랐던 퇴계 학문의 핵심은 무엇이었을까?

퇴계는 매일 공부를 소홀히 하지 않아 성인의 말씀을 익히는 것, 그리고 그것을 실천하는 것이야말로 진정한 공부라고 했다. 그는 이 진정한 공부와 수양을 위한 마음 상태가 바로 경(敬)이라고 했다. 평생을 공부와 수양에 힘썼던 퇴계. 그래서 그의 학문의 봉우리는 높았다. 그가 추구했던 경, 항상 밝고 삼가야 하는 그 정신 세계 역시 높았다. 퇴계는 경의 마음을 청량산에서 본받고자 했다. 청량산에서 퇴계의 사상은 더욱 완성되어 갔던 것이다. 그래서 퇴계는 청량산을 사랑할 수밖에 없었다.

청량산에 머물 때 퇴계는 또 하나의 여망을 품고 있었다. 학문에

퇴계 선생이 세운 도산 서당과 도산서원.

몰두하고 후학들을 양성할 수 있는 서당을 짓기로 했던 것이다.

이렇게 해서 1560년 퇴계는 그의 나이 예순에 도산 기슭에 서당을 열었다. 작은 방 2개와 제자들의 공부 공간인 마루로 이루어진 단출한 건물. 서당 마당에는 작은 연못을 파고 연꽃을 심었다. 진흙에서 꽃을 피우는 그 본성을 닮고 싶었던 것이다.

퇴계가 세상을 떠난 지 4년 후, 후학들은 도산서당 옆에 도산서원을 건립했다. 동재와 서재, 기숙사와 함께 대강당까지 갖춘 도산서원에 선조는 서원의 현판을 내렸다. 도산서원의 현판은 명필 한석봉의 친필이다. 광명실은 도산서원의 서고로, 서원 안의 책은 반출이 엄격히 금지되어 있었다. 임진왜란 때는 부엌 마루 아래 책을 감춰 병화(兵禍)를 피할 수 있었다.

퇴계 학풍을 이은 도산서원은 조선 선비들의 학문과 정신적 고향이 된다. 도산서원 바로 옆에는 퇴계 유물관이 있다. 관직을 옮길 때 그의 짐은 고작 책 두 궤짝이었다고 전해질 정도로 유품은 소박하다. 늘 병약했던 퇴계가 의지했던 지팡이에는 그의 손때가 묻어있다. 의자와 투호에도 그의 체취가 짙게 배여 있다. 퇴계는 평생 매화를 가까이 하고 사랑했다.

매화분에 물을 주라

1570년 11월, 퇴계의 병세는 악화되었다. 매화분에 물을 주라는 유언을 남기고 퇴계는 조용히 눈을 감았다. 그의 나이 일흔이었다. 도산서원에서 멀지 않은 산 기슭에 퇴계의 맏며느리인 금씨 부인의 묘소가 있다. 맏며느리는 죽어서도 존경하던 시아버지를 모시겠다고 유언한 뒤, 퇴계의 묘소 바로 아래 묻혔다. 죽어서까지 시아버지를 모시려 한 며느리의 정성과 존경심은 어디서 나온 것일까? 이는 퇴계의 인간적인 자상함에 기인한다. 퇴계는 명절 때가 되면 항상 가족에게 선물을 했는데 며느리에게 참빗과 귀고리를 주었다고 한다. 당시에는 귀중품이었다고 전해진다.

퇴계는 장례를 화려하게 치르지 말고 비석도 세우지 말라고 제자들에게 유언했다. 그러나 제자들은 스승의 유언을 어겼다. 그래서 묘비는 퇴계의 시선을 피해 묘소 옆으로 비켜 세워두었다. 묘비

이황의 묘소와 묘비석. 비석을 세우지 말라는 스승의 유언을 어기고 제자들은 묘비를 세웠다. 그래서 묘비는 퇴계의 시선을 피해 묘소 옆으로 비켜 세워 두었다.

에는 퇴도만은진성이공지묘(退陶晚隱眞城李公之墓)라고 새겼다. 도산으로 물러나 숨어 지낸 이씨 남자의 무덤이라는 뜻이다. 이렇게 새긴 것 역시 퇴계의 뜻이었다. 살아 생전, 그는 청량산을 사랑하고 또 그리워했다. 퇴계는 청량산에 관한 시를 50수 이상 남겼다.

> 선산을 찾아가서 은사되지 못하고는
> 맑은 산만 바라면서 티끌 자취 부끄러라
> 들으니 이 구름골에 목밭 가는 이가 들었다니
> 부지런히 바람뜰을 쓰는 이가 있으리라
> - 망청량산운

당당하고 단아한 조선 선비의 풍모를 그대로 빼닮은 청량산을 오르며 퇴계는 학문과 선비의 길을 물었고, 청량산은 그 맑은 기운으로 퇴계에 화답했다. 그리하여 마침내 청량산은 퇴계학의 본향이 되었던 것이다.

10 시대의 변화를 읽은 개혁가

사림정치의 서막이 올랐던 선조 시대. 현실정치의 폐단을 지적하고 묵은 제도를 혁파해야 한다는 경장론을 내세운 이가 나타났다. 장원 급제를 9번이나 하여 구도장원공이란 별칭과 함께 20년 동안 요직을 두루 섭렵한 율곡 이이다.

왕도정치를 실현하려 스스로 노력하고 시대의 변화를 읽으며 미래를 준비해 나갔던 율곡 이이. 그를 만나러 오죽헌으로 가보자.

이이가 승정원 승지를 비롯해 사간원 대사간, 황해도 관찰사, 대사헌, 홍문관 부제학 등 선조의 영으로 여러 요직을 옮겨 다니며 소임을 다하고 있던 1570년대, 세상은 격변의 풍랑을 만나고 있었다. 중국에서는 명나라의 쇠락을 이끈 가경제가 죽고, 융경제가 1567년에 황위에 올라 내치와 외치에 힘을 기울여 대내외적으로 안정된 시대를 구가했으나, 겨우 5년 만인 1572년에 세상을 떠나 우리에게 잘 알려져 있는 만력제가 다음 황제로 즉위한다.

유럽에서는 지중해 패권을 놓고 두 강대국 간의 한판 승부가 벌어졌다. 대항해시대를 거치며 강대국으로 떠오른 스페인의 함대와 동유럽과 아랍세계의 거인 오스만 튀르크 제국의 해군이 1571년 레판토 해전에서 맞붙은 것이다. 이 전쟁에서 승리한 스페인 해군은 이후 무적함대로 불리게 됐다. 스페인은 1580년에 식민지를 놓고 경쟁을 벌였던 포르투갈마저 병합해 거칠 것이 없는 세계 최강대국 면모를 보이게 된다.

율곡 이이 李珥

1536~1584

젊은 선비 율곡, 조선을 위해 붓을 들다

시대가 바뀌었다. 사화를 부추겼던 외척과 공신의 시대는 저물고 새로운 세력, 사림의 시대가 도래했다. 변화에 대한 기대 때문이었을까? 젊은 선비, 이이는 붓을 들었다. 그리고 조선의 미래를 위한 선결조건을 제시했다.

> 지금 국가의 형세를 비유하자면 마치 만 칸이 되는 큰 집이 여러 해 지나도록 손질을 하지 않아 옆으로 기울어지고 위에서는 빗물이 새며 임시로 받쳐주고 잡아끌고 하여 구차하게 아침 저녁을 넘기고 있는 것과 같습니다. - 〈율곡전서〉 중

허물어져가는 집, 조선. 젊은 선비 이율곡은 제도적 결함을 고치지 않으면 미래는 없다고 단언했다. 위태로운 조선왕조가 살 유일한 길은 대대적인 개혁뿐이라는 경고였다. 그래서 율곡은 누구

보다 앞장서서 법을 바꿔야 한다고 주장했다. 이제까지 내려오던 법을 바꾸고, 제도를 바꿔야 한다. 뿐만 아니라 풍물도 바꿔야 한다. 이 모든 것을 바꿔야 조선이 왕도정치를 실현할 수 있다고 생각했다. 위기에 놓인 조선왕조의 운명을 가장 먼저 알아봤던 대학자, 율곡은 국가 리모델링을 주장했던 열정적인 개혁가였다.

시대의 천재 율곡, 벼슬길에 오르다

9번 장원급제를 해 구도장원공(九度壯元公)이라고 불렸던 시대의 천재 율곡 이이. 그는 스물아홉 살에 호조좌랑으로 처음 벼슬에 나서 48세에 이조판서에 제수되기까지 20년 동안 요직을 두루 겸했다. 하지만 율곡의 관직생활은 결코 순탄하지 않았다. 왜냐하면 그는 현실 문제를 고민하며 잇달아 상소를 올리는 치열한 개혁의 길을 선택했기 때문이다.

승려 보우는 대역의 죄를 지었는데 전하께서는 원수를 놓아준 과실이 있습니다. - 〈율곡전서〉 중

임금이 어질면 어질지 않은 이가 없고 임금이 의로우면 의롭지 않은 이가 없습니다. - 〈율곡전서〉 중

〈율곡전서〉 가운데 특히 3권부터 8권까지는 전부 상소문이다. 그때까지 내려오던 오래된 법을 당시의 실정에 맞도록 다 바꾸자는 내용이었다. 또한, 언로를 개방하고 인재를 널리 거두어서 일할

수 있는 덕망 있고 역량 있는 사람들이 나라에 기여할 수 있는 길을 열어주어야 한다고 주장했다.

율곡은 제일 먼저 위훈삭제(僞勳削除)를 건의했다. 을사사화를 바로잡자는 직언이었다. 을사사화는 장경왕후의 소생인 세자 호와 제2계비 문정왕후의 소생인 경원대군을 둘러싸고 경원대군의 외숙인 윤원형 일파가 세자의 외숙인 윤임 일파를 숙청하면서 사림이 크게 화를 입은 사건이다.

> 윤원형의 죄는 머리털을 뽑아서도 셀 수가 없는데 전하께서 끝
> 내 두둔하시어 윤원형은 목숨을 보전했습니다. - 〈율곡전서〉 중

윤원형은 간신으로 실정을 통해 사림들을 많이 죽였다는 것이다. 간신배나 외척에 의한 정치를 하지 말고 사림의 정신, 왕도정치를 실천할 수 있는 수양과 경륜을 가진 사람으로 하여금 왕을 보필하고 정치 일선에 서게 해야 한다는 간절한 뜻이 있었다.

율곡이 관직생활을 시작한 명종 말과 중요 직책을 맡게 된 선조 때는 사림정치의 서막이 올랐던 시기였다. 부패했던 공신과 외척의 정치가 종식되고 사림이 새로운 정치 세력으로 급부상한 희망의 시대. 변화는 시대적 사명이었다. 그래서 이이는 현실의 폐단을 지적하고 이를 전면적으로 개혁하는 경장론(更張論)을 주장한 것이다. 거문고의 줄을 고쳐 단단히 맨다는 뜻을 가진 경장. 그가 내세운 경장론의 내용은 무엇일까? 먼저 폐단이 많은 법부터 개혁하여 민생을 구해야 한다는 것이다. 그러기 위해서는 언로를 넓히고 두루 좋은 의견을 수렴하자는 것이다.

- 일족절린(一族切隣, 체납자의 세금을 가족이나 이웃이 납부)의 우환이 없고 자신의 병역만 응할 수 있다면 어찌 군역을 기피할 이유가 있겠는가.

- 각 고을에 관원을 보내어 3년마다 한 번씩 그 고을 사람 중에서 경사에 능통하여 남의 스승이 될 만한 사람을 뽑아 보고한다.

- 각 관아에는 벌금으로 받은 돈을 모두 쓸모없는 곳에 흩어두고 있는데 이것을 거두어 아전의 봉급을 주고 나머지는 국가의 경비로 보충할 수 있을 것이다.

조정 대신들은 현실에 안주하며 한결같이 율곡의 개혁안에 반대했다. 신하들의 의견을 외면하지 못했던 선조는 번번이 때가 아니라며 이이의 개혁안을 물리치고 말았다. 율곡은 앉아서 망하기를 기다리느니 차라리 경장이라도 하자고 조정 대신들을 설득했지만 끝끝내 관철되지 못했다. 현실 정치에서 좌절한 30대의 이이는 개혁이 불가능하다는 것을 깨닫고 관직에서 깨끗이 물러난다.

낙향을 결심한 율곡은 대관령을 넘어 어린 시절을 보냈던 강릉으로 내려간다. 검은 대나무 오죽이 둘러싸고 있는 오죽헌.

이곳은 매화 그림을 잘 그렸던 이이의 어머니 신사임당 (1504~1551)의 친정이다. 조선시대의 처가살이 풍습으로 인해 오죽헌이 율곡의 고향이 된 것이다. 본채 건물의 작은 방, 몽룡실은 율곡이 태어난 방이다. 몽룡실이란 이름은 신사임당이 용이 승천

❶. ❷ 율곡 이이의 생가인 오죽헌과 율곡이 태어난 몽룡실

하는 꿈을 꾸고 이이를 낳았기 때문에 붙여졌다. 이런 이유로 그의
어릴 때 이름은 현룡이었다.

율곡, 고향인 강릉에서
후학을 양성하다

고향에 내려온 이이는 후학양
성에 전념했다. 제자를 길러
도를 깨우치게 하는 것 또한 그에게는 개혁의 일환이었기 때문이다.

교육자 율곡은 제자들을 위한 책인
〈격몽요결〉을 저술한다. 어린아이들의
몽매함을 일깨우는 요긴한 비결, 〈격몽
요결〉은 조선에서 소학 다음으로 많
이 읽히는 필독서가 된다. 1788년 정
조대왕은 율곡 이이의 유품이 강릉에
있다는 말을 들은 후 직접 가서 보고,
"주자의 학문을 연구하고 공자의 도
를 본받아 널리 베품이여, 율곡은 떠

율곡 이이가 유교를 처음 접하는 후학들을 위
해 저술한 격몽요결.

났건만 구름은 먹에 뿌려 학문은 여기에 남아 있구려"라는 어제를 내렸다.

유학을 처음 접하는 초학자들에게 전하는 율곡의 가르침 〈격몽요결〉, 그 첫 번째 장은 뜻을 세우는 입지(立志)에 관한 내용이다. 그는 "처음 배우는 자는 먼저 뜻을 세우되 반드시 성인이 될 것을 스스로 기약해야 하며 조금이라도 자기 자신을 별 볼일 없게 여겨 물러나려는 생각을 가져서는 안 된다"고 했다.

율곡이 모든 글에서 배움의 도상에 있는 사람들에게 강조한 것은 입지다. 또한 입지는 성인을 배워야 한다는 것으로 귀결이 되고 있다. 이때 말하는 성인은 유학에서 말하는 가장 이상적이고 바람직한 단계에 있는 사람을 의미한다.

율곡, 대학자 퇴계를 만나 가르침을 구하다

뜻을 세우고 뜻을 갖는 것이야 말로 학문의 출발점이라고 여겼던 율곡 이이. 서른다섯 살 연상의 대학자 퇴계 이황(1501~1570)은 율곡의 입지에 영향을 준다. 명종 13년인 1558년 2월, 스물세 살의 젊은 학자 율곡은 도산에 은거하고 있던 사림의 종장 퇴계를 찾아갔다. 당대 최고 유학자였던 퇴계에게 가르침을 얻고자 했기 때문이다. 노학자 또한 어린 시절부터 명문장으로 이름이 높았던 율곡의 명성을 익히 듣고 있던 터였다. 율곡은 퇴계와 다양한 주제로 이야기를 나눈 후 그 감상을 시로 지어 남겼다.

시냇물은 수사에서 한 갈래 나눠 왔고
드높은 봉우리는 무이처럼 드높도다.
그 고요한 삶은 경서 천 권이요
고요한 뒷방이 한가하기만 하도다.
열린 마음은 개인 하늘의 달이옵고
웃으며 하시는 이야기에는 물결조차 잠잠하오.
소자가 뵈옵는 일은 도를 구하고자 함이니
반나절 헛되이 보냈다 생각지 마옵소서

　퇴계 역시 한눈에 율곡의 재주와 인물됨을 알아보고 후학에 대
한 깊은 사랑과 기대를 시로 남겼다.

내 병들어 문 닫은 채 봄빛을 못 보더니
그대 만나 얘기를 나누니 심신이 상쾌하다.
선비의 높은 이름 헛되지 않음을 알았으니
지난날 사귀지 못했음이 적이 부끄럽소
아름다운 곡식에 가라지 자라지 말게 하고
새로 닦은 거울에는 티끌도 해가 되오
부질없는 이야기는 모두 제쳐 두고
힘써 공부하여 날로 더욱 친해 보세.

　이렇게 시작된 두 사람의 인연은 퇴계가 세상을 떠난 선조 3년
까지 10년 이상 이어졌다. 율곡은 사소한 예절부터 경전의 해석을
둘러싼 문제, 그리고 벼슬길에 나아감과 물러남에 대한 고민 등을

절실하게 토로했다.

이에 퇴계는 젊은 율곡의 학문을 올바른 길로 이끌기 위한 조언 역시 아끼지 않았다. 서로의 의견을 구하는데 주저함이 없었던 두 사람. 율곡과 퇴계는 적대적이거나 경쟁적 관계가 아니라 같은 문제를 고민하는 학문적 동지였다. 비록 두 사람은 자주 만나지는 못했지만 퇴계가 선조의 부름을 받고 서울에 머무를 때마다 율곡은 퇴계를 찾아갔다. 그리고 학문을 넘어서 인간적으로도 깊은 차원의 교류를 했다. 퇴계의 언행을 기록한 퇴계선생언행록, 여기에서는 이이를 퇴계의 제자 중 한 사람으로 소개하고 있다.

"소자가 공부할 길을 잃어 나아가지 못할 때 사나운 말이 가시밭과 황무지로 마구 달리는 듯했는데 수레를 돌리고 길을 바꿀 수 있었던 것은 진실로 공의 깨우침 덕분입니다." -〈퇴계선생언행록〉제문 중

율곡, 퇴계와는 다른 선택을 하다

사림의 대표 주자였던 이이와 이황. 당대 최고 학자였던 두 사람은 정치적 거취와 철학적 견해에서만큼은 대조적이었다. 율곡은 때때로 자신의 개혁론이 받아들여지지 않아 좌절하기도 했지만 끊임없이 벼슬에 나아갔다. 반면 퇴계는 일흔 차례 이상 사직소를 올릴 만큼 한사코 물러나려고만 했다.

성리학은 천명으로서의 성(性)이 곧 이치이고 길이라는 명제다.

학문적 동지이자 라이벌이기도 했던 ❶ 율곡 이이 ❷ 퇴계 이황.

본성을 중시하는 것이고 이치, 즉 리(理)를 최고 겸용으로 설정하는 것에 있어서는 퇴계도, 율곡도 결코 예외가 아니었다. 다만 이(理)와 기(氣)라는 개념을 가지고 유학자들은 천지만물의 이치를 해명하고 인간의 내면세계에서 전개되는 도덕적인 현상을 설명하기도 했다. 흔히 말하는 사단이나 칠정, 인심과 도심이라는 전통적인 유교경전 속에 담겨 있는 개념들을 해명해 내는 작업을 구체적이고 치밀하게 전개해간다.

율곡은 인간을 인간답게 만드는 본성, 즉 인의예지라는 사단과 즐거움, 노여움, 슬픔, 두려움, 사랑, 미움, 욕심으로 대변되는 칠정이 하나라는 이기일원론(理氣一元論)*을 주장한다. 이는 사단과 칠정

---

* 이기일원론(理氣一元論) : 인간의 감정은 이(理), 즉 칠정(七情, 희로애락애오욕)이 대표하는 것이며 그중 선한 감정만을 기(氣), 즉 사단(四端, 인의예지)이라고 한다. 사단이란 칠정에 포함되는 것으로 이와 기는 떨어져 작용할 수 없다.

은 분리할 수 없는 인간의 감정이라고 보는 견해이며 법과 제도를 정비하는 경세론으로 이어진다.

반면 퇴계는 본성과 기질은 분명하게 구분된다는 이기이원론(理氣二元論)*의 입장을 취했다. 사람들은 기질인 칠정의 세계에 몰입할 때 자신의 본성인 사단을 쉽게 잊게 된다. 따라서 인간은 기질이 아닌 본성에 의해 자신을 다스려야 한다는 수양론에 퇴계는 많은 관심을 가졌다.

퇴계가 현실정치보다는 학자로서 자기를 정립하기 위해 마음의 수양을 강조하는 반면, 율곡과 그의 후학들은 적극적으로 현실 문제를 담당해야 한다는 책무 의식을 강조했다. 수양의 측면에서도 내면의 수양에 그치는 것이 아니라 적극적으로 현실을 파악하고 거기에 부딪혀가면서 문제를 해결할 수 있는, 천하를 경륜해낼 수 있는 능력을 갖춰야 하는 것도 수양의 중요한 덕목으로 강조하는 경향이 나타나고 있다.

붕당, 개혁의 걸림돌

개혁이라는 화두를 놓치지 않았던 율곡. 그런 그의 직언이 필요했던 것일까? 선조는 고향 오죽헌에 은거해 있던 그에게 끊임없이 벼슬을 내린다. 그때마다 이이는 언제 무너질지 모르는 조선을 재건하겠다는 강한 의지를 지니고 한양으로 돌아간다.

하지만 그 무렵 조선은 이른바 정치적인 내분에 휩싸여 있었다. 관료를 추천하는 이조정랑 자리를 누가 차지할 것이냐로 다투던

---

* 이기이원론(理氣二元論) : 선한 마음인 사단은 이(理)에서 나오고 선악이 섞여 있는 마음, 칠정은 기(氣)에서 나온 것으로 이와 기는 다른 실체다.

사림들은 급기야 동과 서로 나뉘고 말았다. 서인과 동인의 치열한 정쟁, 즉 붕당은 개혁에 크나큰 걸림돌이었다.

율곡은 당쟁을 종식시키는 것이 급선무라고 판단했다. 그래서 동인과 서인의 당파를 타파하고 고르게 등용하자는 조제보합(調劑保合)을 주장하였다. 여기서 말하는 조제보합이라는 것은 글자 그대로 조정하여 현상을 잘 유지한다는 의미를 갖는다. 설령 어느 쪽에 시비가 이뤄지고 장단점이 지적된다고 하더라도 장점만 있는 집단이 없듯이, 단점만 있는 집단도 없으니 양쪽의 장점을 다 살려서 함께 국가를 재건하고 바른 정치를 이뤄나가는데 협력하자는 것이다.

그러나 율곡의 기대와는 달리 현실에서의 갈등은 깊어만 갔다. 그는 흑백논리가 아니라 양쪽 모두에 옳은 점도 있고 그른 점도 있다는 양시양비(兩是兩非)의 논리를 내세워 이를 해결하고자 하였다. 하지만 그의 양시양비론은 실효를 거두지 못한다.

율곡의 개혁론, 당쟁에 밀리다

낡은 집의 서까래와 기둥을 바꾸고 살아가기 편하도록 고치자는 경장론은 결국 그의 생전에는 실현되지 못했다. 오히려 임진왜란을 겪으면서 그 진가가 제대로 발휘되었다. 당면한 국난 극복을 위해서는 한발 먼저 주장했던 율곡의 개혁안이 필요했기 때문이다. 율곡은 왕도정치를 실현하려고 스스로 노력한 사람이고, 왕도 정치는 성군이 실천할 수밖에 없다. 그래서 선조를 성군으로 만들려고 많은 정책을 내세웠으나 당시 시대적 상황, 선비들의 분

열, 동서 분당 등의 이유 때문에 그의 개혁은 성공하지 못한다.

모두가 현실에 안주할 때 시대의 변화와 요구를 읽어냈던 개혁가, 율곡 이이. 현재를 넘어 미래를 준비했던 그의 시대정신! 이것이 바로 지금 우리가 이이를 다시 생각해봐야 할 이유가 아닐까?

11

선비, 칼을 차다

남명 조식

조식은 평소 '성성자'라는 방울과 '경의검'이라는 칼을 차고 다녔는데, 선비가 칼을 품었던 까닭은 무엇일까? 그는 의로운 검이라 불리는 경의검을 품고 성성자의 방울소리가 들릴 때마다 자신을 성찰했다. 그리고 자신이 터득한 도를 실천하려는 기백은 오늘날 지역 유지의 자존심이 되었다. 조선 최고 성리학자 칼을 찬 선비, 남명 조식을 만나보자.

인종과 명종이 조식에게 계속 관직을 내리며 조정에 불렀으나 조식이 고사하며 강학에만 몰두하던 1550년대, 중국에서는 중국의 민족 영웅 척계광이 활동하던 시기였다. 그는 1546년부터 시작된 왜구의 난을 평정한다.(1564년) 조선에서 왜의 침공으로 시작된 임진왜란 중 이순신 장군이 나왔다면, 명나라에서도 왜구를 무찔러 민족과 국가를 구한 영웅 척계광이 있었다. 한편 일본에서는 1543년 한 포르투갈 모험가가 표류한 자신을 도와준 영주에게 화승총을 선물로 준다. 그로부터 5년 후에 벌어진 한 전투에서 50명의 조총부대가 조총을 소지하고 있다는 기록이 있고, 1566년에는 30만 정 이상의 조총이 보급되었다는 기록도 있다고 한다. 일본은 불과 23년 만에 조총의 대량생산에 성공한 것이다. 그리고 이를 토대로 대륙을 도모할 꿈을 꾼다.

남명 조식 趙植
1501~1572

남명,
지리산에서 답을 구하다

지극한 충언이었다. 감히, 임금을 고아로, 대비를 과부로 칭하는 간언. 죽기를 작정하지 않고서야 뱉을 수 없는 말이었다. 그러나 조선을 위해 누군가는 해야 할 말이었다. 50여 년간 무려 네 차례의 사화가 일었다. 대비가 수렴청정을 하던 그 시기, 조선은 비명횡사하는 선비들의 절규로 가득했다. 다행히 그때 그가 있었다. 거침없이 말하고 행동으로 증명하는 올곧은 선비가 있었다. 나라를 위해칼을 품고 세상을 위해 은둔한 사람, 바로 남명 조식이었다.

천왕봉 동쪽 중턱 법계사. 영하 20도. 체감온도 영하 27도. 신년 벽두, 지리산은 쉽게 제 모습을 드러내려 하지 않았다. 법계사를 지나 지리산을 오르는데 5시간이 걸렸다. 하룻밤을 사이에 두었으니 날 수로는 이틀을 걸은 셈이다. 지리산의 새벽등반은 녹록지 않았다. 그러나 매운 추위도 산행의 고됨도 천왕봉의 풍경 앞엔 부족한 값이었다.

높이 1,915미터. 백두대간의 끝자락. 어리석은 사람이 머물면 지혜로운 사람이 될 수 있다는 지리산. 신년의 정월. 사람들은 각자의 소원을 들고 지리산에 오른다. 간절한 무엇을 구하는 마음으로 오르고 또 오른다. 500년 전 조선의 대유학자 남명 조식도 이곳에서 답을 얻고자 했다.

남명 조식, 그는 평생을 지리산에 기대어 살았다. 그가 종종 찾아 올랐다는 백운계곡은 그때와 다름없이 오늘도 유유히 흐르고 있다. 남명은 벼슬을 멀리하고 성리학을 곁에 두었다. 지리산 자락에서 그는 늘 만족해했다. 어린 시절 과거 공부를 한 적도 있으나 곧 그만두었다. 중요한 것은 관직이 아니었다.

남명, 김해에서
남명학문의 기반을 세우다

세상에 나가 뜻을 펴볼 수 있는 세상이라면 은나라 때의 큰 정치가인 이은처럼 세상을 태평성대로 만들어 보겠지만, 그런 시대가 아니라면 안희처럼 차라리 초야에 물러나서 도덕과 학문을 드높게 부지하고 존속시키는 것이 더 의미 있는 일이라고 생각한 조식. 그는 26세 때 부친상을 당하자 장사를 치르고 3년상을 치른 후, 서울에 가지 않고 처가가 있는 김해에서 은거한다.

신산서원은 남명의 후학들이 세운 곳으로 임금이 이름을 내린 김해부 유일의 사액서원이었다. 서울에서 내려온 뒤 청년 남명은 이곳에 공부할 집을 지었다. 십수 년간 수학하며 학문을 닦고, 그러다 명성이 높아져 후진을 양성하게 된 장소다. 그의 공부방인 산해정은 높은 산에 올라가 바다를 바라본다는 뜻이다. 산해정이란

남명 조식을 기리는 서원들. ❶ 을묘사직소를 올린 곳으로 유명한 합천의 뇌룡정. ❷ 을묘사직소를 새긴 비문. ❸ 김해부 유일의 사액서원인 신산서원. ❹ 남명이 말년을 보낸 산청의 산천재가 있던 덕천서원.

이름은 조식이 직접 붙인 것이다. 서원 곳곳에 남명의 숨결이 있다. 조식은 산해정에 은둔했지만 그의 이름은 조선 조정에서 높아지고 있었다. 조정에서는 30대의 남명에게 관직을 제수하기도 했다. 하지만 학문을 위해 과거시험도 포기한 남명이 수락할 리 없었다. 이렇듯 서른 살부터 마흔다섯 살까지 15년 동안 초야에 묻혀 세상에 나가지 않고 공부를 계속한 조식은 드디어 남명학문의 기반을 세운다.

남명, 을묘사직소의 산실 합천에 머물다

남명의 공부는 합천에 이르러 더 깊어진다. 김해에 이은 다음 거처는 합천으로 진주에서 30분 거리다. 산 밑의 작은 외톨이

마을은 40대의 남명이 다시 정착한 그의 고향이다. 합천에서 남명의 제자는 전과 비교할 수 없을 만큼 늘었다. 조식은 이웃이나 친척에게 더 이상 부담을 주지 않으려고 학생들의 기숙사를 따로 지었다. 살림이 넉넉하지 않은 조식을 학부형들이 도왔다.

남명의 사상이 확인되는 곳곳의 글귀들 중 시거이용현(尸居而龍見)이라는 글이 보인다. '가만히 있다 때가 되면 용처럼 나타난다'는 뜻으로, 장자에 나오는 문구다. 그래서 지은 이름 뇌룡정이다. 연못처럼 잠잠하다가 뇌성벽력같이 하고 가만히 있다가 용처럼 승천한다는, 시거이용현과 상통하는 말이다. 꾸준히 실력을 쌓아서 때를 기다린다는 분명한 의지가 담겨 있는 말이다.

남명, 관직에 나가지 않고 단성소를 올리다

제자들을 가르치며 40~50대를 뇌룡정에서 보내는 남명에게 조정은 포기하지 않고 연이어 관직을 제수한다. 퇴계도 남명이 벼슬에 나올 것을 권유했다. 남명은 계속 고사하다가 그의 나이 쉰다섯에 산청의 현감직을 받아들인다. 단성현의 현감에 취임한 뒤 남명이 한 일은 명종에게 사직소를 쓰는 것이었다. 이것이 그 유명한 을묘사직소, 즉 단성소다. 남명은 명종을 고아로, 문정왕후를 과부로 칭했다. 상당히 과격한 발언이었다. 자리에 연연하지 않았으니 더 강경할 수 있었을 것이다.

1519년 기묘사화가 일어났을 때 조광조의 죽음 소식을 듣고 남명은 큰 충격을 받는다. 서울에서 정치 현실을 접하는 과정에서 잘

못된 점들을 항상 의식하고, 낙향했을 때도 중앙의 정치현실을 바로잡아야 된다는 생각을 한다. 그렇기 때문에 오히려 처사(은둔한 선비)로 있는 것이 보다 객관적이고 비판적인 위치에서 중앙정치의 문제점을 지적을 할 수 있다고 그는 믿었다.

단성소는 과연 어떤 내용일까? 남명은 55세 때 단성 현감에 제수되는데, 나가지 않고 상소를 올려서 사직을 한다. 그 상소문의 중요한 부분을 발췌해서 적어놓은 것이 바로 단성소다.

> 문정왕후께서는 생각이 깊은 분이시기는 하지만 깊은 궁궐에 사시는 한 과부에 불과하시고 전하께서는 아직 연세가 젊으시니 선왕이 남기신 한 명의 외로운 아드님이실 뿐입니다. 그런데 하늘이 내린 재앙은 천 가지, 백 가지로 많고 백성들의 민심은 억만 갈래로 갈라져 있으니 어떻게 이런 시국을 감당하시겠으며…
> – 을묘사직소 중

단성 현감을 사직한 조식은 다시 지리산을 찾는다. 명종은 매우 분노했으나 재야언론의 영수인 남명을 어찌할 수는 없었다. 남명의 언행으로 보자면 그의 상소는 과한 것도 아니었다. 이렇듯 그는 스스로에게도 엄격한 사람이었다.

> 사십 년 동안 쌓인
> 온몸의 많은 티끌과 허물을
> 맑은 연못에 다 씻어버렸다

티끌이나 먼지 같은 나쁜 마음이

만약 내 오장육부 속에서 생겨난다면

지금 당장 내 배를 갈라

흐르는 물에 떠내려 보내겠다

- '욕천시비' 중에서

남명이 성성자와 경의검을
항상 지니고 다닌 이유는

그래서 깨어 있어야 했다. 남명은 옷고름에 방울을 매달아 그 소리를 들으며 정신을 깨우쳤다. 방울의 이름은 성성자(惺惺子). 깨달음 성 자가 두 개다. 스스로 경계하여 깨닫게 한다는 뜻이다. 또한 칼도 지니고 다녔다. 경의검(敬義劍)이었다. 안으로 마음을 밝게 하고(內明者敬), 밖으로 의로써 실천한다(外斷者義)는 의지가 담겨 있다.

'경(敬)'과 함께 '의(義)'를 항상 함께 추구하는 것이다. '경'과 '의'가 따로 떨어져 있을 수 없기 때문에 남명의 사상을 '경의(敬義)'라

성성자와 경의검. 남명은 이들을 항상 몸에 지니고 다니며
자신의 마음을 가다듬었다.

하고, 그 상징물로 남명이 경(敬) 사상, 항상 마음의 자세를 바르게 해야 하겠다는 마음에서 '성성자'를 차고 다녔다. 또 '경의검'은 의에 초점이 맞춰져 있다. 경의 수양을 바탕으로 외부의 모순, 정치 문제나 대외적인 위기가 온

다면 과감하게 실천하는 요소다.

칼과 방울을 지닌 선비, 남명 조식. 그의 행보는 산청으로 이어진다. 예순의 남명은 지리산에 자신을 의탁한다. 남명에겐 평생 스승이 없었다. 그는 독학으로 공부했다. 그런 그에게 유일한 스승이 있다면 바로 지리산이었다.

지리산은 남명에게 무엇이었을까. 남명은 지리산에 대한 수많은 시를 남겼다. 그의 시를 살펴보면 그가 평생 어떻게 살았는지 무엇이면 족했는지를 알 수 있다.

> 봄 산 어딘들 향기로운 풀 없으리오만
> 하늘나라 가까운 천왕봉만 사랑하노라
> 빈손으로 돌아와 무엇을 먹고 살겠는가
> 은하수 십리나 되어 마셔도 남도다
> - '덕산복거' 중에서

그런 그가 노년에 지리산이 바로 보이는 집을 얻었으니 세상을 얻은 것과 진배 없었을 것이다. 부친상을 당했을 때 돈이 없어 타던 말을 팔아 장례를 치른 남명이었다.

남명의 학문은
실천하는 학문이다

그의 학문은 이론에 깊어지는 것뿐만 아니라 스스로의 삶으로 그것을 증명해야 했다. 남명의 강직한 면모는 지금도 늘 새롭게 회자되곤 한다. 또 그는 책만 파는 선비도 아니었다. 그는 나라를

임진왜란 당시 의병을 일으킨 곽재우와 휘하 장군 18명을 기리는 충익사와 임란창의 18장군위. 곽재우는 남명의 외손녀사위이며 제자였다.

위해 선비들도 병법을 익혀야 한다고 생각했고 이를 실천했다. 후학들에게 병술을 전수함은 물론이었다.

남명이 머물던 산해정 너머로 바닷가가 시원하게 내려다보인다. 왜구의 습격이 잦았던 경상도 해안이다. 남명은 왜적을 경계할 것을 선비들에게 항상 주문했다. 그의 실천적인 학문은 조선이 위기에 처했을 때 드디어 진가가 드러났다. 경상도의 50명 의병장이 모두 남명의 제자였던 것이다. 불꽃같이 일어났던 의병장들, 그중엔 남명의 외손녀사위인 곽재우 장군도 있었다.

사욕을 품은 붕당이 대비하지 못한 전쟁을 불러왔을 때, 나라를 구해야 할 수령들이 도망가기에 급급했을 때. 300만 명이 목숨을 잃은 임진왜란에서 칼과 화살을 들고 전장에 나선 사람은 남명의 제자들이었다.

곽재우를 따른 의병만 2,000명이었다. 그들은 전쟁이 발발하고 채 열흘이 되기도 전에 주저하지 않고 봉기해 나아갔다. 남명의 제자 선비들은 준비된 병력과 다름없었던 것이다.

왜군과 접전을 벌였던 의령군, 그곳 후손들은 충익사를 세워 곽재우와 휘하 장군 18명을 기리고 있다. 남명의 실천주의는 조국을 지켰다. 그 애국심은 역사의 한 축으로 남아 지금까지 전승되고 있다. 임진왜란은 남명이 죽은 지 20년이 지난 후 일어난 전쟁이다. 스승이 세상을 뜬 지 20년이 지났는데도 제자들은 주저하지 않고 조국을 위해 봉기했다. 일흔둘의 나이로 세상을 뜬 뒤 그의 신도비는 우암 송시열이 지었고 남명은 영의정으로 추증되었다. 칼 찬 선비, 남명 조식의 문과 무는 선비가 갖춰야 할 균형이었다. 경으로 정의한 마음을 행동으로 나아가야 되는데, 이런 학문체계가 실증된 것이 남명 사후 20년에 일어난 임진왜란이다. 당시 남명에게 배운 많은 제자들은 전쟁터로 달려갔다. 그들은 병법도 능했고 왜적과 싸워 이겼다. 이런 결과로 볼 때 그의 학문이 세상에 증명되었다고 할 수 있다.

올곧은 것은 살아남아 역사에 깊이 박힌다. 칼 찬 선비, 남명의 실천학문이 그러하다. 김해의 신산 서원에 남명 선생의 후학들이 모인다. 선대이기도 하지만 스승으로서, 잊지 말아야 할 정신을 이어가게 하고 싶어서다. 칼 찬 선비 조식에 대한 존경심은 여느 학자에 대한 것과는 다를 수밖에 없다. 그래서 바쁘게 사는 요즘에도 그들은 한 달에 두 번씩 꼬박꼬박 모이는 것이다.

남명, 그의 이름이 이 시대에 필요한 이유는 무엇인가

남명의 역할은 또 있었다. 그의 후학들은 남명학파가 되어 선조 말부터 조정의 대세를 점했다. 광해조에 이르러서는 그들이 조정을 좌지우지하게 된다. 즉 남명학파의 탄생이었다.

산청, 경상도의 소박한 도시로 이곳은 남명이 말년에 의거했던 장소다. 평범해 보이는 오늘의 풍경 안에 오래된 결의가 있다. 시간은 지나고 세월이 바빠 자세히 들여다보지 않으면 놓치고 말지만 곳곳마다 그의 숨결이 배어있다. 광해군 때 사액해 덕천서원이라 불리는 이곳은 남명이 세상을 떠난 4년 뒤 제자와 후학들이 세운 것이다. 스승이 없는데도 여기 모여 함께 먹고 마시며 공부했다. 덕천서원은 경주의 옥산서원, 안동의 도산서원과 더불어 삼산이라 불리던 조선의 손꼽히는 서원이었다. 지리산의 기운만을 담고자 했을 뿐 소유도 하지 않았고 화도 내지 않았던 남명 조식. 그가 생전에 바랐던 것처럼 그의 후학들도 성리학을 깨우치고 병법을 익혔다.

남명 선생의 학문사상을 계승하기 위한 덕천서원엔 강학공간으로 이용되었던 경의당과 남명 선생의 위패를 모신 숭덕사가 있다. 무엇이 남고 무엇이 사라지는가. 남명의 정신이 지금껏 살아있는 이유는 분명하다. 공감의 가치가 깃들어 있기 때문일 것이다.

2004년 남명 탄신 500주년을 기념해 경남 산청에 남명기념관이 설립되었다. 후손들이 전승하고자 노력하는 남명의 사상은 경(敬)과 의(義)다. 남명이 자기 마음의 사욕을 베기 위해 경의검을 차고 다녔듯 안으로 마음을 다스리고 밖으로는 의를 실천하기 위해 그는 출사하지 않고 평생을 바쳤다. 그리고 정신이 흩어지지 않게 하라고 사심이 마음을 지배하지 않게 하라고 안과 밖이 언제나 다르지 않게 하라고 후학을 지도했다. 옆구리에 방울을 차고 다니며 그 소리가 들릴 때마다 마음을 다스린 남명. 칼과 방울은 남명의

❶ 경남 산청 소재의 남명기념관. 남명 탄생 500주년을 기념해 2004년도에 건립되었다. ❷ 남명의 사상은 실천주의임을 나타내는 도설. ❸ 남명의 동상.

부단한 노력을 보여주는 겸손의 상징이다.

　작은 시골마을에서 서당을 운영하는 권영달 옹을 만났다. 그는 열 명을 넘지 않는 아이들에게 일주일에 두세 번 이곳에서 옛이야기를 들려준다. 할아비지기 그랬던 것처럼, 할아버지의 할아버지가 그랬던 것처럼, 남명에 대해 처음 듣는 시간을 오늘, 아이들도 갖게 되었다. 오래전의 일, 그러나 여전히 살아 있는 이야기다. 옛사람의 일을 듣는 게, 그의 이야기가 내게 왜 필요한가. 그의 생각이 왜 우리에게 중요한가. 그것은 지금의 나를 알 수 있는 근본이 되기 때문에 그러하다.

임금에게 거침없는 충언을 드렸던 남명은 명종과 선조, 두 임금으로부터 존경과 사랑을 받았다. 그것은 그의 인생이, 오로지 의로움만을 지키고자 애를 썼기 때문일 것이다. 그가 평생 소망했던 자신의 모습은 초야에 은둔한 선비였다. 그 처사를 감당키도 힘들다던 조식 남명, 그는 지리산 같은 사람이었다.

> 내 평생 한 가지 장점이 있었다면
> 죽는 한이 있더라도
> 구차하게 복종하지 않았던 정신이다.
> 사후에 나를 처사라고 불러라.
> 그것이 내 평생의 뜻이다

12
당쟁으로
조선을 움직이다

17세기 조선은 송시열의 나라라고 할 만큼 우암의 학문적·사상적 영향력은 막대했다. 조선왕조실록에 무려 3,000번이나 이름이 거론된 대학자 송시열. 이는 역대 어느 왕보다도 많은 횟수다. 우암 송시열, 그는 어떤 학자였을까? 우암의 삶을 만나보자.

갑인년 예송(禮訟) 문제로 현종에게 실망한 송시열이 벼슬을 버리고 낙향해 은 거하던 1660년대, 세상은 송시열처럼 조용하지 않았다. 중국 대륙에서는 실낱 같은 숨이 붙어 있던 명나라 최후의 숨이 끊어졌다. 명나라 멸망 이후 명나라 재건의 기치를 내걸고 수립됐던 남명(南明) 정권 최후의 황제인 영력제가 1662년 청나라 군사들에게 사로잡혀 죽었다. 이로써 중국 대륙은 완전히 청나 라의 세상이 되었다. 1651년 청나라는 국경 분쟁으로 인해 러시아와 충돌한다. 이에 청나라는 조선에 파병을 요청하고, 효종이 군대를 보내 1654년과 1658년 두 차례에 걸쳐 나선정벌이 이뤄졌다.

당시 영국은 1649년 청교도 혁명을 이끈 올리버 크롬웰에 의해 영국 역사상 유일한 공화국이었던 '잉글랜드 공화국'이 되었다. 그러나 공화정은 1659년 군사독재에 반발 한 장로파에 의해 폐지되고, 1660년 찰스 2세가 등극하며 다시 왕정으로 환원되었다.

우암 송시열 宋時烈

1607~1689

우암, 왕과는 다른
북벌을 꿈꾸다

1659년 기해년 3월 11일 궁궐에서 은밀하게 이루어진 임금과 신하의 독대, 이른바 기해독대였다. 밀실정치를 금하던 조선에서 독대는 매우 파격적인 만남이었다. 금기를 깬 효종과 우암의 회동에서 먼저 운을 뗀 것은 효종이었다.

"오랑캐의 일은 내가 잘 알고 있소. 정예포병 10만을 길러 오랑캐들이 예기치 못할 때 곧장 산해관으로 쳐들어갈 계획이오."

하지만 송시열은 북벌의 선행조건을 다음과 같이 제시한다.

"예부터 제왕들은 먼저 자신을 닦고 가정을 다스린 뒤에야 법도와 기강을 세웠는데 이것이 일의 순서이옵니다."

1636년에 일어난 병자호란은 조선에게 치욕을 안겼다. 인조는 청태종 앞에 나아가 무릎을 꿇고 엎드려 9번 절하는 삼궤구고두(三跪九叩頭)를 한다. 효종은 오랑캐에 굴복했다는 모멸감에서 벗어나기 위해 북벌을 계획한다. 그러나 우암은 북벌을 위해 조급한 군사적 행동보다 임금의 수양이 먼저라고 주장한 것이다.

효종은 군사적 북벌에 무게를 두었지만 우암의 주장에도 귀를 기울였다. 북벌이라는 대업을 이루기 위해서는 사대부들의 절대적 지지를 받는 우암의 협력이 꼭 필요했기 때문이다. 이처럼 당시 송시열의 학문적, 사상적 영향력은 막대했다.

우암, 학자들의 고향
회덕에서 머물다

흐르는 물결이 마치 비단처럼 아름답다 해서 이름 붙여진 금강 상류에 위치한 대전은 예부터 우리나라에서 가장 살기 좋은 복 받은 땅이란 의미로 복지라고도 불렸다. 산 좋고 물 맑은 한밭 대전의 옛 중심지는 회덕현이었다. 회덕은 동서가 30리, 남북이 60리가 채 되지 않는 호서 지방의 작은 고을이다.

대인은 가슴에 덕을 품고 소인은 가슴에 고향을 품는다 - 〈논어〉 중

이곳의 지명은 덕을 품은 대인이 배출되기를 염원하는 조상들의 바람을 담아 〈논어〉에서 차용한 것이다. 그 때문일까? 회덕현은 사육신 중 한 사람인 박팽년을 배출했으며 양송으로 불리며 송시열과 함께 조선 성리학을 세운 송준길을 키운 땅이다. 또한 독립운동가인 단재 신채호까지 우리나라를 대표하는 학자들의 고향이기도 하다.

특히 이 지역 출신 중에 빼놓을 수 없는 학자가 있으니 그가 바로 송시열이다. 대전시 동구 소제동의 구불구불한 골목길을 따라 가면 1653년에 우암이 직접 지은 고택을 만날 수 있다. 담장도

대전이 배출한 대표적인 학자들. ❶ 사육신 박팽년의 유허비 ❷ 단재 신채호의 생가 ❸, ❹ 양송이라
일컬어지던 유학의 거두 동춘당 송준길의 별당과 우암 송시열의 고택

없이 ㄷ 자형 건물 한 채만이 덩그러니 남아 있는 우암의 옛집은
450년이라는 세월 동안 많은 것이 변하고 없어졌다. 하지만 대나
무 숲만은 여전히 고택을 지키고 있다.

평생 〈소학〉을 교과서로 삼으며 수신을 강조했던 우암의 검소함
이 그대로 묻어나는 살림집을 사람들은 송자고택이라고 부른다.
송자(宋子)라는 칭호는 송시열을 동방의 주자라고 부르는 데서 유
래한 것이다. 성현의 칭호를 얻은 우암의 위상은 대전 곳곳에서 만
날 수 있다.

낮은 야산의 비탈에 2단으로 축대를 쌓아 터를 닦은 회덕향교
는 지방민의 교육과 교화를 위해 나라에서 세운 국립교육기관이

다. 지금으로 치면 중·고등학교라고 할 수 있다. 학문을 닦고 연구하는 곳인 명륜당에서 우암도 수학했던 것으로 전해진다. 공자와 그의 가르침을 이어받은 성현들에게 제사를 올리는 곳인 대성전에는 중국의 다섯 성인(공자, 안자, 증자, 자사, 맹자)과 한국 18현이 배향되어 있다. 유교의 대가들만이 오른다는 문묘(文廟)에서도 우암의 위패를 발견할 수 있다. 문묘에 종사되었다는 것은 유학자로서 최대 영예다. 또한 문화적, 정신적 측면에서 가장 높은 영향력을 행사하는 인물이 됐다는 것을 뜻하기도 한다.

송시열을 송자라는 성현으로 호칭하는 것은 비단 같은 학파의 문인이나 후손들뿐만 아니었다. 우암사적공원 내의 장판각에는 송자대전 목판본이 잘 보존되어 있다. 정조의 명으로 만든 〈송자대전〉은 송시열이 쓴 책과 편지글을 모아 편찬한 책이다. 책 이름에서도 알 수 있듯 국가적인 차원에서 우암에게 송자라는 칭송을 내린 것이다.

우리나라에서 대전이라는 이름이 붙은 유일한 책인 〈송자대전〉은 모두 236권으로 되어 있다. 이 책은 학자의 개인 문집 중에서 가장 방대하다. 왕이 직접 쓴 어필 발문은 물론 왕이 직접 지은 어제 묘비명까지 들어 있어 송시열의 정치적 입지를 짐작하게 한다.

이곳은 문정의 유택이니 후세 사람들은 본받을지어다 - 정조가 쓴 송시열의 묘비명

〈송자대전〉에는 우암의 북벌에 대한 주장이 잘 드러나 있다. 그에게 있어 북벌은 안으로 나라를 바로 다스린 후 밖으로 오랑캐를

물리치는 것이다. 즉 군사적인 것에서 시작하는 것이 아니라 도덕적 관념으로부터 비롯되는 것이었다.

> 예부터 제왕들은 반드시 먼저 자신을 수양하고 가정을 다스린 뒤에야 법도와 기강을 세워 일에 두서가 있게 하였습니다. - 〈송자대전〉 중

우암, 충북 옥천군에서 나고 자라다

조선을 유교의 나라로 만든 주인공 우암의 어린 시절은 어떠했을까? 그가 태어난 제2 고향은 충북 옥천이다. 선조 40년, 우암은 외가가 있었던 충북 옥천군 이원면 구룡촌에서 태어났다. 송시열이 어린 시절을 보낸 이곳은 지금 그 흔적을 알리는 비석만이 남아 있을 뿐이다. 우암은 세 살 때 스스로 문자를 깨우쳤고, 일곱 살 때 형들의 글 읽는 소리를 그대로 받아쓸 정도로 영특했다. 그런 아들에 대한 아버지 송갑조의 기대는 남달랐다. 특별했던 아이였던 송시열의 어린 시절 이름은 성뢰였다. 이는 아버지가 꾼 태몽에서 비롯됐다. 공자가 제자를 거느리고 아버지 송갑조를 찾아온 것이다. 이는 퇴계 이황의 태몽과 비슷하다. 성인이 준 아이가 바로 송시열이었다.

구룡촌 곳곳에는 우암의 흔적이 있는데 경현당은 어린 우암이 글공부를 했던 곳이다. 경현당에서 아버지 송갑조는 아들의 스승을 자처하며 학문의 방향을 잡아주었다.

우암,
율곡의 학통을 이어받다

송갑조가 송시열의 학문 교재로 삼은 책은 율곡 이이의 〈격몽요결〉이었다. 서인들의 종주인 율곡으로부터 학문을 시작하는 성리학 체제는 바로 서인들의 정치이념이었다. 송갑조는 아들에게 "주자는 훗날의 공자다. 율곡은 훗날의 주자다. 공자를 배우려면 마땅히 율곡부터 시작해야 한다."라고 당부했다.

송시열이 지방 사림들에게 추앙을 받을 수 있었던 결정적 계기는 그의 학통이었다. 우암은 조광조에서 이이로, 또 김장생과 그의 아들 김집으로 이어진 기호학파의 학통을 충실히 계승한다. 이는 서인 학자로서는 최고 계통이었다.

1630년, 우암은 사계 김장생의 문하에 들어가 수학한다. 사계는 율곡의 적통을 이어받은 학자로서 조선 성리학의 흐름을 예학으로 바꿔놓은 인물이다. 우암은 이듬해 김장생이 세상을 떠나자 그의 아들 김집을 스승으로 삼는다. 유계, 이유태, 윤선거 등은 사계와 신독재 김집 문하에서 동학한 준재들이었다.

이때 송시열은 훗날 양송으로 불리며 정치적, 학문적으로 평생 동지가 되는 송준길과 동문수학한다. 같은 집안사람인 두 사람은 11촌 숙질 간이자 이종 6촌 사이였다. 두 사람의 평생에 걸친 친교는 서인 정권의 단단한 아성이 된다. 학문의 길을 닦았던 그 시기에 우암은 주자에 관한 책들을 많이 읽었으며 모든 생활의 기준도 거기에 따르려고 하였다. 배움이 깊어질수록 더욱 더 주자에 대한 존경심을 키워갔다.

우암, 봉림대군의 스승이 되다

인조 21년인 1633년 9월, 송시열은 생원시에 응시한다. 시험 문제는 주역에 나오는 "하나의 음과 하나의 양이 순환하여 움직이는 것을 도라 이른다." 라는 구절에 대해 설명하라는 것이었다. 송시열은 조금도 주저하지 않고 답을 써 내려갔다. 그리고 '태극과 음양의 이치는 천지조화의 근원이다'라고 적었다. 그 근거로 율곡과 맹자의 학설을 인용하기도 했다.

이때 시험관은 대제학 최명길이었다. 그는 우암의 답을 보고 "일찍이 드물게 보던 큰 선비가 생겼으니 이제 중국의 도학은 우리 동방으로 왔다."며 칭찬을 아끼지 않았다. 인재를 알아본 최명길의 안목 때문이었을까? 우암은 100명의 합격자 가운데 장원을 차지했다.

최명길의 천거로 우암은 인조의 둘째아들인 봉림대군의 스승이 된다. 봉림대군은 훗날 인조의 뒤를 이어 임금이 되는 효종이다. 이후 약 1년간에 걸친 사부생활은 효종과의 깊은 유대와 함께 북벌계획을 도모하는 계기가 되었다.

우암, 북벌을 구상하고 후학을 양성하다

1636년 겨울, 청나라가 조선을 공격한다. 후금으로서는 중원을 장악하기 위해서 조선을 속국으로 만드는 것이 가장 시급한 문제였기 때문이다. 빠르게 진군하는 적군을 피하기 위해 인조는 남한산성으로 피신한다. 이때 송시열도 인조와 함께한다. 하지만 청나라의 막강한 군사력 앞에 조선은 오래 버틸 재간이 없었다.

결국 인조는 삼전도로 나와 신하의 예를 갖추고 세 번 절하고 아홉 번 머리를 조아리며 항복하고 만다. 오랑캐라 부르던 청나라에 당한 수모였다. 굴욕은 이뿐만이 아니었다. 사랑하는 소현세자와 봉림대군까지 청나라에 볼모로 끌려가게 된 것이다.

바로 곁에서 병자호란의 모든 과정을 목도한 송시열에게 그 치욕은 감내하기 어려운 고통이었다. 화의 조건에 따라 심양으로 끌려가는 봉림대군을 통곡하며 보내는 아픔 역시 마찬가지였다. 이에 우암은 벼슬에 뜻을 버리고 낙향을 결심한다. 그가 찾은 곳은 충북 영동의 황간이다. 국난으로 인한 가슴의 멍은 우암을 깊은 산속으로 숨어들게 했다.

추풍령을 거쳐 황악산과 삼도봉으로 이어져 내려가는 백두대간의 원줄기가 지나가는 황간은 백두대간에 기댄 서늘한 산골 마을 중 특히 물이 차가워 냉천리라고 불리는 곳이다. 송시열은 세상을 등지고 자연에 은둔했지만 국치의 한은 점점 깊어만 갔다. 절치부심하던 우암은 한천정사라는 공부방을 지었다. 이곳에서 북벌을 구상하고 후학 양성에 힘을 기울였다. 한천정사라는 이름은 주자의 집 이름에서 따온 것으로 학문에 대한 우암의 굳은 의지를 나타낸다. 한천정사 맞은편의 월류봉은 영동의 최고 자연절경으로 손꼽힌다. 우암은 매일 아침마다 달이 흘러 머문다고 할 정도로 높은 기암절벽을 오르며 울분을 삭혔다.

황간에 은둔하면서 송시열은 더 이상 과거시험을 보지 않았다. 그만큼 병자호란의 충격이 컸던 것이다. 하지만 권위가 떨어질 대로 떨어진 인조는 지역 사대부의 여론을 좌우하는 사림의 지지를 얻기 위해 송시열에게 거듭해서 벼슬을 내린다. 하지만 우암은 끝내 출사를 거부했다. 그럴수록 그에게 제수되는 벼슬은 계속 올라 갔으며 그의 정치적 비중 역시 더욱 커졌다.

우암, 새 임금 효종에게 기축봉사를 올리다

1649년 인조의 둘째아들이었던 봉림대군이 왕위를 잇게 된다. 적자승계의 원칙에 따라 소현세자의 아들 석철이 보위를 이어야 했지만 아버지의 뜻으로 왕이 된 것이다. 정통성에 흠집이 난 상태로 왕이 된 효종에게 사림의 대표였던 송시열의 도움은 절실했다.

인조가 죽고 북벌의 의지를 가졌던 효종이 즉위했을 때, 효종의 편에 서서 북벌을 추진하고 도와줄 수 있는 사람들이 조정에는 거의 없었다. 그렇기 때문에 효종은 새로운 세력들을 끌어들일 필요가 있었다. 충청도 지역에서 활약했던 김집과 김집 문하에서 성장한 송시열, 송준길 등은 새로운 산림 세력들이었다. 이들의 공통점은 호란 중에 가족이 피해를 입은 경우가 많았다는 사실이다. 따라서 북벌에 대한 의지가 강했던 산림세력들이 적극적으로 조정에 출사를 하게 된다.

병자호란 이후 꼭 12년 만에 우암은 다시 벼슬길에 올랐다. 왕위에 오른 효종이 사제의 연을 맺었던 우암을 곁에 두고 싶어 했기 때문이다. 정4품인 사헌부 장령을 제수할 정도로 파격적인 대우를 했다. 이에 화답이라도 하듯 송시열은 자신이 그동안 생각해오던 내용들을 일목요연하게 적어 상소를 올린다. 비밀이 누설되지 않도록 밀봉한 봉사(封事)였다.

효종의 즉위년인 기축년에 쓴 기축봉사는 13가지 사항을 요약해서 당면과제를 논하고 있다. 2만여 자에 달하는 기축봉사에서 송시열은 북벌론의 합당함을 제시하고 북벌이야말로 국가대의라는 것을 표방했다.

> 이른바 '정사를 닦아 이적(오랑캐)을 물리치라'는 것에 대해 말씀드리겠습니다. 공자가 춘추를 지어 대일통의 의리를 천하 후세에 밝힌 뒤로 혈기가 있는 부류라면 모두 중국은 존중해야 하고 이적은 추하게 여겨야 할 것임을 알았습니다. - 〈송자대전〉 기축봉사 중

뿐만 아니라 임금의 수신을 포함한 유학의 정치와 경제 이념을 당부하는 내용도 담겨 있다.

> 몸을 닦아서 집안을 다스린다
> 지용(재물의 씀씀이)을 절약하여 방본(나라의 근본)을 굳게 하라
> 공안(공물을 적은 장부)을 정당하게 하여 백성의 힘을 펴게 하라

효종은 조선시대 그 어느 군주보다 군사력의 중요성을 깊이 깨달은 임금이었다. 그래서 즉위 초부터 군사력을 키우기 위한 일련의 정책들을 시행한다. 군정시세를 파악하고 군제를 개편하는 한편 도망간 노비를 불러들여 병력을 보강하는 일에 온힘을 기울인다. 드디어 효종 6년 노량진에서 관병식, 즉 군사 열병식이 거행됐다. 북벌을 향한 효종의 굳은 신념을 천명한 것이다. 청나라에 8년간이나

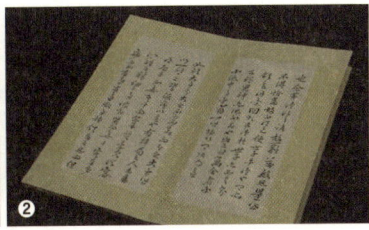

❶ 북벌을 꿈꾸던 효종이 우암에게 보낸 초구 ❷ 세자를 통해 보낸 밀지

볼모로 잡혀 있었던 효종에게도 북벌은 꼭 이루어야 할 과업이었을지도 모른다. 또한 왕위에 오른 자신의 정당성을 세울 수 있는 길이었을 것이다.

그러나 송시열의 북벌론은 효종과 조금 달랐다. 북벌을 실현하기 위해서는 군사력을 강화하는 것보다 군주의 수신이 먼저이고 또 민생의 안정이 중요하다는 것이었다. 이를 위해 우암은 진상공물의 감액과 대동법의 확대를 주장했으며 양반에게까지 군역을 확대하는 호포제 개혁을 주도했다. 그 기록은 실록에서 찾아볼 수 있다.

이렇듯 우암은 백성들의 삶을 안정시키는 일이 더 시급하다고 본 것이다. 백성들의 삶이 안정되어 있지 않은 상황에서 무리한 군사도발은 또 다른 패배를 가져올 수 있기 때문에 '백성들이 편안하게 사는 사회가 먼저'라는 방법론적인 차이를 갖게 된다.

군사를 동원해 북벌을 단행하기 위해서라도 군비확장은 필수였다. 하지만 이는 곧 강력한 반발에 부딪힌다. 신하들을 설득하지 않고선 북벌은 불가능한 일이었다. 이는 왕권의 지지기반까지 흔들릴 수 있는 위기였다. 그래서 효종이 생각해낸 방법은 우암의 지지를 얻는 것이었다. 임금은 송시열에게 친히 밀지를 내려 군사적 북벌을 호소한다.

> 세자로 하여금 손수 전하게 하는 것이니 경도 이런 뜻을 알고
> 회찰(回札)을 세자에게 전하도록 해라. 이렇게 하면 귀신도 모를
> 것이니 어찌 만전이 아니겠는가? - 효종의 밀지 중

또한 효종은 담비 가죽으로 만든 겉옷을 선물하며 군사적 북벌
에 적극적인 참여를 유도하기도 했다.

> 요동지방으로 바람과 서리를 맞으며 같이 더불어 말을 타고 달
> 리려 한다. - 발문 중

임금의 파상공세에 우암은 선택의 기로에 놓였다. 하지만 효종의
군사적 북벌은 날개를 펴보기도 전에 꺾이고 말았다. 효종이 갑자
기 세상을 뜬 것이다.

조선, 예송논쟁으로
당쟁에 휘말리다

그 후, 조선의 모든 관심은 효
종의 계모인 자의대비의 복제
문제인 예송에 쏠린다. 상복을 몇 년 입을까라는 단순한 예법 논쟁
에서 시작된 싸움은 조선의 거대한 사건이 된다. 서인과 남인 사이
의 첨예한 논쟁은 15년 동안이나 치열하게 전개된다. 사대부의 예
와 왕실의 예는 같은 것인가? 송시열을 비롯한 서인들은 비록 효종
이 왕위를 이었지만 사대부의 예와 마찬가지로 둘째아들, 즉 서자

라고 보고 1년 복을 주장한다. 하지만 이는 효종은 물론 현종에게 까지 이어지는 왕실의 정통성 문제로 번진다. 엄격한 신분질서가 무너지는 17세기 조선에서 예송은 사회문제를 보는 바로미터였다. 조선 최고 성리학자인 우암 송시열을 죽음으로까지 몰고간 예송 논쟁은 당쟁이라는 새로운 국면을 맞으며 조선을 대혼란에 빠뜨린다.

우암, 제주도로 유배를 가다

화산 지형이 빚어낸 천혜의 절경 제주도는 쪽빛 바다와 이국적인 풍광으로 우리나라에서 손꼽히는 관광지다. 그러나 조선 시대에 이곳은 가장 모진 유배지였다. 중앙에서 가장 멀리 떨어진 데다 사면이 바다로 둘러싸여 절도안치가 가능했기 때문이다. 사형 다음으로 무거운 형벌이 유배형이다. 한번 귀양을 떠나오면 돌아가지 못하는 경우가 다반사였다.

1689년 정월, 송시열은 변화무쌍한 자연만큼이나 거칠고 모진 역사가 숨 쉬는 땅 제주로 쫓겨나게 된다. 그는 무슨 사연으로 이렇게 가혹한 형벌을 받게 되었을까?

당시 숙종은 소의 장씨 소생의 아들에게 원자 칭호를 내리고자 했다. 서두르는 임금에게 우암은 원자 책봉에 반대하는 상소를 올린다. 이에 남인들은 송시열의 주장을 반박하고 서인과 남인은 첨예하게 대립한다. 하지만 숙종의 의지는 단호했다. 남인들의 손을 들어준 것이다. 기사환국으로 노론은 실각하고 만다. 당쟁에서 패배한다는 것은 권력뿐만 아니라 목숨까지도 잃게 하는 것이었다.

제주 문화발전에 공헌한 5현을 모신 오현단과 우암 송 선생 적려유허비.

그것이 당시의 현실이었다. 83세의 고령으로 돌아갈 기약 없는 귀양살이를 하게 된 송시열은 자신의 심경을 시로 지어 표현했다.

해중유감(海中有感)
여든이 넘은 늙은이가
만 리 푸른 물결 한가운데 왔도다
말 한마디가 어찌 큰 죄랴마는
세 번이나 내쫓겼으니 앞이 막혔구나
북녘 대궐을 향해 머리를 돌려 보지만
남쪽 바다에는 계절풍만 부네
귀한 옷을 내리셨던 옛 은혜를 생각하면
외로운 충성심에 눈물만 흐르는구나

고향과 가족을 떠나 제주로 내쫓겨 목숨을 연명하면서도 우암에게 가장 큰 고통은 임금에게 가까이 가지 못하는 것이었다. 절망뿐인 생활이었지만 우암은 여기서도 후학양성에 힘을 쏟는다.

그 흔적은 제주 문화 발전에 공헌한 다섯 사람을 기리기 위해 만들어진 오현단에서 찾을 수 있다. 비문조차 남아 있지 않은 작은 제단에 모셔진 5현은 제주목사로 부임해 온 규암 송인수와 안무사로 왔던 청음 김상헌, 그리고 이곳에 유배된 충암 김정과 동계 정온, 우암 송시열을 일컫는다. 척박한 땅으로 떠밀려온 당대 최고 학자들은 제주 유생들에게 학문을 전수해 제주 문화 발전에 큰 영향을 주었다. 조선의 성리학을 집대성한 우암 송시열도 마찬가지였다.

오현단 중간에 우암송선생적려유허비가 있다. 제단 서쪽의 병풍처럼 펼쳐진 바위에 새겨진 글귀가 눈길을 끈다. 증주벽립, 증자와 주자처럼 꼿꼿이 소신 있게 살겠다는 의미다. 제주민들에게 전한 증주벽립(曾朱壁立)은 우암의 좌우명이기도 하다.

특히 송시열에게 주자는 학문의 시작이자 끝이었다. 그는 공자의 도를 배우기 위해서는 주자를 먼저 살펴야 하고 그러기 위해서는 〈주자대전〉에 힘을 다해야 한다고 믿었다. 때문에 그는 주자대전을 전부 외울 정도로 읽고 또 읽었다. 우암은 주자대전 가운데 난해한 구절을 뽑아 주석을 붙인 책 〈주자대전차의〉를 썼다. 뜻을 정확하게 파악하기 위해 다른 서적들을 면밀하게 조사해 후학들과 함께 만든 책으로 총 100여 권에 달하는 방대한 양이다. 이 책은 주자에 대한 가장 완벽한 해석서로 높이 평가받고 있다.

우암, 예송논쟁의 도가니로 뛰어들다

엎치락뒤치락하던 당쟁으로 흔들리던 위기의 시절, 우암 송시열은 주자를 구원의 대상으로 삼아 이를 극복하고자 했다. 그

핵심 키워드는 명분이었다. 주자의 명분을 앞세웠던 송시열에게 예송논쟁은 피할 수 없는 산이었다.

1659년 5월, 효종이 북벌의 꿈을 이루지 못하고 갑자기 승하한다. 이때 효종의 계모인 자의대비 조씨가 살아 있었던 것이 예송논쟁의 시발이었다. 자의대비가 효종의 국상에 상복을 몇 년 입어야되는가를 둘러싸고 서인과 남인 사이에 첨예한 논쟁이 벌어진다.

당시 조선의 예법은 〈경국대전〉, 〈국조오례의〉, 〈주자가례〉를 따랐다. 부모상에는 장자, 차자를 막론하고 무조건 3년복이었으므로 논쟁의 여지가 없었다. 그러나 자식이 죽었을 때 부모가 상복을 입는 기간은 장자와 차자의 경우가 달랐다. 즉 예송논쟁은 현종의 아버지인 효종을 장자로 볼 것인가 차자로 볼 것인가 하는 문제였다. 장례를 주관하는 빈청에선 자의대비의 상복을 1년복으로 결정했다. 하지만 현종은 대신들의 의견이 탐탁지 않았다. 이는 왕위를 이은 자신은 물론 아버지의 정통성과도 직결되는 문제였기 때문이다. 그래서 현종은 예학의 계승자로 학문의 권위가 높은 송시열의 의견을 듣고자 했다. 송시열은 효종이 비록 왕통을 이었으나 차자 서열이므로 1년복이 타당하다고 고했다.

당시 남인의 영수였던 허목은 효종이 비록 둘째지만 왕위를 계승했기 때문에 장자로 대우해야 한다고 주장했다. 이는 서인을 대표하는 송시열과는 반대되는 주장이었다. 이때 송시열이 근거로 든 것은 체이부정(體而不正)*이었다. 비록 대를 이었어도 3년복을 입지 못하는 경우가 있는데 서자로서 대를 이은 경우라는 것이다.

---

* 체이부정(體而不正) : 장자나 장손 이외의 왕자가 왕위를 계승한 경우 그 위치는 장자나 장손의 지위(體)이나 자연인으로는 장자가 아닌(不正) 것을 일컬음.

이때 남인 출신 학자였던 고산 윤선도는 상소를 통해 우암을 강력하게 공격했다. 만약 효종이 장자가 아니라면 가짜 세자, 대리황제라는 말이냐며, 송시열의 주장은 왕실의 종통을 어지럽히는 역모의 논리라고 했다. 양보할 수 없는 서인과 남인의 전쟁으로 변진 예송논쟁으로 대립의 골이 깊을수록 가장 큰 타격을 입는 것은 현종이었다. 왕실의 권위에 치명적일 뿐만 아니라 아버지의 정통성에 흠집을 낼 수도 있는 상황이었기 때문이다.

예송논쟁을 빨리 매듭짓고 싶었던 현종은 서인의 손을 들어주었다. 이때 따른 것이 〈경국대전〉의 예법으로 장자와 차자 구분 없이 1년복을 입는 것이다. 그리고 예론을 더 이상 제기하는 자는 역모로 다스리겠다는 엄명을 내렸다. 그렇게 1차 예송논쟁은 일단락되었다.

예송논쟁이라는 거대한 바람이 지나가자 우암은 다시 낙향을 결심한다. 그가 은거한 곳은 충북 괴산 화양동이다. 화양계곡은 예부터 금강산 남쪽에서 으뜸가는 산수로 불렸던 곳이다. 명성에 걸맞게 이곳은 바위와 숲, 계곡이 빚어내는 아름다운 경치를 자랑한다.

우암, 화양동에서 조선 성리학을 완성하다

주자를 흠모했던 우암은 무이 구곡을 본떠 화양계곡의 아름다운 9곳을 화양구곡이라고 이름 붙였다. 계곡을 따라 내려온 맑은 물이 못을 이루고 있는 제2곡 운영담은 구름의 그림자도 계곡 물속에 맑게 비친다는 뜻이다. 제3곡인 읍궁암에서는 신하의 충절을 만날 수 있다. 우암은 효종의 제삿날인 5월 4일이 되면 바

우암 송시열이 화양4곡 금사담 암벽 위에 세운 서재이자 별장인 암서재.

위 위에 올라 북쪽을 바라보며 통곡하였다. 높이 솟아 있는 바위
산을 뒤덮고 있는 소나무가 장관을 이루는 제8곡 학소대. 화양계
곡의 아름다운 자연에서 우암은 당쟁으로 지친 몸과 마음을 정화
할 수 있었을 것이다.

계곡을 따라 산 속으로 10리쯤 펼쳐진 화양구곡의 백미는 우암
과 관계가 깊은 금사담이다. 금사담 위쪽의 암벽 위에 우암은 별장
이자 서재였던 암서재를 세우고 시 한 수를 지었다.

시냇가에 바위벽이 열리어
그 사이 집 한 칸을 지었네.
고요히 앉아 성인의 가르침 받들어
한 치라도 더위잡고 올라보려네

암서재에서 우암은 후학양성에 전념했다. 조선의 많은 선비들이 송시열의 가르침을 받고자 찾아들었고 화양동은 학문의 중심지로 급부상했다. 우암이 세상을 뜬 뒤 후학들은 그의 정신을 기리고 배양하기 위해 이곳에 화양 서원을 세웠다. 사액서원이기도 한 화양서원은 노론의 학문적 기반이었고 조선 성리학을 완성한 학문과 사상의 전당이다.

그 때문일까? 이곳에는 전설처럼 전해지는 이야기가 하나 있다. 우암이 기거하던 초당에는 매년 봄이 되면 활짝

주자학의 나라 조선에서 송시열과는 다른 의견을 피력한 백호 윤휴

만개하던 매화나무가 한 그루 있었다. 매년 꽃을 피우던 매화나무였지만 우암이 사약을 받은 해인 1689년에 갑자기 말라 죽었다고 한다. 그 뒤 갑술환국으로 5년 만에 송시열의 관직이 회복되자 거짓말처럼 죽었던 매화가 다시 살아나 꽃을 활짝 피웠다는 것이다. 우암은 화양 계곡 곳곳에 마음속에 품은 글씨들을 새겨 넣었다. 그것은 충효절의(忠孝節義), 창오운단 무이산공(蒼梧雲斷武夷山空), 대명천지 숭정일월(大明天地 崇禎日月) 등이다.

우리나라를 도와주었던 명나라의 신종과 의종의 위폐를 모신 만동묘는 우암의 유지에 따라 제자들이 세운 것이다. 그에게 명을 숭상하고 청을 반대하는 것은 대의와 같은 의미였다.

우암, 사문난적
논쟁에 휘말리다

우암에겐 숭명반청처럼 주자도 대의였다. 그는 주자가 살았던 남송시대가 자신의 시대와 유사하다고 믿었다. 그래서 주자가 제시했던 대책이 당시 조선에도 적용된다고 생각했다. 주자제일주의자였던 그의 신념에 용납할 수 없는 사건이 벌어진다. 1665년 공주 동학사에 송시열을 비롯한 서인들이 모였다. 이날 논쟁의 초점은 백호 윤휴였다.

윤휴는 송시열보다 10년 연하로 당대에 일가를 이룬 학자였다. 두 사람은 비록 당파는 달랐지만 붕당을 초월해서 우정을 키워가는 사이였다. 이들 간에 우정에 금이 가기 시작한 것은 윤휴의 학문적인 태도 때문이었다. 윤휴는 학문이나 사상의 절대성을 인정하지 않는 유연한 인물이었다. 때문에 완벽한 것으로 정평이 난 주자의 해석에 새로운 주석을 달고자 했다. 하지만 주자의 말씀을 금과옥조로 여기던 송시열은 이를 받아들일 수 없었다. 급기야 우암은 윤휴를 사문난적(斯文亂賊)이라고 비난했다. 송시열이 주자학에 대해 철저히 신봉자적인 위치에 있었다면, 윤휴는 새로운 대안을 적극적으로 제시하고자 하는 창의적 성격의 인물이었다. 이들 사이에 다툼이 벌어지는 것은 학문적인 측면에 있어서도 자연스러운 일이었다. 그런 까닭에 주자학을 절대적 가치로 신봉하고 있는 송시열과, 주자학의 상대성을 말하면서 17세기 조선의 상황에 맞는 새로운 가치체계를 발굴하고 모색하겠다는 윤휴나 허목과의 대립 갈등은 당연한 결과였다.

주자 이후로는 일리(一理)도 밝혀지지 않은 것이 없고 일서(一書)도 명확해지지 않은 것이 없는데 윤휴가 감히 자신의 견해를 내세워 가슴속의 억지를 늘어놓으니 윤휴는 진실로 사문난적(斯文亂賊)이다 - 우암 송시열

천하의 이치를 어찌 주자만 알고 나는 모르겠는가? 이제 주자는 그만 덮어두고 오직 진리만을 연구해야 한다 - 백호 윤휴

사문난적 논쟁은 윤휴를 감싸던 윤선거(1610~1669) 사후에 다시 한 번 재현되었다. 감정싸움으로 번진 논란은 윤증에게까지 이어져 서인이 노론과 소론으로 나뉘는 한 단초가 된다.

우암, 2차 예송논쟁에서 패하고 유배를 가다

불씨가 남아 있던 예송논쟁은 15년 뒤 효종비인 인선왕후 장씨가 세상을 떠나면서 다시 대두되었다. 또다시 자의대비의 상복 기간이 문제였다. 당시 예법에 따라 효종을 장자로 본다면 1년 복을 입어야 하고, 차자로 본다면 9개월 복을 입어야 했다. 우암을 비롯한 서인들은 대공복, 즉 9개월 복이 마땅하다고 주장했다. 하지만 이는 효종을 둘째아들로 본다는 명백한 증거였다. 왕통에 대한 정면도전이었다. 임금은 자신의 입장을 내세우기보다 당론과 송시열을 따르는 서인 정권을 몰아낼 결심을 굳힌다. 그래서 차자가 왕위를 계승하면 장자가 된다는 논리를 관철시켰다.

끝까지 효종이 차자임을 주장했던 우암은 결국 2차 예송논쟁에

서 패하고 만다. 송시열은 왕실의 예를 그르친 죄로 유배에 처해졌다. 남인 정권은 우암의 가중처벌을 주장했다. 가까스로 목숨은 부지했지만 함경도 덕원에서 경상도 장기로, 또다시 거제도로 유배지를 전전해야 했다.

임금이 우암에게 내린 형벌은 유배 중에서도 가장 무거운 위리안치(圍籬安置)였다. 이는 탱자나무로 가시울타리를 두르고 그 안에 가두는 중형이다. 남의 집 바깥채에 갇혀 지내는 신세였지만 우암을 향한 남인들의 공격은 끊임없이 제기되었다. 남인 정권 안에서 허목을 리더로 하는 청남(淸南)이라는 정치세력은 남인 집권의 명분을 합리화하기 위해 예설(禮說)을 잘못 끌어왔던 송시열에게 벌을 내려야 한다고 생각했다. 그래서 송시열이 예설을 잘못 끌어와 왕실의 전례를 그르친 사실을 종묘에 고해야 한다는 고묘론(告廟論)을 펼친다. 고묘를 하면 송시열은 종사에 죄인이 되어 목숨을 부지할 수 없는 상황이 된다.

우암으로서는 절체절명의 위기였던 셈이다. 하지만 1680년 경신환국(庚申換局)*으로 6년 만에 서인들은 다시 정권을 잡게 된다. 이와 함께 우암은 유배에서 풀려났고 중앙정계에 복귀하였다. 또다시 송시열의 세상이 도래한 것이다.

숙종은 우암을 대로라고 칭송하며 곁에 두고 싶어 했지만 그는 또다시 고향에 은둔하였다.

---

* 경신환국(庚申換局) : 1680년(숙종 6년) 남인(南人)이 대거 실각하여 정권에서 물러난 사건.

우암, 17세기 조선을 송시열의 나라로 만들다

고향인 회덕으로 돌아온 우암은 손수 건물을 세우고 남간정사라고 이름 붙인다. 이는 평생의 큰 스승인 주자가 지은 시, 운곡남간에서 유래한 것이다. 이곳에서 우암은 제자들에게 학문을 강론하였다. 재야에 머물렀지만 서인정권에서 그의 정치적 영향력은 대단했다. 여론은 그에 의해 좌우됐고 조정의 대신들은 매사를 그에게 물어 결정하곤 했다.

이는 우암의 학맥을 기록해 놓은 〈화양연원록(華陽淵源錄)〉이라는 책에서 확인할 수 있다. 평생을 후학양성에 힘썼던 우암의 제자는 무려 800여 명에 달한다. 그의 제자 가운데 당상관 이상의 벼슬에 오른 사람만도 54명이다. 송시열은 벼슬길에 나가지 않고도 이들을 통해 자연스럽게 정치적 영향력을 행사할 수 있었던 것이다.

당쟁은 숙종 때 이르러 최고조에 달했다. 서인과 남인 간의 치열했던 권력다툼은 조선의 선비들을 죽음으로 몰고갔지만 왕권강화의 도구가 되기도 한다. 세 번의 환국을 거쳐 노론이 최종적으로 승리를 거둠에 따라 사사됐던 우암의 직위는 복권된다. 송시열의 복권은 서인 노론의 정치적, 사상적 헤게모니 장악 과정이라고 얘기할 수 있다. 1716년 송시열과 서인 측의 행동을 승인하면서 우암의 완전한 복권이 이루어지게 된다. 시호를 하사한다는 것은 송시열의 정치적인 행동뿐만 아니라 그의 사상까지 인정하고, 국가에서 추앙하는 위대한 유학자로 인정한다는 의미를 가지는 것이다.

나라로부터 문정공이라는 시호를 받고 송자라는 칭호까지 얻게 된 우암 송시열은 17세기 위기의 조선에서 학자로 정치가로 살았다. 우암에 대한 평가는 좁혀지지 않았던 서인과 남인의 당쟁처럼 아직도 극명하게 대립하고 있다. 혹자는 송시열을 북벌론의 화신으로 또 동방의 주자라고 칭송하지만, 다른 이는 당쟁의 화신이나 사대주의 신봉자로 비난하기도 한다. 하지만 우암이 17세기부터 조선 말까지 사회적, 정치적으로 막대한 영향을 끼친 대학자라는 것은 의심할 여지가 없다. 이것이 바로 오늘날 우리가 우암 송시열을 주목해야 하는 이유다.

13
조선의 르네상스,
그 여명을 열다

반계 류형원

조선 500년의 역사는 학문의 역사다. 조선 후기 학자였던 해사 홍한
주는 수많은 저술들 가운데 조선의 명저 4종을 꼽았다. 이이의 〈성학
집요〉, 허준의 〈동의보감〉, 이만운의 〈문헌비고〉. 그리고 류형원의 〈반계
수록〉이었다. 반계 류형원이 19년에 걸쳐 완성한 반계수록은 시대를
앞선 사상으로 조선 실학의 문을 열었다. 새로운 사상, 실학의 문을 연
재야 학자 류형원을 만나러 가보자.

류형원의 시대 세계는

류형원이 자신의 사상과 이념, 이상 국가 건설의 구성을 담은 〈반계수록〉을 남기고 세상을 떠난 지 얼마 안 된 1680년대 세상에서도 많은 변화가 있었다. 중국 대륙에서는 1661년에 등극한 청나라 제4대 황제인 강희제가 오배의 난, 삼번의 난을 진압하고 1683년에는 타이완까지 복속시켜 진정한 중국의 통일을 이룬다. 이어 문치를 바탕으로 한 강력한 내치로 선정을 베풀고, 군사력을 바탕으로 한 강력한 외치로 이후 손자인 건륭제까지의 태평성대인 강건성세(康乾盛世)를 이끌 기반을 마련했다.

유럽의 한복판 프랑스에서는 대혼란이 벌어졌다. 가톨릭교도와 개신교도의 위그노 전쟁(1562년~1598년)을 수습하기 위해 신앙의 자유를 인정했던 낭트칙령(1598년)을, 루이 14세가 퐁테블로칙령(1685년)으로 폐지시켜 개신교도 25만 명이 프랑스로 망명했다. 이 사태는 후일 프랑스에서의 수공업 마비로 인한 프랑스 경제의 몰락을 한순간에 불러와 결국 프랑스 대혁명의 불씨가 되었다.

반계 류형원 柳馨遠
1622~1673

반계, 전북부안에서
반계수록을 저술하다

임진왜란의 상흔이 채 가시기 전인 1636년, 조선은 또다시 격변에 휩싸였다. 병자호란이었다. 조선은 청나라의 힘에 굴복하여 인조는 세 번 절하고 아홉 번 머리를 찧으며 항복했다. 역사상 최대 치욕이었다. 이 모든 것을 지켜본 청년 류형원, 그는 치욕스러운 조국의 현실에 몸서리쳤다. 그리고 벼슬길을 등졌다. 대신 그는 새로운 조선, 부국강병한 나라 조선을 꿈꾸었다.

류형원의 고심은 마침내 그의 명저 〈반계수록〉으로 탄생했다. 류형원은 이 책에서 과연 어떤 세상을 꿈꿨을까?

부안 면적의 대부분을 차지하고 있는 변산반도, 숱한 비경으로 사람들의 발길을 붙잡는 변산반도에서 가장 독특한 풍광은 바로 채석강이다. 마치 수만 권의 책을 쌓아놓은 듯한 바위층, 시간과 자연이 빚은 예술품, 서해와 어우러진 이 풍광들로 변산은 늘 동경

전남 부안 변산반도에 있는 수만 권의 책을 쌓아놓은 듯한 채석강. 반계 류형원은 변산의 옥녀봉 기슭에 은거하여 독서와 저술활동에 몰두했다.

의 대상이었다.

　바다와 산의 묘한 조화를 보여주는 변산, 특히 내변산은 예부터 호남의 5대 명산으로 일컬어져 왔다. 류형원은 바로 이곳 변산에서 20여 년간 은거했다.

　류형원이 머물렀던 곳은 어디일까? 변산의 옥녀봉 아래, 들판과 바다가 어우러진 우동리, 류형원 시대에는 우반동이라 불렸던 전형적인 반농반어, 풍요로운 마을이다. 이 우반동 마을을 따라 흐르는 작은 개천, 이 물길의 이름이 반계다. 우반동에 자리잡은 류형원은 이 개천의 이름을 따서 자신의 호를 '반계'라고 지었다. 그리고 호젓한 마을의 산기슭에 자신의 호를 붙인 반계서당을 지었다.

　서른한 살 때 변산 우반동으로 들어온 류형원은 이 반계서당에서 오로지 학문과 저술활동에만 몰두했다. 그의 처소에는 1만 권의 책이 쌓여 있었다고 전해진다. 이곳에서의 류형원은 단순한 은거생

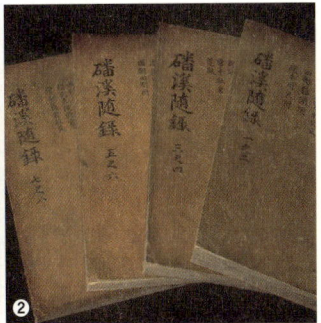

우반동 변산 기슭에 지은 반계 류형원의 ❶ 반계서당. 그는 이곳에서 후학을 양성하며 18년 동안 최대 역작인
❷ 〈반계수록〉을 저술했다.

활을 추구한 것이 아니었다. 그는 이곳에서 원대한 구상을 하고
있었다.

서른한 살부터 마흔아홉 살까지 18년간 저술에 매달렸다. 이렇
게 해서 그의 불후의 명저 〈반계수록〉이 탄생했다. 그렇다면 류형
원은 왜 자신의 장년기를 모두 바쳐 이 책을 집필했던 것일까?

류형원이 태어나기 30년 전인 1592년에 임진왜란이 발발했다.
7년간의 전란으로 조선의 모든 질서는 무너지고 백성들은 엄청난
고통을 겪어야 했다. 200년 조선 역사가 송두리째 무너진 것이 임
진왜란이었다. 임진왜란의 상흔이 채 가시기도 전인 1636년, 이번
에는 청나라 10만 대군이 압록강을 건너 쳐들어왔다. 이듬해 전쟁
은 끝났지만 임진왜란과 병자호란, 두 전란이 휩쓸고 지나간 조선
은 황폐해지고 말았다. 조선의 항복을 지켜본 소년 류형원은 무슨
생각을 했을까?

반계, 반계수록에 조선의
부국강병 의지를 담아내다

10대 중반에 겪은 병자호란의 충격! 그 충격과 반성에 따라 저술된 〈반계수록〉은 과연 어떤 책일까?

〈반계수록〉은 26권 13책의 방대한 기록물로 1권부터 24권까지 조선의 모든 제도 개혁안을 담고 있는 제도론이자 정책 지침서였다.

류형원은 자신이 〈반계수록〉을 지은 이유를 후기에서 밝히고 있다. 그는 자신의 수양에만 몰두할 뿐, 나라 경영을 고민하지 않는 당시 성리학자들을 크게 비판하고 있다. 특별히 류형원이 주창한 것은 사회개혁이었다. 이를 위해서는 무엇보다 토지제도를 개혁해야 한다고 주장했다. 류형원은 토지야말로 인간 생활의 근본이라고 믿었다. 그리고 그 토지의 분배가 사회개혁의 핵심이라고 여겼다.

그렇다면 류형원이 주창한 토지제도 개혁의 핵심은 과연 무엇이었을까? 왜란과 호란, 두 번의 전란을 거치면서 조선은 극심한 모순에 시달렸다. 이 모순의 한가운데 바로 토지세가 있었다. 류형원은 농민들과 함께하면서 이런 모순들을 직접 겪었다. 특히 백성들의 삶을 괴롭힌 것은 이른바 삼정의 문란, 즉 세금 제도의 문란이었다. 양반 부호들이 편법을 휘둘렀다. 즉 자신들의 땅은 척박한 것으로 둔갑시키고 백성의 땅은 옥답으로 바꿔 백성들에게 세금을 무겁게 부과했다. 류형원은 농민들과 함께하면서 이런 모순을 직접 겪었다. 그래서 류형원은 토지를 공평하고 균등하게 나누어야 한다고 주장했다. 이른바 공전(公田)이었다.

토지제도의 골격을 사전의 배격, 공전의 추구에 두었다. 즉 모든 토지는 국유화하여 공정하게 재분배하자는 것이었다. 네 가구 단위로 일정한 토지를 분배하여 공동으로 경작하고 순번제로 군역도 담당토록 하자는 것이 핵심이었다.

이렇게 농민이 직접 토지를 소유하게 되면 지주전호제에 따른 모든 폐단을 차단할 수 있다는 것이 류형원의 구상이었다. 당시 지주는 소작인들에게 수확량의 절반을 소작료로 거둬들였다. 풍년이 들어도 지주들의 배만 채울 뿐 소작인의 삶은 나아지지 않았다. 과중한 소작료를 감당하지 못해 유랑민이 되는 소작민들이 속출했다. 사회 구성원의 대다수를 차지하는 농민들의 삶이 나아지지 않는 한 나라도 부강해질 수 없다는 것이 류형원의 생각이었다.

이런 현실 인식이 〈반계수록〉에 잘 나타나 있다. 부자와 가난한 자의 간극이 벌어지면서 소작인으로 전락하는 양민이 늘어나고 그 폐해는 이루 말할 수 없다고 지적하고 있다.

사회개혁을 위해서는 토지개혁이 핵심이라고 여겼던 류형원은 무려 18년 세월이 걸렸던 집필 도중 자주 길을 나섰다. 멀리 북쪽 함경도와 평안도부터 영남과 호남지방까지 그의 발길이 닿지 않는 곳이 없을 정도였다. 현장이 스승이었다. 그는 농민들의 삶을 보면서 토지와 세금제도의 개선을 절감했다. 당시에는 이른바 결부법이리 해서 토지의 비옥도에 따라 세금을 매기고 있었다. 이에 대해 류형원은 토지비옥도와 상관없이 토지 자체를 기준으로 세금을 매겨야 한다고 주장하고 있다. 토지를 기준으로 해야 토지의 균등한 재분배가 가능하다고 생각했다. 당시 최대 생산수단이었던 토지를 균등하게 소유하게 함으로써 농민들의 삶을 안정시키고 궁극적으로는 부국강병을 이루려고 했던 류형원의 꿈, 이는 시대를 앞서가는 류형원의 원대한 구상이었다.

또 하나 류형원 개혁사상의 핵심이 있었다. 그가 〈반계수록〉에서 주장한 것은 바로 공거제, 즉 관리 선발에 관한 것이었다. 훌륭한 인재를 관리로 선발해야만 부국강병을 이룰 수 있다고 믿었던 그는 교육제도 개선을 통해 관리 선발제도를 개선해야 한다고 주장했다.

당시 관리 선발 제도의 중심은 과거시험이었다. 류형원은 당시의 과거시험제도를 신랄하게 비판하고 있다. 이른바 정시, 알성시 등은 유사에게 명하여 짧은 시간 안에 시험을 치게 하며 그 시험이라는 것이 문장 짝 맞추는 데 불과하여 속된 말로 맹인도 합격을 바라볼 수 있을 정도라고 했다.

과거제도와 교육제도는 떼려야 뗄 수 없는 관계였다. 당시 교육기관은 서울의 성균관과 지방의 향교 및 서원으로 이들은 전혀 별개로 존재했다. 류형원은 이에 대해 새로운 3단계 교육 제도를 만들자고 주장했다. 즉, 각 지방에는 읍학(邑學)을 두고 그 위의 각 도에는 영학(營學)을 두자고 주장했다. 한편 서울에는 읍학 격인 사학(四學), 영학 격인 중학(中學)을 두자고 주장했다. 그리고 중앙의 최고 교육기관으로 태학(太學)을 두자는 것이었다. 그리고 하급 교육기관에서 상급 교육기관으로의 진학은 천거, 즉 추천을 통해야 한다고 주장했다. 이는 추천인에게도 인재에 대한 책임을 지우자는 것이었다.

또한 태학을 마친 인재는 1년간 수습기간을 거쳐 관리로 천거될 수 있도록 하자고 했다. 이때 중요한 원칙과 기준이 있었다.

학문과 재주가 형편없고 행실이 바르지 못한 자가 추천되었을
때는 그를 추천한 수령과 교관을 파직시킨다 - 〈반계수록〉 중

이렇게 왜곡된 과거시험이 아니라 엄격한 교육과 선발과정을 거
쳐 능력 있는 인재들이 관리로 추천될 때 조선은 부강해질 수 있
다고 류형원은 믿었던 것이다.

반계, 조선 후기를 뒤흔든
실학의 원류가 되다

서른한 살부터 마흔아홉까지
무려 18년간에 걸쳐 그가 저
술한 반계수록은 단순히 붓 가는 대로 쓴 책이 아니었다. 거기에는
치밀한 조사와 탐구가 담겨 있었다. 이렇게 하여 〈반계수록〉은 새
로운 조선을 구할 지침서이자 개혁서, 그리고 하나의 법전이 되었
던 것이다. 그러나 류형원의 이런 구상과 사상은 현실화되지 못했
다. 조선은 아직 그의 사상을 받아들일 만한 사회가 아니었던 것이
다. 그러나 류형원의 이 원대한 구상은 새로운 학문의 토대가 되었
다. 조선 후기를 뒤흔들었던 새로운 학문의 조류, 실학의 원류가 된
것이다.

류형원에서 비롯된 실학은 후학들에게 이어졌다. 맨 먼저 류형원
의 학문을 받아들인 학자는 성호 이익이었다. 이익 역시 정통 성리
학의 한계를 극복하는 실용학문인 실학을 추구했던 것이다. 이제
실학은 성호 이익을 거쳐 다산 정약용에게 이어졌고 조선 후기를

❶ 미수 허목 ❷ 성호 이익 ❸ 다산 정약용. 반계의 학문은 미수 허목, 성호 이익을 거쳐 다산 정약용에게 전해진다.

대표하는 학문의 한 유파가 되었다. 이들 후학들은 류형원을 어떻게 평가했을까? 성호는 류형원을 후세에 영원히 전해질 인물로, 다산은 그의 탁월한 경세론을 높이 평가했다. 류형원은 이들 실학자의 영원한 멘토였던 것이다.

오랑캐 청나라에 굴복하는 조선, 그릇된 제도의 희생양이 된 백성, 이런 현실을 직시하고 이를 타파하기 위해 18년간 저술작업에 몰두했던 류형원, 그는 과연 어떤 인물이었을까?

반계, 조선의 르네상스 그 여명을 열다

18세기 조선. 새로운 조선을 꿈꾸던 개혁 군주 정조는 신료들에게 100여 년 전에 저술된 책 하나를 언급했다. 바로 재야 학자 류형원의 반계수록이었다. 정조는 류형원이 이미 100년 전에 오늘의 일을 예견했다며 실로 감탄해 마지 않았다. 이렇듯 부국강병의 길을 제시한 개혁 지침서 〈반계수록〉은 수원 화성 건설의 밑

바탕이 되었으며 조선 후기 한 시대를 풍미한 실학자들의 필독서가 되었다. 그는 과거와 벼슬을 버리고 무려 18년 동안 저술 작업에 매진해 100년 후에 일어날 조선의 르네상스, 그 여명을 연 선각자였다. 새로운 조선을 일으켜 세운 실학의 비조다.

류형원은 광해군 말년이던 1622년, 서울의 정동에서 태어났다. 류형원이 태어난 곳은 외삼촌 이원진의 집, 지금의 덕수궁 일대였다. 명문가의 후손으로 서울의 중심지에서 태어난 그는 앞날이 거칠 것 없어 보였다. 그러나 류형원이 태어나던 시기에 조선은 커다란 격변기를 지나고 있었다. 그가 태어난 바로 다음해 인조반정이 일어난 것이다. 광해군을 폐하고 인조를 새로운 왕으로 내세운 정변, 이 사건은 어린 류형원에게도 엄청난 영향을 끼쳤다. 이미 과거에 합격하여 한림학사로 벼슬을 하고 있던 아버지가 억울한 누명을 쓴 것이다. 당시 스물여덟 살의 아버지 류유는 감옥에서 스스로 목숨을 끊고 말았다. 이렇듯 두 살 때 아버지를 잃은 류형원은 외가에서 살게 된다. 그리고 그는 다섯 살 때부터 본격적으로 공부를 시작했다. 나중에 제주 목사를 지내며 하멜을 서울로 압송한 외삼촌 이원진이 그의 스승이었다. 또 한 사람의 스승이 있었다. 황해도와 함경도 관찰사를 역임하던 고모부 김세렴도 류형원을 가르쳤다. 김세렴은 조선 중기의 대표적인 테크노크라트(technocrat, 전문 지식을 갖춘 관료), 즉 실무관료였다. 반계는 고모부가 관찰사로서 국정을 수행하는 모습을 직접 보며 자랐다. 이때의 경험이 훗날 류형원이 사회경제 개혁을 하는데 중요한 원동력이 됐을 것이다.

어린 류형원은 총명한 아이였다. 스스로 독서 계획을 세우고 이

류형원이 태어난 것으로 알려진 서울 정동의 덕수궁 일대.

를 실행하면서 체계적으로 학문을 쌓아갔다. 류형원에 대한 일화
가 전한다. 문화 류씨 하정공파 종친회, 이곳에는 소년 류형원이 작
성한 문서 하나가 남아 있다. 류형원이 15세 때 쓴 토지 매매관련
문서다. 이 문서는 단순한 문서가 아니라 마치 지리서처럼 토지의
역사와 지리적 조건을 자세히 기록하고 있다.

　명문가의 후손으로 총명함을 타고난 류형원, 그러나 역사는 그
의 앞날에 또 다른 먹구름을 드리우기 시작했다. 병자호란이었다.
임진왜란의 상흔이 채 지워지기도 전에 청나라의 침공으로 발발한
병자호란, 조선은 남한산성으로 조정을 옮기고 청군에 대항했다.
성벽은 높았으나 신흥강국 청나라 10만 대군과 대적하기에는 조선
의 군사력과 국력은 역부족이었다. 임진왜란이 끝난 지 고작 30여
년, 정묘호란이 끝난 지 10여 년, 조선 백성들은 또다시 전쟁을 겪
어야 했다.

류형원도 한양을 떠나 피란길에 나섰다. 가족을 이끌고 나선 원주로의 피란길에서 도적떼를 만났다. 당시 열다섯 살이었던 류형원은 짐꾸러미는 모두 가져가도 좋으니 부모님만은 놀라게 하지 말라고 말했다. 도적떼는 소년 류형원의 당당함에 감동하여 그냥 돌아갔다는 일화가 전해진다.

반계, 그의 평생의 화두는 부국강병이었다

고립된 남한산성에서 청군에게 대항하던 조선 조정의 저항은 길지 않았다. 추위와 식량 부족으로 저항은 47일 만에 끝이 났다. 조선은 항복을 결정했다. 인조는 청태종 홍타이지에게 세 번 절하고 아홉 번 머리를 조아리는 항복 의식을 치를 수밖에 없었다. 조선 역사상 최대 치욕이었던 삼전도에서의 항복이었다. 조선의 항복은 소년 류형원에게도 작지 않은 충격을 줬다.

병자호란을 겪은 류형원에게 부국강병은 평생 화두가 되었다. 다시는 이런 치욕적인 역사를 되풀이하지 말아야 한다. 오랑캐 청나라에 복수해야 한다. 이런 생각으로 그는 나중에 〈중흥위략〉이라는 책을 쓴다. 또한 실제로 그는 청나라에 복수하기 위한 계책도 실행했다. 집안의 노복과 마을사람들에게 좋은 말을 기르고 활과 조총을 다루는 방법을 기르치기까지 했다.

또한 류형원은 자신에게 엄격하고자 했다. 사잠(四箴, 자신을 경계하는 4가지 좌우명)이라는 글을 지어 늘 스스로를 경계했다. 일찍 일어나고 늦게 잠자리에 들 것, 의관을 바르게 하고 표정을 존엄하게 할 것, 부모님을 정성으로 섬길 것, 그리고 부인과 집안의 노비

들을 공경하는 마음으로 대할 것 등 이 네 가지를 늘 실천하고자
했다.

늘 스스로 경계하며 학문에 힘썼던 류형원, 그러나 그는 과거와
벼슬에는 전혀 뜻을 두지 않았다. 왜란과 호란 양란을 거치면서 조
선의 과거제도는 인재 발굴이라는 원래의 취지를 잃어갔다. 붕당정
치에만 몰두하는 조정 역시 백성의 삶에 아무런 도움이 되지 못하
고 있었다. 류형원은 이런 현실을 냉철하게 직시하고 있었다.

반계,
새로운 학자의 길을 가다

벼슬 대신 새로운 학자의 길
을 추구하던 그는 그래서
당대 학자들과의 교유가 잦은 편은 아니었다. 하지만 미수 허목
(1592~1682)과의 인연은 특별했다. 미수 허목은 이황의 학맥을 계
승한 성리학자였으나 훗날 성호 이익에게도 학맥을 연결해준 성리
학과 실학의 과도기적 학자였다. 그는 류형원의 실학사상에도 적지
않은 영향을 미쳤다. 함께 학문을 논한 일흔네 살의 허목은 류형
원을 높이 평가했다. 류형원이야말로 왕을 보필할 인재라며 노년에
이런 인물을 만날 줄 몰랐다고까지 할 정도였다.

당대 지식인들과 다른 생각을 가졌던 류형원의 사상은 어디에서
비롯된 것일까? 류형원은 젊은 시절부터 조선 각지를 유람했다. 함
경도와 평안도 관찰사였던 고모부 김세렴을 만나러 가는 길에 관
북과 관서지방을 둘러보았다. 스물여섯 살 때는 영남 지방으로 유
람을 떠났다. 뒤이어 충청도와 강원도 금강산을 거쳐 호남지방까지

그의 발길이 닿지 않은 곳이 없었다. 그것은 단순한 유람이 아니라 답사였다. 그는 이 답사의 결과물로 〈동국여지지〉를 저술했다. 9권 10책의 이 지리지는 개인이 저술한 최초 지리지로서 실학자 류형원의 면모가 잘 담겨 있는 책으로 평가받고 있다.

이 책은 기존의 〈동국여지승람〉 같은 체제를 수용은 했지만 그냥 베껴 쓴 것이 아니라 실제로 자신이 현장 답사를 통해서 쓴 지리서다. 직접 현장 답사를 통해서 자신이 눈으로 보고 겪은 것을 기록으로 남겼다는 점에서 〈동국여지지〉라는 저술 또한 류형원의 실학자적인 성향을 잘 보여주는 책이라고 할 수 있다. 그러나 20대의 류형원의 삶은 불행의 연속이었다. 조부모와 어머니가 연이어 세상을 뜬 것이다. 무려 9년간의 복상이었다. 상을 모두 치르고 나니 그의 나이 서른두 살이 됐다. 그 무렵, 류형원은 일생일대의 결단을 내린다. 은거 생활을 선택한 것이다.

> 돌아가자
> 해가 저무는데 어찌 아니 돌아가랴
> 권세 믿고 어지럽게 이익을 다투는데
> 고향 떠난들 무슨 상관이랴
> - 화도사 중

그가 선택한 은거지는 전북 부안의 변산이었다. 호남의 5대 명산으로 일컬어지는 부안의 내변산 아래, 조용한 마을 우반동을 은거지로 잡았다. 수려한 산세와 아름다운 풍광을 지닌 마을이었다. 인근에는 유서 깊은 사찰인 내소사가 있었다.

서기 633년 백제 무왕 때 창건됐다가 임진왜란 때 불타버렸던 내소사는 인조 2년에서야 비로소 대웅전이 중건되었다. 그러나 류형원이 은거할 당시 내소사는 새 단장을 마친 사찰이었다. 또 바다와 접해 있는 우반동은 너른 들판을 가진 풍요로운 곳이었다. 우반동에 거처를 마련한 류형원은 마을 뒷산 기슭에 반계서당을 지었다. 그는 이곳에서 오로지 학문에만 매진했다. 그의 서가에는 1만 권의 책이 쌓여 있었다고 전할 정도로 류형원은 공부에 매달렸다. 하루 해가 질 무렵에는 늘 스스로 부족했다며 자신을 책망했다고 한다.

그러나 우반동에서의 류형원은 세상을 완전히 등진 은둔거사가 아니었다. 오히려 그는 이곳에서 더욱 치열하게 세상과 만나고 있었다. 그가 세상과 만나는 길, 그것은 저술이었다. 이렇게 탄생한 것이 그의 대표적인 저술이자 조선의 명저 〈반계수록〉이었다. 모두 26권 13책의 이 반계수록은 당대를 뛰어넘는, 시대를 앞서가는 명저였다.

〈반계수록〉은 토지와 교육개혁, 그리고 군사제도 개혁 등 조선의 모든 제도 개혁안을 담고 있었다. 정책지침서이자 또 하나의 법전이었던 것이다. 서른한 살부터 마흔아홉 살까지, 류형원은 무려 18년에 걸쳐 〈반계수록〉을 집필했다. 그의 전 생애는 반계수록을 위한 것이었다고 해도 과언이 아니다. 그러나 류형원 당대에 이 명저는 빛을 보지 못했다. 〈반계수록〉을 완성한 지 3년 후 류형원은 쉰두 살의 나이로 갑자기 세상을 떠났다. 그의 〈반계수록〉이 빛을 보기 위해서는 아직도 많은 세월이 필요했다.

영조 17년, 류형원이 세상을 뜬 지 70여 년 후, 승지 양득중이

반계 류형원의 묘소와 묘비명. 유명조선국 진사라는 표현이 보인다.

임금에게 〈반계수록〉을 읽기를 권하는 상소를 올렸다. 그리고 류형원이 세상을 떠난 지 100여 년이 되는 1770년 마침내 〈반계수록〉이 왕명으로 출판되었다.

조선 후기 실학자들은 반계 류형원에 주목했다. 맨 먼저 그의 학풍을 이은 학자는 성호 이익이었다. 실학자들은 류형원이 제시하고 류형원이 바랐던 새로운 조선에 대해 고민하기 시작했다. 그리고 실학사상은 마침내 다산 정약용에 이르러 꽃을 피우게 된다.

정약용이 설계하고 건설을 주도했던 수원화성, 여기에도 류형원의 영향이 적지 않게 미치고 있었다. 정약용은 류형원이 〈반계수록〉에 남긴 성지, 성곽의 위치 등에 대한 내용을 화성 건설에 적극 반영했다. 조선 실학정신의 상징으로 꼽히는 수원화성, 이 아름답고 견고한 성을 축조할 수 있었던 것은 100여 년 전 류형원의 저술이 큰 보탬이 되었기 때문이다. 〈반계수록〉 22권은 병제후록, 즉 병제와 관련되는 내용을 담고 있는데 정약용은 이 중 성지(城池) 부분을 참고한 것이다.

병자호란의 충격 이후, 새로운 나라 조선을 열망했던 반계 류형원, 불후의 명저 〈반계수록〉의 저자, 조선 후기 르네상스의 여명을 열었던 그를 후세인들은 '실학의 비조'라고 평가하고 추앙한다.

14
열하일기,
조선의 개혁을 담아내다

연암 박지원

18세기에 조선의 개혁을 담아낸 특별한 연행록, 〈열하일기〉가 탄생했다. 과연 〈열하일기〉의 저자는 누구일까? 최초로 청나라의 북동부 열하지방을 연행하며 객관적인 시각으로 기록된 〈열하일기〉는 연암 박지원이 집필하였다. 그는 열하지방을 살피고 청나라의 각종 문물과 문명을 기록하는 것에 주력했다. 조선의 낙후된 문화와 빈곤을 타개하려한 실학사상을 가진 연암 박지원을 만나러 가보자.

박지원이 실학사상을 통해 조선에 깨우침을 주고자 했던 1790년대, 청나라에서는 연암 박지원도 열하에서 알현한 적이 있는 건륭제가 죽고, 가경제가 집권했다. 가경제는 집권하자마자 건륭제의 비호를 받아 막대한 부를 쌓았던 화신을 처단하고, 가산을 몰수해 권신들에게 부정부패에 대한 본보기를 보였다.

이 시기 미국은 파리조약으로 공식적인 독립을 쟁취했다. (1783년) 식민연합군은 영국군을 격파하고 미국이라는 나라의 역사를 썼다.

프랑스에서는 1789년에 프랑스 대혁명이 발생했다. 평민들의 분노와 욕구가 폭발해 왕정을 폐지하고 공화정을 세웠다. 프랑스 대혁명은 이후 세계 각지에서 일어난 시민혁명의 본보기가 되었다. 영국은 산업혁명을 통해 해양강국으로 급부상해 19세기와 20세기 전반에 걸쳐 세계 최강대국 반열에 올라서게 된다.

연암 박지원 朴趾源

1737~1805

연암, 열하일기를 세상에 내놓다

1780년, 연암 박지원은 청나라 연행* 길에 올랐다. 압록강을 건너 북경에 도착한 뒤 다시 열하까지 향하는 길은 무려 4,000리, 1,600킬로미터의 대장정이었다. 한 번 오가는 데만 석 달이 걸리는 긴 여정이었다.

목숨을 건 고된 행로였지만 박지원은 조선과는 너무 다른 청나라 풍경과 문물들을 세밀하게 관찰한다. 그가 관심을 두었던 것은 화려한 궁성이나 찬란한 기념비가 아니라 성곽이나 담장의 벽돌과 같은 청나라의 평범한 문물이었다. 이는 조선이 발전하기 위해서 받아들여야 할 선진문명이었기 때문이었다. 그리하여 당시에는 배

---

* 연행(燕行) : 조선 후기 외교적인 목적을 띠고 파견된 중국 사행을 통칭하는 말. 북경을 연경(燕京)으로 불렀던 당시 이곳을 다녀오는 사절단은 '연행사'로, 이들이 다녀간 길은 '연행로'로 불렸다.

척하던 청을 배워야 한다는 파격적인 내용을 담은 여행기, 〈열하일기〉를 세상에 내놓는다.

열하일기는 당시 조선의 지식인이 세계를 볼 수 있는 창(窓)과도 같은 저술이었다. 조선의 낙후된 현실을 아파하면서 나아갈 길을 제시했던 북학파의 학자, 연암 박지원은 열하일기를 통해 조선사회의 발전, 즉 개혁을 꿈꿨다.

하늘과 땅은 비록 오래되었지만 끊임없이 새것을 낳고,
해와 달은 비록 오래되었지만 그 빛은 날로 새롭다.

만물은 끊임없이 새롭게 생성된다. 때문에 쉼 없이 새로운 사상이나 문물을 받아들여야 한다. 이것이 바로 연암의 생각이었다. 하지만 18세기 조선은 변화를 거부한 채 과거에 매여 있었다. 400년 이상 조선의 정신이었던 성리학은 정쟁의 수단으로 전락했으며 조선중화주의와 북벌론에 갇혀 현실적인 문제들을 직시하지 못했다. 유교적 명분만을 강조하는 폐쇄적인 사회. 18세기 조선에서 백성들의 삶은 나날이 피폐하고 궁핍해져 갔다. 반면에 오랑캐라 배척했던 청나라는 초강대국으로 급부상하고 있었다. 한족 문화를 적극 수용하고 서양 문물까지 도입해 세계 제일의 경제력과 군사력은 물론 선진문명과 과학기술까지 보유했기 때문이다.

이때 더 이상 숭명반청사상, 즉 북벌에 집착하지 말고 청나라의 실용학문을 받아들여야 한다고 주장하는 북학(北學)이 등장했다.

청나라를 배우자는 새로운 패러다임은 연암 박지원을 중심으로 모여든 젊은 학자들에 의해 시작되었다.

❶. ❷. ❸ 홍대용. 박지원. 박제가. 연암은 홍대용을 통해 신학문에 눈을 뜨게 되고, 박제가는 연암 문하에서 실학을 연구했다.

연암, 백탑 부근에서
북학의 싹을 틔우다

조선의 수도 심장부에 사찰과 탑이라는 이질적인 상징물이 존재한 것처럼, 개혁적인 사상을 접했던 연암도 석탑 근처에서 북학의 싹을 틔운다. 연암은 백탑 근처에 거처를 정하고 어떻게 하면 청나라의 보다 발전된 문물을 받아들여 우리가 독립적으로 우리의 정신문화를 꽃피울 수 있을까를 고뇌했다.

대개의 석탑은 화강암으로 만들어지는데 원각사지 10층 석탑은 이례적으로 대리석으로 제작되어 예부터 백탑이라고 불렸다.

그러면 백탑이 이렇게 북학의 근거지가 되었을까? 1768년, 32세의 연암이 이곳(지금의 파고다 공원 자리)을 근거지로 삼았다. 그는 집권 노론의 핵심이었던 반남 박씨의 자손이었다. 가문과 당파가 출세의 조건이었던 시대, 박지원의 미래는 탄탄하게 보장되어 있었던 셈이었다. 그러나 그는 돌연 과거시험을 포기하고 백탑 근처의 초가로 숨어든다. 입신양명이라는 사대부의 목표를 벗어버린 그는 신학문에 눈 뜬다. 이때 연암에게 영향을 준 이는 연행 경험이 있는 실학자 담헌 홍대용(1731~1783)이었다.

홍대용은 번성하던 청나라의 선진 문명과 과학기술을 젊은 선비들에게 소개했다. 박지원은 자신보다 여섯 살 연상인 벗, 홍대용을 통해 새로운 학문에 대한 큰 뜻을 더욱 다듬을 수 있었다. 그의 개혁에 동참하기 위해서였을까? 연암이 터전을 잡은 백탑 주위로 젊은 선비들이 하나둘 모여들기 시작했다. 이들은 곧 하나의 지식인 촌락을 형성했다.

이들은 원각사탑이 있는 탑골에서 자주 시회를 가졌다. 시회는 시를 즐기면서 모임을 갖는 것인데, 이들은 함께 모여 학문적인 대화모임을 가졌다. 이들이 바로 북학(진보적인 청나라 문물)을 받아들이려고 하는 학문 집단을 형성하게 된다. 연암을 중심으로 백탑 인근에 살며 개혁을 꿈꿨던 젊은 학자들이 곧 백탑파다. 시서화에 능했던 조선 최고 문인 박제가와 연행을 통해 선진문물을 먼저 접한 홍대용이 그들이다.

백탑파 대부분은 서얼 출신이었다. 자신의 뜻을 제대로 펼칠 수 없었던 세상과 충돌을 일으키던 시대의 아웃사이더였던 그들은 박지원을 스승으로 따르며 혈연을 뛰어넘은 끈끈한 우정과 학문적 교류를 이어간다. 백탑파는 현실의 문제에 관심을 기울였다. 그래서 배울 것이 있다면 오랑캐 문화라도 받아들여야 한다고 주장했다. 조선의 낙후한 문화와 빈곤을 타개하기 위한 실용학문이 곧 북학이었다. '북학'이란 말은 원래 맹자에도 나오는 말로, 중화민족이 아니거나, 중화지역이 아닌 다른 지역 지식인이 북쪽으로 유교문화

를 배우러 온다는 뜻에서 유래했다. 즉, 우리나라에서 북학이라고
한다면 청나라의 발전된 문물을 받아들인다는 것을 뜻한다.

경기도 남양주시에 있는 실학박물관에선 보수적인 사고를 가졌
던 유교문화에서 실용이란 변화를 추구했던 조선 실학의 계보를
한눈에 볼 수 있다. 한계를 드러냈던 성리학의 대안인 실학은 그
무게 중심에 따라 세분된다. 성호 이익, 순암 안정복, 다산 정약용
으로 대표되는 경세치용학파는 민생안정과 사회발전 등의 현실문
제를 제도개혁과 농민 혁신을 통해 해결하려 했다.

북학파가 주축이 된 이용후생학파는 도시 상공업의 발전과 관
련된 기술 개혁을 주창하였다. 이용후생론이야말로 백성의 생활을
안정시키고 나라를 부강하게 하는 지름길이라 믿었다.

이용후생학파는 서울 출신들로 청나라의 발전된 문물과 서양과
학기술을 배워 궁리민복을 추구해야 한다는 입장이었다. 백성을
살리고 나라의 경제를 발전시키고자 하는 이상을 가지게 됐다. 그
래서 이들을 도시 실학 사유이며 상공업 중심인 중상주의적인 실
학자라고 말한다.

백성의 편에 서서 개혁을 외쳤던 파격적인 사상인 북학은 현 체
제에 안주하길 바라는 집권층의 불만을 사게 된다. 게다가 중세
의 보수적 가치를 고수하던 임금 영조가 떡 버티고 있었기에 연암
을 비롯한 북학파의 미래는 암울했다. 하지만 그의 나이 40세 때
변화의 바람이 불었다. 개혁 군주 정조시대가 열렸기 때문이다. 이
는 북학파에게는 더할나위 없이 좋은 기회였다. 하지만 학문의 날

열하를 표시하는 비석.

개를 펴보기도 전에 그에게 시련이 닥친다. 정조의 등극으로 득세한 홍국영이 연암을 임금의 아버지, 즉 사도세자를 죽음에 이르게 한 골수 벽파로 몰아 제거하려고 했기 때문이다. 홍국영은 노론 시파인데, 박지원을 반대파인 노론 벽파의 정신적인 지도자로 오해해 그를 제거하려고 한 것이다.

정치적 오해로 신변의 위협을 느낀 그는 홍국영의 눈길을 피해 황해도 금천의 연암골로 숨어든다. 이 무렵 이덕무, 박제가, 유득공 같은 박지원의 제자들은 규장각 소속 관리로 포진하며 북학의 뜻을 펼치고 있었다. 그러나 연암만은 더욱 더 고립되고 있었다.

마침내 홍국영이 실각하면서 그에게도 일생일대의 전환점을 맞게 된다. 연행에 참여할 수 있게 된 것이었다. 문화선진국인 중국을 여행하는 기회는 북학파에겐 곧 꿈이었다.

연암, 중국 연행을 가다

1780년 6월 24일, 연암 일행은 압록강을 건너 중국 땅에 첫발을 내디뎠다. 청나라 건륭제의 칠순 생일을 축하하는 사절단의 대표로 뽑힌 팔촌 형, 박명원의 개인 수행원 자격이었다. 중국 땅을 처음 밟은 박지원의 눈에 벽돌집이 들어왔다. 이는 조선과는 판이한 풍경이었다. 당시 조선에서는 짚과 흙을 이용해 초가를 짓

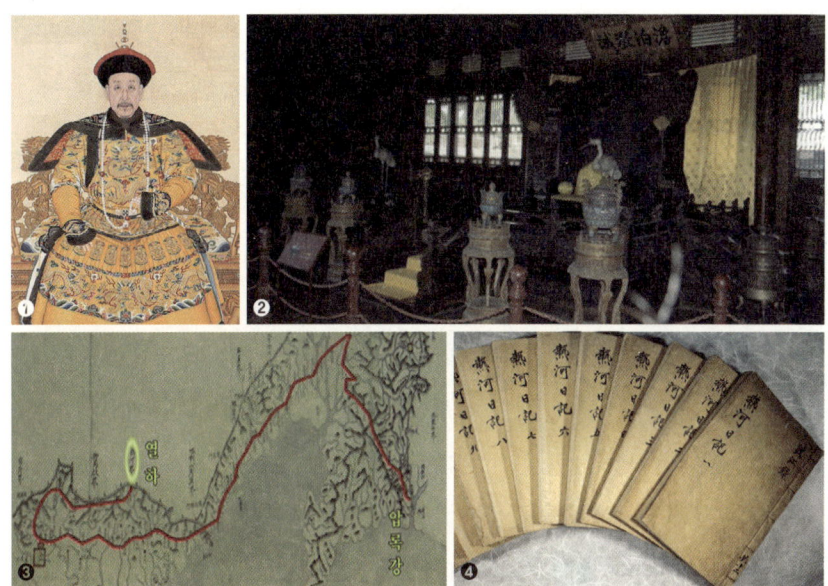

❶, ❷ 청나라 건륭제와 피서산장. 연암은 건륭제의 고희연 축하사절로 열하까지 다녀온다. ❸ 1,600킬로미터가 넘는 청나라 연행길. ❹ 연암 박지원이 청나라 문물을 견문한 내용을 정리한 열하일기.

고 살았지만, 중국인들은 이때 이미 벽돌집을 짓고 살았던 것이다. 세심하게 관찰하던 박지원에게 하나둘 벽돌집의 장점이 보였다. 연암은 〈연암집〉에서 벽돌집의 장점을 다음과 같이 설명하고 있다.

> 집이 벽을 의지해 위는 가볍고 아래는 튼튼하며, 기둥은 벽 속에 들어 있어서 비바람을 겪지 않는다. 불이 번질 염려도 없고 도둑이 뚫을 위험도 없으려니와 새, 뱀, 쥐 고양이 같은 놈들의 걱정이야 있을 수 없다. - 〈연암집〉 중에서

조선 민중의 고단하기만한 생활이 떠올랐던 것일까? 연암은 눈을 크게 뜨고 모든 사물들을 관찰하기 시작했다. 그리고 하나도

빠짐없이 자세히 기록하며 어떻게 하면 청나라 문물의 장점을 조선의 것에 더할 수 있을까 궁리한다. 지칠 법도 한 그의 관찰은 끝도 없이 이어졌다. 정보와 지식의 교류가 흐르는 땅, 중국. 그의 연행은 밤에도 이어졌다. 그는 밤마다 숙소를 몰래 빠져나가 다양한 중국 사람들과 만났다. 비록 말은 통하지 않았지만 필담까지 동원해가며 그들이 풀어놓는 세상사에 귀를 기울였다. 중국 땅을 밟은 지 36일 만인 1780년 8월 1일, 박지원 일행은 북경에 도착했다. 만수절, 즉 건륭제의 고희 생일에 여유 있게 도착한 셈이었다. 하지만 청나라 황제는 북경에 없었다. 뒤늦게 황제가 열하(熱河)에 있다는 사실을 안 조선의 사신들은 서둘러 열하로 향한다.

북경에서 열하로 가기 위해서는 몇 차례나 험한 강과 고개는 물론 만리장성까지 넘어야 했다. 사신단은 황제의 칠순에 제때 도착하기 위해 나흘 밤을 꼬박 새우며 이동했다.

청나라 황제는 더위를 피해 열하의 피서산장에 머물렀다. 만리장성 밖 변방지대 열하를 피서지로 선택한 것은 황제의 전략이었다. 몽골족을 비롯한 주변 소수민족들을 달래고 통치하기 위한 포용정책이었던 것이다. 이러한 청의 의도를 박지원은 정확하게 꿰뚫었다. 그는 〈연암집〉에서 '내가 열하의 지세를 살펴보니 대체로 천하의 두뇌 같아 보였다. 황제가 어정거리면서 북쪽으로 온 것은 다름이 아니라 정수리를 깔고 앉아 몽골의 목을 틀어잡기 위함이다.'라고 밝히고 있다. 이는 연암이 청나라가 벌써 세계 제국이 되고 있다는 것을 명확히 이해했다는 의미다.

연암의 열하일기, 조선 최고의 베스트셀러가 되다

박지원은 연행의 전 과정을 일자별로 자세하게 기록하여 그의 명저 〈열하일기〉를 세상에 내놓았다. 4,000리 사신 길의 대기록, 열하일기는 기행문이면서 기행문이 아니다. 단순한 여행 기록을 넘어서 명분에 얽매어 실리를 놓치고 있는 조선의 현실을 신랄하게 비판하고 나아가야 할 길을 밝혔기 때문이다. 연암은 성리학이 지배하던 조선시대 지식인들 중에서 최초로 중국의 만리장성 너머 열하지방까지 살폈다. 그는 열하에서 보고 느낀 모든 것을 기록했다. 당시 청나라는 이른바 강희제, 옹정제, 건륭제로 이어지는 황금기를 구가하던 세계제국이었다. 따라서 연암이 청나라에 가서 본 문물은 세계적인 수준이었다. 연암은 이를 보는 데에 그치지 않고 우리 실정에 맞게 소화한 글들을 써서 조선으로 돌아온다.

열하일기는 발간되자마자 베스트셀러가 되었다. 화제작 열하일기에 대한 평가도 극명하게 갈렸다. 기득권층에게는 극도의 반감을 샀지만 젊은 학자와 일반 백성들에게는 혁신적 사상과 신선한 문체로 호감을 샀다. 비난과 찬사를 한 몸에 받았던 베스트셀러 열하일기로 인해 연암은 뜻하지 않은 시련을 맞이한다. 문제가 되었던 것은 내용만큼이나 파격적이었던 형식이었다.

연암은 당시 금괴옥조처럼 떠받들던 고문체가 아닌 일반적인 생활용어를 사용한 서술체를 도입했다. 정통을 벗어난 문장 연암체는 정조가 주도한 문체반정을 야기하는 배경이 된다. 정조는 당시 유행하던 소설체 문장을 잡문체라 규정하고 전통적인 고문을 문장의 모범으로 삼도록 명령했다. 열하일기가 발간되자마자 정조도 열독했다고 한다. 정조는 요즈음 문체를 망가뜨리는 주범은 열하일기라고 하면서, 연암에게 아주 순정한 문체로 된 글을 써서 올리도록 하라고 분부한다. 이것이 문체반정의 골격을 이루는 사건이다.

임금 정조의 정치 포석이라고도 해석할 수 있는 문체반정은 천주교에 대한 전면 탄압을 막고 당시 지배층인 노론 세력을 견제하기 위한 방책이었다고도 해석할 수 있기 때문이다. 이는 문체반정에 대한 남인 정약용과 노론 박지원의 상이한 태도에서도 엿볼 수 있다.

> 패관잡서는 천지간에 비할 데 없는 재앙이다. 이 책자를 모두 불사르고 북경에서 사들여 오는 자를 중벌로 다스려야 한다. – 정약용

> 옛것을 본받으면서도 변통할 줄을 알고 새로이 창제하면서도 법을 지킬 줄 안다면 요즘의 글이 바로 옛글인 것이다. – 박지원

문체반정은 상당히 떠들썩한 사건이었으나 실제로는 반성문을 요구하고 반성문을 쓰면 관작을 회복시켜준 작은 사건에 불과했다. 여기에서 문체반정에 숨은 두 번째 의도를 찾을 수 있다. 사실 정조가 바랐던 것은 훌륭한 문체를 쓰고 여러 가지 사물을 객관적으로 볼 수 있는 능력 있는 학자를 자신의 측근이나 조정의 신료로 등용하고 싶었던 것이다. 결국 연암을 문신으로 등용하기 위해서 면죄부를 준 것이다. 연암체를 대체할 만한 순정한 글을 써 올리라고 했던 것 자체가 연암의 글 솜씨뿐만 아니고 열하일기에 담

겨 있는 사상들에 공감하는 부분들이 대단히 많았기 때문이다. 고문체에 입각한 일종의 반성문을 지어 문체반정이라는 파도를 넘은 연암은 그 후 정조의 두터운 신임을 얻으며 평생의 화두, 북학을 현실정치에서 실천할 수 있는 기회를 얻게 된다.

연암, 날카로운 풍자와 해학으로 양반을 비판하다

세상의 통념에 안주하지 않았던 신지식인 연암은 나이 오십이 넘어 말단 관리로 나섰지만 항상 백성의 편에 선다. 청나라 연행에서 보고 배운 선진 과학을 현실에 접목시켜 농사법과 농기구를 개량했다. 그리고 날카로운 풍자와 해학으로 양반을 비판하는 글을 쓰며 통렬하게 사회를 꼬집는다.

강원도 정선에 책 읽기를 좋아하는 양반이 살고 있었다. 품성이 어질고 착했지만 자나 깨나 글공부만 하는 선비에게 가난은 면하기 어려운 숙제였다. 그의 아내는 생계도 책임지지 못하는 양반이 무슨 소용이냐며 늘 남편을 타박했다. 눈덩이처럼 불어나는 빚, 결단이 필요했다. 그래서 양반은 고을 수령을 찾아간다. 그리고 자신의 빚을 탕감하는 조건으로 평민 부자에게 양반 신분을 팔겠다고 한다. 이에 양반증을 만들어 이들의 거래를 증명해주기로 한 마을 수령. 그 자리에서 부자는 양반이 되면 좋은 점이 무엇이냐고 묻는다. 이웃의 소를 끌어다 먼저 자기 땅을 갈고 마을의 일꾼을 잡아다 자기 논의 김을 맨들 누가 감히 괄시하랴. 머리채를 희희 돌리고 수염을 낚아채더라도 누구 감히 원망하지 못할 것이다. 가만히 듣고 있던 정선의 부자는 자신을 도둑으로 만들 심사냐고 되물으며 줄행랑을 친다. 거들먹거리며 호의호식하는 양반의 삶이 평민 부자가 보기엔 영락없는 도둑놈 팔자였던 것이다.

조선 후기 양반의 삶을 사실적이면서도 풍자적으로 표현했던 소설 〈양반전〉, 연암은 글로써 양반의 무능력함과 위선을 고발했다. 유교국가에서 새로운 가치를 꿈꿨던 연암의 화두는 조선의 미래였다.

연암, 목민관이 되어 이용후생의 선정을 베풀다

지리산과 덕유산을 비롯한 높은 산과 험한 고개가 병풍처럼 둘러싸인 백두대간의 고장, 경남 함양은 통일신라시대 때 최치원이 백성들을 위해 조성한 우리나라 최초 인공 숲인 상림이 천년의 세월을 지켜온 땅이다.

예부터 좌안동, 우함양이라는 말이 있을 정도로 영남의 대표적인 선비 고장이었던 함양. 그 명성대로 많은 인재를 배출해냈다. 특히 당대의 천재들이 지방 수령으로 부임해 선정을 베풀기도 했다. 숲을 조성해 수해를 예방했던 최치원(857 ~ ? ; 통일신라 말기의 학자)도 그중 한 명이다.

백성들의 편에 서서 미래를 내다봤던 관리였기 때문일까? 최치원만큼이나 함양 사람들이 기억하는 또 한 명의 목민관이 있으니 그가 바로 연암이다. 평생을 재야 지식인으로 살았던 그는 1792년, 안의현, 즉 지금의 함양 현감으로 부임한다. 백성들을 직접 다스리는 관리가 된 박지원의 관심은 오랜 세월 지켜온 학문, 즉 북학을 어떻게 현실에 접목하느냐였다. 그는 함양의 지세에 주목했다. 다른 곳에서 쉽게 찾을 수 없는 풍부한 물줄기가 마을과 마을을 이으며 계곡을 이루고 있는 것이 눈에 들어왔다. 그래서 연행에서 보고 들은 지식을 동원해 물레방아를 직접 만들었다. 당시에는 곡식 한 가마니를 찧으려면 아낙네들이 하루 종일 발품을 팔아야 했다. 그런 백성들의 고생하는 모습을 보고 물레방아를 만든 것이다.

자연을 이용한 물레방아의 도입. 이는 실학을 통해 낙후한 당시 조선의 현실을 개혁하고자 했던 자신의 사상을 실천에 옮긴 것이다. 연암은 5년 동안 안의 현감으로 재직하면서 연행에서 보고 배운 것들을 하나씩 실행에 옮긴다. 당시 객사에는 여러 부속 건물들이 있었다. 그 건물 중에는 오래되어서 쓸모없게 된 건물도 많았다. 연암은 백성들의 노역과 비용을 줄이기 위해서 수리를 하는데, 이때 청나라에서 보고 배워 온 벽돌 만드는 기술을 응용한다. 연암은 이 건물에 대한 애착이 많았던지 후에 문집을 정리하면서 이 건물들에 이름을 붙인다. 직접 벽돌을 제작해 지은 중국식 건축물. 연암은 이름도 중국시인 맹호연의 시에서 차용한다. 하풍죽로당(荷風竹露堂), 그 의미는 무엇일까? 연암은 연암집에서 그 의미를 설명하고 있다.

아침에 연꽃의 향내가 퍼지는 것을 보면 바람같이 은혜를 베풀고 새벽에 대나무가 이슬을 머금은 것같이 두루 선정을 베풀어야 할지니 내가 이 당(堂)을 하풍죽로당이라 이름 지은 까닭이다. - 〈연암집〉 중에서 실제로 연암이 안의 현감 시절 지은 건축물은 대부분 중국식 벽돌로 지은 집이다. 조선에도 중국처럼 벽돌이 두루두루 보급이 되어서 백성들이 실제로 집을 짓는 데 활용할 수 있게 했으면 하는 바람이 분명히 있었던 것이고, 그런 벽돌집을 지은 것도 실제로 백성들의 삶, 이용후생이라는 연암의 실학정신에 입각해서 지은 것이라고 하겠다. 북학의 실험무대가 됐던 함양에서 박지원은 이용후생의 선정을 베풀었다.

일찍이 연암은 평생을 관직에 나서지 않겠다고 결심했었다. 그런 그가 벼슬에 나선 이유는 무엇이었을까? 박지원이 정치에 나선 것은 개혁군주 정조와 관련이 깊다. 정조는 탕평정치를 보좌할 관료를 키우기 위한 규장각(정조가 즉위한 1776년 설치. 왕실도서 보관 및 출판과 정치자문 등을 담당하던 국가 기관)을 설치하였다. 외양은 왕실 직속 도서관이었지만, 그 정치적 무게는 실제 이상이었다. 북학의 이념을 국가 정책에 반영할 수 있는 절호의 기회였던 정조 시대(1776~1800, 조선 제22대 왕). 서얼 등용은 물론이고 과학기술까지도 수용했던 군주는 아웃사이더를 자처했던 박지원을 궁궐로 불러들였던 것이다.

재야의 거목이었던 연암의 첫 벼슬은 선공감 감역이라는 종9품의 미관말직이었다. 그는 고속 승진을 거부하며 권력의 중심인 중앙정치무대에서 활동하지 않았다. 스스로 한직을 자처하며, 백성을 위한 정치를 펼칠 뿐이었다. 박지원은 관리들의 비리 근절에도 앞장섰다. 이는 민생과 직결되는 문제였기 때문이다. 당시에는 아전들이 사사로이 관청의 곡물을 축내는 포흠이 관아의 골칫거리였

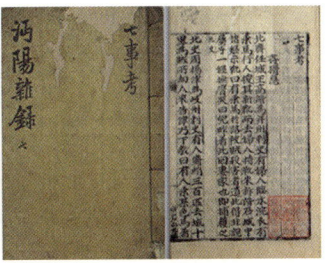

❶ 연암물레방아공원. 연암은 안의 현감 시절 청나라에서 배워온 물레방아를 실제로 도입하여 민생을 크게 안정시켰다. ❷ 연암 박지원이 친필로 쓴 목민서 〈면양잡록〉.

다. 박지원은 아전들을 불러 포흠한 양을 자수하고 3년 동안 조금 씩 갚도록 권유했다. 이러한 현실적인 대안은 관리들의 비리 문제 를 해결하기에 충분했다. 연암은 아들 박종채에게 고을을 다스리 는 관리의 마음가짐에 대해 훈육하기도 했다.

> 고을 원(員)으로 있는 사람은 비록 내일 당장 그만두고 떠난다
> 해도 100년 동안 있으면서 그 고을을 다스린다는 마음가짐을 가
> 져야 한다. - 〈과정록〉 중

백 년을 내다보는 안목으로 백성들을 위한 정치를 했던 박지원 은 1797년 당진 면천 군수로 부임한다. 연암은 백성들을 모아 연못 을 만들었다. 그리고 정자를 지어 건곤일초정이라고 이름 붙였다. 박지원이 직접 세웠던 건곤일초정은 한때 소실되기도 했으나 지난 2006년에 연암을 기리기 위해 복원되었다.

면천군수 시절, 정조가 농서를 구한다는 어명을 내렸다. 연암은 기존 농서에서 발췌한 글에 의견을 덧붙이고 중국에서 본 것과 연

암골에서의 농사 경험을 종합해 〈과농소초〉를 지어 올렸다. 과농소초에서 박지원은 농기구를 개량하고 농사 기술을 개선하며, 과학적인 영농법을 도입할 것을 제안했다. 이는 농업 생산력을 획기적으로 높일 수 있는 다각적인 대책이었다.

연암의 농업 개혁서, 과농소초는 농업 생산량 증대를 통한 국가와 백성의 부(富)를 위해 편찬되었다. 이 글은 임금의 마음을 크게 움직였다. 정조는 박지원에게 농서대전의 편찬을 맡겨야 할 것이라고 공언하기도 했다. 개혁군주 정조의 든든한 지원 아래 박지원은 학문의 지평을 더욱 넓혔다.

2010년 국내 대학의 한 연구진이 숨겨져 있던 박지원의 글을 공개했다. 〈면양잡록〉이라는 책으로 연암이 면천 군수로 근무할 때 사용하던 잡기장이다. 군수시절 연암 자신이 읽었던 글이나 지었던 글들, 또는 의미 있게 생각하던 글귀를 모아놓은 책이다.

면양잡록에는 칠사고*라는 수령칠사가 나온다. 칠사고에는 수령이 목민관으로서 해야 할 일을 기록해 놓은 목민서가 포함되어 있다. 여기에는 목민과 관련하여 연암 자신이 중요하다고 생각하는 글귀들과, 중국의 역사서 등을 읽으면서 뽑은 내용을 기록하고 있다. 연암은 치민(治民), 즉 백성을 다스리는 법이라면 백성의 어려움을 제거하기 위해 관속들을 엄히 단속해야 한다고 주장하고 있다. 수령의 모범을 제시할 수 있는 경륜과 능력을 갖춘 준비된 관리였던 그가 지은 18세기의 목민서, 칠사고는 관리로서의 연암을 새롭

---

* 칠사고 : 수령이 해야 할 7가지 일을 기록한 목민관 칠사고(七事考). 백성의 어려움을 없애기 위해서는 관리들을 엄히 단속해야 한다. 농사와 누에치기를 권장하고, 호구를 늘리며, 학교를 발전시키는 등 수령이 해야 할 일곱 가지 업무를 제시한 글.

게 조명할 수 있는 계기가 된다.

연암, 조선 최고의
이야기꾼으로 거듭나다

열하일기부터 농서, 목민서에 이르기까지 실용적 글쓰기에 매진했던 연암 박지원의 진면목은 소설에서 더욱 빛이 난다. 꿈에서조차 붓으로 오악을 누르리라는 예시를 받았다는 박지원은 18세부터 30세까지 9편의 이야기를 집필한다. 그것이 바로 연암의 처녀작인 〈방경각외전〉*이다.

기존의 전기라고 하면 주로 문관이나 영웅 또는 미인, 열녀, 효자들이 주인공인데 방경각외전에 나오는 주인공들은 이런 사람들과는 상당히 거리가 있다. 예를 들면 방경각외전의 첫 번째 전기인 마장전에 등장하는 마장은 말을 거래하는 거간꾼이다. 말거간꾼 세 사람이 나와서 세상사에 대해 얘기하는데 실제로는 벗을 사귀는 도리에 대해서 말한다. 당시의 양반들은 벗을 사귈 때 너무나 이성적이었던 것에 비해, 이 세 사람은 순수한 마음으로 벗을 사귄다는 내용이다. 즉, 친구를 사귈 때는 순순한 마음으로 해야 한다는 것이다.

예덕선생전의 예덕선생, 엄행수는 똥지게를 지고 나르면서 먹고 사는 사람이다. 예(穢)는 더럽다는 뜻으로, 예덕은 '더러운 덕'이라는 뜻이다. 그런데 예덕선생은 비록 몸은 더럽지만 하는 일은 참으로 아름답기 그지없다. 그는 사람이 할 수 있는 도리는 모두 했고,

---

* 방경각외전 : 연암집 중 제8권. 단편소설집으로 마장전, 예덕선생전 등을 수록해 양반사회의 윤리적 타락을 풍자했다.

자신의 처지에 맞는 행동을 하기 때문에 연암이 보기에는 똥을 치우는 예덕선생이야말로 공자나 맹자가 추구하는 아름다운 가치를 가장 실천하는 사람이 아니냐고 반문하고 있다.

연암의 소설은 당대 최고 베스트셀러였다. 지배층을 향한 피지배층의 통렬한 비판을 담고 있는 사회소설이었다. 이는 하층민에게 카타르시스를 주기에 충분했다. 이처럼 박지원의 소설은 양반이 아니라 백성을 향해 있었다. 연암은 이렇게 말한다.

> 난 평생 양반이나 지체 높은 관료들이 읽으라고 글을 써본 적이 없다. 난 무지하고 가난하고 억울한 세상을 사는 서민이나 하민들이 읽으라고 글을 썼지. 그들은 무지해서 어려운 글은 잘 몰라. 그러나 내 글을 좋아했었어. - 〈연암집〉 박지원의 말 중

그는 하인들의 이야기를 즐겨 들었고 참외 파는 사람, 돼지 치는 사람도 서슴없이 자기 친구로 받아들였다. 개방적이며 유연했던 사고방식은 연암을 조선 최고 이야기꾼으로 거듭나게 했던 것이다. 중년의 연암은 세상의 중심인 청나라를 여행하고 난 뒤 〈열하일기〉에서 허생전과 호질을 발표한다.

연암의 문학에는 이용후생의 정신이 담겨 있다

허생의 무역활동을 통해 조선의 경제구조가 얼마나 허술한지 경고한 허생전. 상공업의 중요성을 강조했던 이용후생정신이 두

드러진 작품이다. 주인공인 허생은 글공부 10년 계획을 세운 선비다. 책 읽는 것밖에 모르는 무능한 양반은 극심한 생활고를 겪는다. 글공부를 포기한 허생은 장안 최고 부자 변씨를 찾아간다. 그리고 호기롭게 만 냥을 빌려달라 청한다. 만 냥의 가치는 쌀값을 기준으로 계산해보면 지금의 2억 원에 해당하는 거액이었다. 변 부자는 아무 조건 없이 거금을 선뜻 내어준다. 돈을 빌린 허생은 곧바로 장안의 모든 과일을 사들였다. 몇 달이 지나지 않아 과일값은 폭등했고 매점매석을 통해 10만 냥을 벌게 된다. 허생은 다시 말총을 사 모았고 이를 비싼 값으로 되팔아서 쉽게 100만 냥을 벌었다.

허생전에서 연암이 얘기하고 있는 것은 간단하다. 조선은 경제규모가 상당히 작기 때문에 매점매석을 통해서밖에는 부를 창출할 수 없다는 것이다. 그는 허생의 입을 통해 매점매석의 방법으로 우리 국가 경제를 운영한다면 경제 파탄을 가져올 것이라고 경고하고 있다. 이것은 중국과 비교해서 조선에서는 아직도 다른 산업구조를 만들어내지 못했다는 것을 이야기하고 있는 것이다.

예리한 식견과 통찰로 시대의 문제를 간파한 연암의 문학에는 18세기 조선을 개혁하고자 했던 박지원의 이용후생의 정신이 담겨 있다.

성리학에서 가장 중시하는 것은 천리다. 천리라는 것은 눈에 보이지 않는 것인데, 연암 문학이 추구하는 바는 천리보다는 인사, 즉 인간의 일이다. 예전에는 농업을 중시하고 상업을 천시하는 경향이 있었는데 연암의 글에 나타나는 주인공들은 상행위에 대해 아주 너그럽다. 즉, 연암이 장사를 하는 것에 대해 아주 긍정적이었다는 의미이기도 하다. 이런 것들을 통해 연암은 조선사회가 새로

〈연암집〉과 〈양반전〉 내용을 표현한 동상.

운 길목으로 접어드는 과정을 문학에 반영하고 있다.

조선의 변화를 꿈꿨던 연암은 자신을 알아보는 군주, 정조시대에 이르러 학문적으로 꽃을 피웠다. 하지만 미래를 위한 전제조건이었던 개혁은 1800년 정조의 죽음과 더불어 사라진다. 순조의 즉위와 함께 조선에는 세도정치라는 역풍이 불어 닥쳤다.

미래에서 과거로, 개방에서 폐쇄로, 그리고 소통에서 단절로 돌아선 조선. 한 치 앞도 내다볼 수 없는 혼란스러운 정국은 100년 후 조선을 망국의 길로 접어들게 했다.

풍자와 해학으로 거침없이 조선사회를 비판했던 지식인 연암 박지원. 그가 후손에게 남긴 당부는 과연 무엇을 의미하는 것일까?

15

실학,
조선을 밝히다

다산 정약용

18세기 조선, 새 바람이 불고 있었다. 그것은 실학의 거센 바람이었다. 그 한가운데 다산 정약용이 있었다. 실학으로 조선을 밝힌 정약용, 그는 개혁군주 정조를 만나 자신의 뜻을 마음껏 펼칠 수 있었다. 백성을 하늘로 삼고 더 나은 백성의 삶을 추구했다. 학자요, 정치가요, 문장가이며, 저술가였던 다산 정약용, 18세기 성리학이 지배하는 조선에서 그가 추구했던 실학정신은 무엇이었을까?

정약용의 시대 세계는

다산이 강진에서의 길었던 귀양살이에서 돌아와 고향에서 은거하며 저술에 몰두하던 1820년대, 세상은 다산처럼 조용히 있지 않았다. 거인 청나라에서는 짙은 암운이 드리워지고 있었다. 1820년 즉위한 도광제 시기, 이미 청나라 전역에는 영국 동인도회사를 비롯한 여러 나라에서 수출한 아편이 사회문제로 부각돼 있었다. 훗날 서구 열강의 중국 침탈은 아편문제로부터 시작했다고 해도 과언이 아니다.

유럽에서도 격변은 계속됐다. 특히 프랑스에서는 나폴레옹이 등장했다가 곧바로 역사의 뒤안길로 사라졌다. 이 시기 영국과 프랑스, 스페인, 포르투갈 등의 국가들은 남미와 아시아에 이어 아프리카에서도 제국주의의 손길을 뻗치고 있었다. 그들은 광물자원과 노예무역으로 막대한 부를 얻는 것도 모자라, 직접 아프리카 대륙의 여러 국가에 자신들의 식민지를 구축하기 시작했다.

이 시기 미국은 서부로, 서부로 영토를 확장하고 있었다. 특히 1803년 프랑스로부터 사들인 루이지애나와 1819년 스페인으로부터 할양받은 플로리다와 중서부 여러 영토들은 미국의 영토를 크게 넓혔다. 이후 서부 개척이 더 가속된다.

다산 정약용 丁若鏞

1762~1836

수원화성, 18세기 조선의
실학 정신으로 완성되다

아름답고 견고한 수원화성. 그것은 한 시대의 결실이자 한 학자의 결실이었다. 18세기 조선의 실학 정신으로 꽃 핀 수원화성, 인류의 문화유산이 된 수원화성(1997년 유네스코 세계문화유산 선정)은 새로운 조선의 상징이었다.

문화, 학술, 예술의 집합체인 수원화성 축성에는 당대의 모든 신기술이 총동원되었다. 이는 변화하는 조선의 자신감이자 조선 실학이 일군 빛나는 성과였다. 수원화성 축성의 주역은 다산 정약용. 〈목민심서〉, 〈경세유표〉, 〈흠흠신서〉 등 모두 500여 권의 저작을 남긴 그는 18세기 조선 최고 실학자였다. 역사와 시대와 백성에 대한 모든 고뇌를 저작으로 남긴 정약용은 학자요 정치가요 문장가이며 저술가였다.

다산 정약용이 태어난 남양주군 조안면 두물머리.

다산, 경기도 남양주군에서
태어나다

아름답고 긴 물줄기 남한강.
북한강 물줄기와 합쳐져 한양
으로 흘러드는 남한강은 우리 역사 한 가운데를 관통해 왔다. 이
리하여 남한강은 역사의 강이자 사람의 강이 되었다. 이 남한강변
에서 18세기 조선을 밝힐 놀라운 인물이 탄생한다.

경기도 남양주군 조안면, 이곳에 들어선 실학박물관은 조선을
밝힌 한 인물이 계기가 된다. 이곳 실학박물관에는 18세기 조선에
새로운 바람을 불러일으켰던 실학에 관한 모든 자료가 망라돼 있
다. 천문관측 기구 혼천의와 새로운 지리 인식을 반영한 곤여지도
등 당대 실학을 엿볼 수 있는 모든 자료가 전시돼 있다.

이 실학박물관의 한켠, 18세기 최고 실학자이자 이 실학박물
관 건립의 계기가 된 한 인물에 대한 자료가 전시되어 있다. 바로

다산 정약용이 그 주인공이다. 그는 젊은 시절 규장각에서 북학파 학자들과 교유하며 북학파의 사상을 익혔다. 그는 성호 이익을 중심으로 한 경세치용파의 경전 연구와 학문적 태도, 사회 제도의 변화와 개혁을 추구했던 사상을 바탕으로 하여 과학기술을 회합(會合)하는 실학을 집대성하게 된다.

다산, 그는 누구인가?

성리학의 나라 조선에서 실학이라는 새로운 학풍을 집대성했던 정약용, 그는 과연 어떤 인물이었을까? 실학박물관에서 멀지 않은 곳에 정약용의 생가가 복원돼 있다. 그는 이곳에서 태어났고 유배에서 풀린 후 18년간 살다가 죽었다. 생가는 마치 그의 삶과 학풍을 상징하듯 당당하고도 단아하다. 그가 손님을 만나고 책을 읽고 저술을 하던 사랑채, 200여 년 전의 정약용의 체취가 그대로 풍겨 나오고 있다. 말년의 정약용은 이곳을 여유당이라 이름 지었다. 마치 시냇물을 건너듯 조심하라는 뜻에서 붙인 이름이다. 또 그의 생애를 그대로 함축해 놓은 것이기도 하다. 정약용은 1762년, 이곳에서 아버지 정재원과 어머니 해남 윤씨 사이에서 태어났다. 그는 이른바 팔대옥당, 즉 8명의 조상이 내리 홍문관 관리를 지낸 명가 출신이었다.

그의 외가 또한 대단한 집안이었다. 문인화의 대가 공재 윤두서 (1668~1715, 고산 윤선도의 증손자)는 정약용 어머니의 조부였다. 그의 형제들 역시 조선사의 한 장을 장식하는 인물들이었다. 이복형 약현과 동복 형제 약전과 약종이 그들이었다.

정약용이 태어나던 그 해, 1762년. 조선에는 비극적인 사건이 벌어지고 있었다. 바로 정조의 아버지 사도세자가 뒤주 속에 갇혀 죽는 사건이 일어났던 것이다. 나중에 정조가 되는 열두 살의 세손이 직접 겪은 바로 그 사건이었다. 네 살 무렵부터 정약용은 글을 배우기 시작했다. 그 자신이 술회하듯 타고난 문재였다. 그가 일곱 살 때 지은 시가 전해진다.

작은 산이 큰 산을 가리니
가깝고 먼 곳이 같지 않네

나중에 실학을 집대성한 조선 최고 실학자가 된 정약용, 실학이란 어떤 학문이었을까?

역사적 개념의 실학은 17~19세기 고통과 어려움 속에 있는 백성을 구제하고 사회를 발전시켜 부국강병한 나라로 이끌어갈 수 있을 것인가를 고민했던 지식인들의 학문 자세와 학문 성과를 말한다.

다산, 성호 이익의 학문을 사숙하다

충남 아산의 석곡사. 원래 이름은 봉곡사다. 이곳은 실학자 정약용의 면모를 엿볼 수 있는 곳이다. 이곳에서 젊은 관료 정약용은 자신의 학문에 큰 영향을 준 한 인물에 대한 강학회(지금의 세미나)를 열었다. 1795년, 금정찰방이던 정약용은 이곳에서 인근 선비들을 모아 열흘 동안 강학회를 열었다. 강학회의 좌장은 바로 성호 이익의 종손자 이삼환(1729~1814)이었다. 이들은 이익을 추모하고 이익의 사상과 문집을 정리했다.

최초의 실학자 성호 이익(1681~1763), 그는 젊은 정약용에게 큰 영향을 준 인물이었다. 〈성호사설〉 등 수많은 실학 관련 저작을 남긴 이익은 정약용이 태어난 다음해 세상을 떠나 둘은 직접 대면하지는 못했다. 그러나 젊은 정약용은 이익의 저서를 접하고 큰 충격과 감동을 받았다. 이후 정약용은 이익을 사숙한다. 이익은 정약용의 학문적 스승이었던 것이다. 정약용 스스로 이익과 자신의 관계를 다음과 같이 술회했다.

> 모두 성호 선생의 학문을 이어받아 펼쳐 나가고 있었다. 나도 이익 선생이 남기신 글들을 얻어 보게 되었는데, 그를 보자 흔연히 학문을 해야겠다고 생각했다. - 정약용 자찬묘지명 중

성호 이익을 비롯하여 반계 류형원, 다산 정약용은 소장 남인 계통 인물들로 실학 중에서도 특히 농업 중심의 실학을 연구했다. 농업 중심의 실학은 토지개혁론으로 양반들의 토지 소유를 억제하고 보다 많은 자영농을 길러야 한다는 입장이었다. 성호 이익도 한전제(국가의 토지를 농민에게 주되 매매를 금하는 제도)를 주장했다. 이익, 류형원, 정약용 모두 토지개혁론을 주장하고 있는데, 다산도 이익의 실학 영향을 받았다고 볼 수 있다. 이처럼 정약용은 이익을 통해 실학이라는 학문 세계로 첫발을 들여 놓았던 것이다. 토지제도 개혁 등 구체적인 사상을 담은 이익의 실학사상은 젊은 정약용에게는 완전히 새로운 세계였다. 그 때문에 정약용은 성리학적 질서의 조선이 가진 모순과 한계를 실학으로 극복할 수 있다고 여겼

다. 즉 부국강병과 백성의 삶을 실질적으로 나아지게 하는 길이 실학에 있다고 판단한 것이다. 그 무렵, 정약용은 자신의 학문의 길을 다짐하는 시를 남기기도 했다.

> 내 의지를 밝히다
> 지닌 뜻 확고하지 않다면
> 가는 길 어찌 순탄하리오
> 중도에 가는 길 바꿔 버려
> 길이 뭇사람의 비웃음 받을까 걱정이네 (중략)

이제 실학은 거역할 수 없는 정약용의 삶이 되었다. 이익의 저서를 접한 정약용이 실학자로서 뜻을 펼칠 수 있는 계기가 20대 초반에 찾아왔다. 호조좌랑이 된 아버지를 따라 서울로 옮겨와 살던 1783년, 그의 나이 스물세 살 때였다. 정약용은 세자 책봉을 축하하기 위한 증광감시와 회시에 우수한 성적으로 연이어 합격해 성균관의 유생이 된다.

다산, 개혁군주 정조와 운명적인 만남을 가지다

이때 정약용은 일생일대의 운명적인 만남을 갖는다. 개혁군주 정조(1752~1800)와의 만남이었다. 첫 대면에서 정조는 특별히 정약용을 지명하며 고개를 들라고 했다.

"정약용이 누구인가? 고개를 들라."

정약용이 고개를 들었다. 임금 앞에서 고개를 드는 것은 파격이었다.

"몇 살인고?"

다시 정조가 정약용의 나이를 물었다.

"임오생이옵니다."

정약용이 대답했다.

임오년은 사도세자가 뒤주에 갇혀 죽던 바로 그해였다. 둘의 인연은 이렇게 시작되고 있었다.

정조와 정약용의 관계는 바람직한 군신관계이자 사제관계라고도 볼 수 있다. 정약용은 경연에 참석해서 정조에게 주역을 배우고 싶었는데, '부친이 세상을 떠나 여묘살이를 하느라 주역 강의를 못 들은 것이 천추의 한'이라고 기록한 것에서 알 수 있듯 정조를 학문적인 스승으로 여겼다. 개혁군주 정조는 새로운 조선을 원했다. 특히 아버지 사도세자를 죽음에 이르게 한 적대적인 정치세력인 노론을 대신할 새로운 세력이 필요했다. 이를 위해 정조는 규장각을 설치하고 젊은 규장각신들을 등용했으나 아직 이들은 노론을 대체할 세력이 되지 못하고 있었다. 그래서 정조는 젊은 정약용을 주목했다. 정조는 정약용에게 깜짝 과제를 내주는 경우가 많았다. 한번은 정조가 성균관 유생들에게 중용에 대한 의문점 70여 가지를 뽑아 답을 제출하라고 재근했다. 정약용의 답안지를 받아본 정조는 정약용을 '식견 있는 선비'라고 극찬했다. 정조는 아직 유생인 정약용을 자주 불렀다. 그러고는 많은 책을 하사했다. 모두가 국사와 관련된 서적이었다. 술을 못하는 정약용에게 술을 하사하기도 했다. 왕의 하사주를 마신 정약용은 승지의 부축을 받아 나갈 정도였다. 그리고 정조는 은밀히 군사서적을 건네기도 했다. 그러나 벼슬은 쉽게 제수하지 않았다.

정조는 왜 벼슬을 내리지 않았을까? 정조는 다산을 아끼고 사랑했다. 그래서 일찍 문과에 급제해서 벼슬을 하는 것보다는 오래 학문을 연마하고 더 많은 공부를 해서 실력을 축적한 후에 신하로 세우기 위해 합격을 늦추었다고 볼 수 있다. 마침내 1789년, 스물 여덟 살의 정약용은 성균관 시험인 반시에서 수석하고 전시에 나가 합격했다. 이때 채제공과의 일화가 전한다. 정조는 정약용을 1등으로 삼고 싶었다. 정조는 시험 감독관 채제공(1720~1799)에게 1등·2등을 가리라고 했다. 그러나 채제공은 정약용을 2등으로 올렸다. 정약용은 채제공 사돈의 아들이었던 것이다. 따라서 채제공은 정약용을 1등으로 올릴 수 없었다.

그러나 최종 발표를 앞두고 변수가 발생했다. 정약용과 1, 2등을 다투던 심봉석이 그의 답안지에서 부친 이름을 빠뜨렸던 것이다. 결국 정약용이 1등 급제자가 되었다. 마침내 정약용은 성균관 유생 6년 만에 관직에 올랐다. 종7품 희릉직장을 시작으로 부사정을 거쳐 가주서에 제수되었다.

이 무렵, 실학자 정약용의 진면목을 보여주는 일이 있었다. 정조는 정약용에게 특별한 임무를 부여했다. 한강에 주교, 즉 배다리를 만들라고 지시한 것이다. 한강의 배다리는 정조에게 큰 의미가 있는 것이었다. 즉위 초 아버지 사도세자의 묘소를 수원으로 옮겨놓은 정조는 자주 묘소 참배를 하곤 했다. 이는 반대파인 노론을 견제하기 위한 정조의 고도의 정치행위였다. 즉, 아버지를 죽게 한 노

정약용이 만든 배다리를 묘사한 김홍도의 주교도와 한강 다리.

론을 압박하는 것이었다.

주교사 정약용은 곧바로 정조의 지시를 이행했다. 대형선박 80여 척을 징발하고 그 위에 판자를 놓아 다리를 완성했다. 다리에는 홍살문까지 설치해 그 모습이 장엄했다. 정조가 배다리를 건널 때 수많은 백성들이 거리로 나와 구경했다.

정약용과 정조 사이, 고비도 없지 않았다. 정조가 정약용을 예문관에 들여보내기 위해 한림소시라는 시험을 보도록 했다. 그러나 노론 대간들이 탄핵을 하고 나섰다. 일단 탄핵을 받은 이상 정약용은 사직상소를 낼 수밖에 없었다. 정조는 만류했으나 정약용은 끝내 사직소를 올렸다. 이에 격노한 정조는 그를 충청도 해미로 유배를 보냈다. 그러나 유배 기간은 고작 열흘이었다. 해미에서 올라오는 길에 정약용은 온양에 들러 영괴대(충남 아산시)를 깨끗하게 난장하도록 했다. 영괴대는 사도세자의 유적지다. 정조는 이를 기특하게 여겼으나 사도세자를 죽게 한 노론들은 정약용을 견제하기 시작했다. 홍문관 수찬이던 31세 때, 정약용은 아버지 정재원의 상을 당한다. 정약용은 고향에서 시묘살이를 시작했다. 그러나 정조는 정약용을 그냥 놔두지 않았다. 시묘살이하는 정약용에게 밀명을 내렸다.

정조의 밀명은 과연 무엇이었을까? 조선 최고 성곽이자 최후 성곽인 수원화성, 바로 이 수원화성 축성에 대한 밀명이 정약용에게 내려졌다. 이는 정약용의 실학자적인 면모를 높이 산 정조의 용단이었다. 정조는 수원화성에서 새롭게 시작하고 싶었다. 이를 완성할 수 있는 최적의 인물로 정약용을 꼽았다.

다산, 수원화성을 디자인하다

많은 관람객들의 발길이 끊이지 않는 수원화성 박물관, 이곳에는 화성 축성에 대한 과정과 자료가 총망라돼 있다. 이곳에 전시 중인 〈화성성역의궤〉(華城城役儀軌, 1794년부터 1796년까지의 수원 화성 성곽 축조 기록)는 화성 축성에 대한 모든 과정을 기록한 정부 공식 기록물이다. 축성에 대한 방대하고 세밀한 정보가 들어 있는 이 책은 그 자체로 세계적인 기록물이다.

성역의궤는 화성이 만들어진 후 화성 축성 기간의 모든 것을 담은 기록이다. 1794년부터 1796년까지 2년에 걸친 축성 기간에 어떤 사람이 어느 부분의 성을 만들고 인건비는 얼마를 받은 것부터 하나의 건물을 지을 때 돌은 어디서 가져 왔고, 나무는 어디서 가져 왔으며 못은 얼마나 쓰였는지까지 모두 들어 있다. 그런 까닭으로 화성에 대한 연구를 할 때 가장 필수적인 자료다. 만약 지금 복원을 한다고 해도 화성성역의궤를 기본 자료로 삼아 복원할 수 있을 정도로 훌륭한 자료다. 이 책에는 또한 화성 축성에 사용된 각종 장비와 기구들도 매우 자세하게 수록돼 있다. 축성 장비 중 하

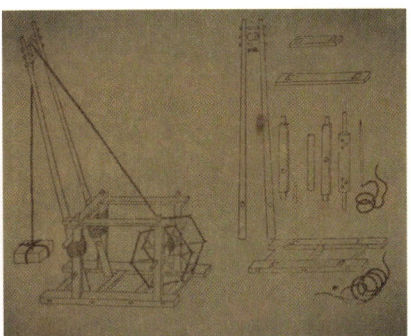

화성성역의궤의 설명대로 재현한 녹루.

나인 녹로(轆轤, 도르레를 이용하여 무거운 돌을 10미터 높이까지 들어 올리던 장비)는 두 대가 사용된 것으로 전해진다. 이들 장비 중 정약용이 만든 것도 적지 않다. 수레의 일종인 유형거(遊衡車, 축성에 필요한 돌을 옮길 때 사용)는 정약용이 고안한 것이었다.

당시 수레의 가장 큰 문제점은 무거운 돌을 얹으면 바퀴살이 견디지 못하고 바퀴가 무너져 내리는 것이었다. 산에서 돌을 가지고 내려올 때 경사지에서 기울어지면 안전사고가 날 위험이 있었기 때문에 유형거는 바퀴살을 튼튼하게 통으로 만들어서 무게를 견디게 설계되었다. 수레 중심에 중심추가 있어서 무게중심을 잡아주고 안전하게 경사지를 다닐 수 있도록 만든 과학적인 수레다. 많은 장비 중에서 가장 획기적인 정약용의 발명품이 있었다. 그것은 바로 거중기(擧重機)였다. 삼각 지지대와 수많은 도르레로 구성된 거중기는 정조가 하사한 중국 서적인 〈기기도설〉을 참고로 제작한 것이다. 그러나 정약용의 거중기는 중국 것보다 훨씬 발달한 것이었다.

거중기에는 아래와 위에 각각 4개의 도르래가 맞물려 있는데, 도르래 하나당 1/2의 무게를 줄여 총 1/16의 무게를 줄이는 효과를 보았다. 결국 일손이 1/8로 줄어드는 효과가 있었다. 정조의 밀명을 받은 정약용은 본격적으로 화성 축성 설계에 들어갔다. 정약용의 화성 설계도는 성설(城說, 수원화성 축성을 위한 설계 지침)이라는 책에 기록돼 전해진다. 치밀하고 자세한 이 설계도에는 실학자 정약용의 모든 면모가 그대로 담겨 있다.

다산, 수원화성을 가장 아름답고 견고한 성으로 만들다

〈성설〉 분수편에는 화성의 규모가 상세하게 나와 있다. 즉 화성 성곽의 길이는 3,600여 보로 4,240미터, 성의 높이는 2장 5척, 약 7.75미터였다. 또한 정약용은 토성과 벽돌성보다는 석성을 선택했다. 맨 아래부터 큰돌, 중간돌, 작은돌 순서로 견고하게 성을 쌓도록 했다. 정약용은 수원성을 난공불락의 철옹성으로 만들고 싶었다.

수원화성은 200여 년이 넘은 성으로 조선 후기인 정조 시대에 쌓은 성이다. 산성(山城)과 평지성(平地城)이 결합된 평산성(平山城)의 형태다. 화성에는 약 50개 시설물이 있는데 크게는 4개의 대문이 있다. 또한, 수원화성에서만 볼 수 있는 공심돈(空心墩), 포루(砲樓), 포사(鋪舍), 적대(敵臺), 암문(暗門), 치(雉)와 같은 다양한 방어시설과 공격시설을 갖추고 있다. 그리고 정약용은 세상에서 가장 아름다운 성을 만들고 싶었다. 가장 아름답고 가장 견고한 성, 이것이 화성 설계의 핵심이었다. 이를 위해 다양한 시설물과 장치를 설치했다. 화성성역의궤에는 방어를 위한 특별한 시설물이 묘사돼 있다. 그 대표적인 것이 바로 옹성이다.

지금도 건재한 성문 앞의 둥근 시설물, 이것이 바로 옹성(甕城, 성문 밖에 부설하여 성문을 보호하는 원형이나 방형의 성)이다. 옹성은 성문 앞에 세우는 둥근 구조의 이중성벽으로 적이 곧바로 쳐들어오지 못하도록 한 것이었다. 이처럼 화성의 성문은 견고하고 높은 옹성으로 이중 방어장치를 갖췄다.

방어를 위한 정약용의 배려는 치밀했다. 문루에는 누조(漏槽, 성의 바깥문 위에서 물이 흘러내리도록 판 홈)를 설치했다. 누조는 적의 화공에 대비하기 위해 성문 위에 구멍을 뚫고 그 뒤에는 방화수를 준비해 둔 군사시설이었다.

성곽 방어시설에도 정약용의 치밀함이 담겨 있다. 성곽에 설치된 총안도 매우 과학적으로 만들어져 있다. 옹성에서 병사들이 몸을 숨길 수 있는 여장(女牆)에 3개의 구멍이 뚫려 있다. 3개의 구멍 중 양쪽 옆의 것은 반듯하게 뚫려 있고, 가운데 것은 사선으로 뚫려 있다. 사선으로 뚫려 있는 것은 성벽 가까이 있는 적을 방어하기 위한 것이고, 원총안(遠銃眼)은 보다 멀리 있는 적을 공격하고 방어할 수 있는 총안이다. 이처럼 수원화성은 정약용의 과학적인 설계로 구축된 것이다.

화성의 대표적인 구조물인 서북 공심돈(보물 제1710호). 그 내부를 보면 정약용의 설계가 얼마나 과학적이고 치밀한지 여실히 볼 수 있다. 원거리 적과 근거리 적을 공격할 수 있는 다양한 총안과 튼튼한 벽체는 공심돈을 난공불락의 요새로 만들고 있다. 근거리 적을 막기 위한 특별한 장치도 있다. 비스듬히 만들어진 이 구멍은 성벽에 접근한 적을 무거운 돌이나 쇳덩이, 혹은 뜨거운 물과 기름

❶ 성문 앞에 세우는 둥근 구조의 이중성벽 옹성. ❷ 화성의 대표적인 구조물인 서북공심돈(보물 제1710호). ❸ 성벽 위에 치성을 만들고 적을 격퇴할 수 있는 시설을 만든 포루 ❹ 성벽 밖으로 돌출되어 접근한 적을 측면에서 공격할 수 있는 입체적인 방어시설 치(雉).

으로 공격할 수 있도록 만든 것이다.

또 다른 방어 시설이 있었다. 그것은 치(雉)라는 시설이다. 성벽 밖으로 돌출된 치는 접근한 적을 측면에서 공격할 수 있는 입체적인 방어시설이었다. 만약에 치가 없다면 성 안의 병사들이 볼 수 없는 사각지대가 생기게 된다. 이를 최소화하기 위해 화성의 곳곳에 치라는 시설을 설치한 것이다.

원거리 적을 공격할 수 있는 시설물도 설치되었다. 포루(砲樓, 포를 설치하여 쏠 수 있도록 견고하게 만든 시설물)가 바로 그것이다. 성벽 위에 치성을 만들고 그 위에 적을 격퇴할 수 있는 여러 시설을 장치하는 것이 포루였다. 아군을 안전하게 보호하면서 적을 포격할 수 있는 시설이 바로 포루였던 것이다. 원래 정조는 화성 축조에 10년이 걸릴 것으로 예상했다. 그러나 정약용은 거중기 등을 이용하여 2년 9개월 만에 완공했다. 이 덕분에 공사비를 4만 냥이나 아끼고 정조는 반대파의 공격도 피할 수 있었다. 정약용의 맹활약으로 단기간에 완공된 수원화성은 세계문화유산으로 등재되었다. 이는 우리 민족의 우수성을 세계만방에 알리는 문화유산이자 세계 유산이 된다.

정조는 왜 이런 대규모 국책사업을 시행했던 것일까? 정조는 화성의 건설을 통해 조선의 경제개혁의 모범을 보여주려고 했다. 화성 옆에 진목천이라는 강을 막아서 만석거라는 저수지를 만들고, 그곳의 물을 사용하는 대유둔(국영시범농장)을 만든다. 그곳에서 소출한 한 해 단위 면적당 소출량이 당시 전국에서 1위를 했다는 기록에서 알 수 있듯이 정조는 수원화성 건설을 통해서 조선의 농업혁명을 추진한다. 한편으로 화성 앞에 십자로(네거리)를 조성하고, 상가들을 조성해 수원화성을 상업도시로 만들려고 했던 것이다. 이렇게 완공된 수원화성은 개혁 군주 정조의 여망과 실학자 정약용의 역량이 고스란히 구현된 걸작이었다.

다산, 지방관으로 부임하여 민생을 살피다

정약용의 다른 면모는 그가 지방관으로 부임했을 때 발휘되있다. 암행어사로 나가기도 했고 곡산 부사를 역임하기도 했던 정약용은 그 시기 피폐한 백성들의 삶을 직접 보고 아파했고 눈물 흘렸다. 이 무렵 그가 남긴 시 한 편이 있다.

시냇가 허물어진 집 뚝배기처럼 누웠는데

겨울바람에 이엉 걷혀 서까래만 드러났다.

묵은 재에 눈 덮인 아궁이는 차갑고

체 눈처럼 뚫린 벽에 별빛이 스며든다

집안의 물건은 쓸쓸하기 짝이 없어

모두 팔아도 7, 8전도 안 되겠네.

(중략)

오호라 이런 집이 천지에 가득한데

구중궁궐 깊고 깊어 어찌 다 살피랴

(후략)

　곡산 부사 시절, 정약용이 부임하기 전부터 곡산은 세금으로 인한 소요사태가 발생하고 있었다. 바로 이계심 사건*이다. 소요사태 주동자 이계심이 정약용 앞을 가로막았다. 정약용은 그를 체포하지 않고 관아로 데려가 오히려 칭찬하면서 무죄 방면했다. 백성의 어려움을 앞장서서 고변했다는 것이 그를 칭찬한 이유였다. 이런 면모를 가진 인물이 다산 정약용이었다.

　정약용은 사회를 개혁하고자 하는 철학적 개념의 실학과 실질적인 문물, 즉 한강의 배다리, 수원화성의 설계, 거중기 등 과학기술의 측면까지 함께 가지고 있는 전형적이고 종합적인 실학자다. 젊은 시절, 성호 이익의 저술에서 실학을 접하고 스스로 실학자가 된 정약용은 이후 개혁군주 정조를 만나 정계로 진출한다. 승승장구하던 정약용은 수원성을 건설하고 지방관으로 남다른 면모를 보였

---

* 이계심 사건 - 농민들을 선동하여 군포 비리에 항의하던 곡산의 농민 이계심에게 사건 정황을 면밀히 살펴 무죄로 석방한 사건.

다. 정조와 함께 숱한 개혁정책을 추진하던 그는 실학을 직접 펼친 실학자요 정치가였다. 실학으로 18세기 조선을 새롭게 밝히려 했던 젊은 학자, 일본인들도 존경했던 조선의 영웅 그는 바로 다산 정약용이었다.

그러나 갑작스레 찾아온 정조의 죽음, 이는 승승장구하던 젊은 관료 정약용의 앞날에 검은 그림자를 드리우는 일대의 사건이었다. 마침내 정약용에게 체포령이 내려졌다. 그는 둘째형 약전과 함께 의금부로 압송되었다. 빌미는 천주학이었다. 정약용과 그의 형제들이 천주학을 믿었다는 것이 체포와 고문의 이유였다. 정약용과 그 형제들은 극심한 고통을 당해야 했다. 이들의 불행이었고 한국 천주교의 비극이었다.

다산, 새로운 학문 천주학을 접하다

경기도 광주시 퇴촌, 이곳에는 18세기 한국 천주교의 비극적인 역사가 고스란히 남아 있다.

한국 천주교회 창립선조 다섯 분을 모신 묘역. 광암 이벽, 만천 이승훈, 녹암 권철신, 직암 권일신, 그리고 선암 정약종의 묘가 조성돼 있다. 초기 한국교회 창립에 밑거름이 된 5명의 순교자, 그런데 이들 대부분은 정약용과 깊은 인연이 있었다.

1782년 스물세 살의 정약용이 처음 천주교를 접한 곳이 바로 남한강이었다. 정약용은 큰형수의 상을 치르고 서울로 돌아오는 길이었다. 그 배에는 이벽이라는 인물이 함께 타고 있었다. 이벽은

한국 천주교 발상지 천진암 성지에 모신 한국천주교회 창립 선조 5위 묘역.

배 안에서 천주교에 대해 말했다. 성리학을 공부하던 정약용에게 천주교는 새로운 세계였다. 정약용은 적지 않은 충격을 받았다. 그가 들은 것은 천지가 창조되는 시원, 육체와 영혼, 그리고 삶과 죽음의 이치들이었다. 놀랍고 황홀하여 마치 은하수가 무한한 것과 같았다고 그 자신이 술회했을 정도였다. 서울에 도착한 정약용은 이벽을 따라갔다. 그리고 〈천주실의〉와 〈칠극(七克)〉 등 몇 권의 서책을 받았다. 정약용이 처음 천주교를 접하는 순간이었다.

절두산 순교박물관에는 〈천주실의〉 필사본이 보관돼 있다. 마테오 리치가 저술한 천주교 교리서인 〈천주실의〉는 천주교 교리를 유교와 조화시켜 해석한 것이다. 즉, 유교와 상반되는 것이 아니라 유교와 일치하고 어떤 부분에서는 유교를 보완할 수 있다는 입장에서 천주교 교리를 제시한 것이다. 유교문화 전통과 천주교라는 종교 간의 조화를 이룰 수 있는 시야를 열어주고 있다는 의미를 갖는다.

〈천주실의〉는 지적 호기심이 왕성하던 20대 청년 학자 정약용에게 새로운 시각을 제시하는 읽어볼 만한 책이었다. 그런데 이벽

(1754~1786)은 정약용과 밀접한 관계가 있었다. 이벽은 정약용의 큰형인 정약현의 처남, 즉 정약용과는 사돈관계였던 것이다. 가까운 인척을 통해 천주교를 접한 그가 이를 통해 본 것은 무엇이었을까? 당시 다산의 기록을 보면 매우 경이롭고 깜짝 놀랄 만한 충격을 받은 것 같다. 성리학 체계 속에서 국가가 운영되는 나라였는데, 천주교라는 새로운 논리를 접하면서 이전에는 전혀 생각하지 못했던 새로운 분야가 있다는 사실에 그는 충격을 받는다. 다산은 그래서 천주교에 대해 상당한 매력을 느꼈다. 그러나 다산이 더 관심을 가진 것은 천주교를 통해 들어온 서양의 과학사상 즉 천문학, 지리학 등이었다. 성리학 속에는 없었던 과학 사상을 보면서 국가를 경영하고 나라를 통치하기 위해서는 반드시 필요한 논리라고 여겼다.

또 한 사람, 정약용과 밀접한 관계가 있는 천주교인이 있었다. 1780년 진사시에 합격했으나 벼슬을 단념하고 학문에 전념하던 이승훈(1756~1801)은 조선 최초로 자청해 영세를 받은 인물이었다. 1783년 이승훈은 서장관인 아버지를 따라 북경으로 갔다.

당시의 북경은 동서양의 문화와 문물이 모여드는 개방도시였다. 특히 마테오 리치 이후 서양 선교사들이 활약하고 있었다. 그들은 서양과학 문물을 전파하는 대가로 천주교 포교를 허락받고 있었다. 북경에 도착한 이승훈은 천주교 교회를 방문했다. 이승훈이 북경으로 떠나기 전, 이승훈에게 북경 천주당을 방문해 신부를 만날 것을 권유한 인물이 조선에 있었다. 바로 정약용에게 천주교를 권한 이벽이었다. 이승훈은 이벽의 권유를 흔쾌히 받아들였다. 서양 신부를 만난 이승훈은 필담으로 천주교 교리를 배웠고, 1784년 2

한국 최초의 가톨릭 신자인 이승훈이 예수회의 그랑몽 신부를 만나 세례를 받은 북당성당.

월 영세를 받았다. 세례명 베드로, 우리나라 최초 영세인이었다. 세례를 받은 이승훈은 많은 천주교 서적과 십자가, 그리고 성화 등을 가지고 귀국했다. 한국 천주교의 새 장을 연 이승훈, 그 또한 정약용의 매형이었다.

한국 천주교사에서 빼놓을 수 없는 또 한 인물이 있다. 바로 황사영이다. 충북 제천시의 배론 성지, 이곳에는 특별한 토굴이 자리하고 있다.

신유박해가 일어났을 때 황사영은 서울에서 제천 근교의 배론으로 이주하게 된다. 많은 천주교 신자들을 단지 천주교를 믿었다는 이유로 죽이고 있는 신유박해를 막기 위해, 무너진 교회를 재건하고 신앙의 자유를 얻기 위해 백서(帛書)를 썼던 곳이 바로 이곳이다.

순조 1년 1801년, 신유박해로 많은 천주교 신자들이 체포되고 처형되자 황사영은 이곳으로 피신했다. 황사영은 이곳 토굴 속에서 8개월 동안 숨어 지냈다. 그는 탄압당하는 조선 교회의 상황을 로마 교황청에 알리기 위해 백서를 작성한다. 그것이 바로 유명한 황사영의 백서였다. 그러면서 황사영은 백서에서 국제적인 재정원조

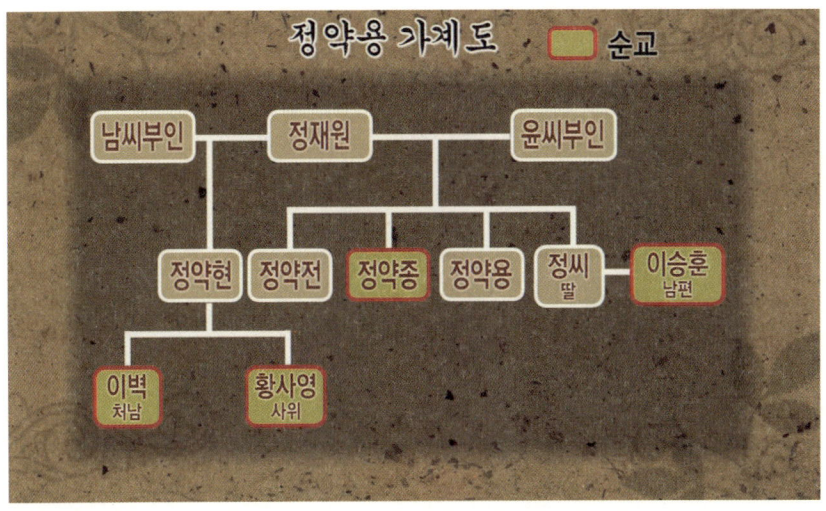

정약용 가계도

요청, 북경 천주교회와 연락, 청나라의 종주권 발동, 조선감호책 등 조선의 천주교를 보호하기 위한 방안을 제시했다. 그러나 이 백서는 북경으로 보내기 직전 발각되고 말았다. 1775년 태어난 황사영 (1775~1801)은 열여섯 살에 진사시에 합격한 수재였다. 그러나 그는 벼슬 대신 '알렉시오'라는 세례명으로 천주교에 입교하여 신유박해 때 순교했다. 황사영 역시 정약용과 가까운 인척이었다. 황사영은 정약용의 맏형 약현의 사위, 즉 정약용의 조카 사위였던 것이다.

이벽을 기리는 비석만 남아 있는 친진암 성지, 이곳은 한국천주교사에서 빼놓을 수 없는 곳이자 정약용과 천주교의 관계를 엿볼수 있는 장소다. 1779년, 18세의 정약용은 아침마다 이곳에서 세수를 하며 정신을 가다듬고 있었다. 한 무리의 선비들과 함께 강학회에 참여하고 있었던 것이다. 이 강학회에는 둘째형인 정약전과 함께 이벽, 권철신, 권상학, 김성원 등이 참여하고 있었다. 이들은 나중에 거의 모두 천주교 박해 때 비참한 최후를 맞는다. 이런 가계와 분위기 속에서 정약용 역시 천주학을 접할 수밖에 없었다. 남인 계열에 속했던 정약용의 일가들은 모두 천주학에 심취했다.

다산, 노론의
천주교 탄압에 시달리다

남인들은 영조 4년에 발생한 이인좌의 난 이후 과거 응시나 합격이 거의 불가능하게 된다. 결국 과거 응시를 못하게 되니까 당시의 주류 사상이었던 주자학 외 다른 사상에 관심을 갖게 되고 관대한 생각을 하게 된다. 당시 남인가에는 소현세자를 보필한 사람의 후손들이 있었다. 그에게는 소현세자가 귀국할 때 가지고 온 천주교 서적들이 있었는데, 이를 통해 천주교를 믿게 된다. 이때 천주교를 받아들인 인물들 대부분이 당파로는 남인들이고, 이승훈, 이벽 등은 모두 정약용과 인척이거나 가까운 사이였다. 이런 경로로 정약용도 천주교를 젊은 시절부터 자연스럽게 접하게 된 것이다. 18세기 조선, 천주교는 민간을 중심으로 널리 퍼져 나가고 있었다. 천주교의 평등사상 등이 적지 않은 반향을 불러일으켰던 것이다. 그러다가 뜻밖의 사건이 발생한다. 1785년 봄, 스물네 살의 정약용이 성균관 태학생으로 있을 때였다.

형조의 금리가 지금의 명동성당 자리에 있던 김범우 집에서 이상한 장면을 목격했다. 중인 김범우 집에 여러 사람들이 들락거리고 있었던 것이다. 금리들은 도박판이 벌어진 것으로 짐작하고 집안을 살폈다. 그러다 의외의 장면을 목격한다. 양반 한 명이 방 가운데 앉아서 뭔가 설명하고 있었고 주위에 많은 양반이 둘러 앉아 이를 듣고 있었다. 한 가운데 양반은 이벽이었다. 이 자리에는 정약전, 정약종 형제와 권일신, 권상학 부자 그리고 이승훈 등이 있었다. 양반뿐만 아니라 평민들도 함께 있었다. 당시로서는 상상도 못할 장면, 천주교 집회였던 것이다. 금리들은 현장을 급습해 많은 천주교 서적과 물품을 압수하여 형조에 바쳤다. 이것이 조선 천주교인의 실체가 정부에 의해 밝혀진 최초의 사건, 이른바 을사추조 적발* 사건이었다.

이 사건은 유학자들의 위기감을 고조시켰다. 팔도의 유학자들이 천주교를 금해야 한다는 상소를 올리기 시작했다. 유학자들 입장에서 천주교는 결코 용인할 수 없는 사학이었다. 이 사건은 정약용에게도 영향을 끼쳤다. 정약용이 이승훈과 함께 천주학을 접하고 있다는 소문이 나돌기 시작한 것이다. 이런 움직임에 대해 정조의 태도는 유화적이었다. 성리학인 정학이 바로 서면 천주학은 저절로 없어질 것이라며 사태의 확산을 막으려 했다.

> '정학(正學)이 밝아져서 사학(邪學)이 종식되면 상도(常道)를 벗어난 이런 책들은 없애려 하지 않아도 저절로 없어져서…'- 〈정조실록〉

당시 노론에서는 '천주교도들을 계속 탄압해야 한다'고 주장했다. 이는 천주교 탄압이 남인세력을 꺾을 수 있는 방편이 되었기

---

* 을사추조적발 : 1785년 명례방공동체(신앙 공동체)를 도박단으로 의심한 형조의 사령(使令)이 집회의 참석자들을 체포하고 천주교 서적과 물건들을 압수한 사건.

때문이다. 정조가 천주교를 옹호하면 조선의 국시(국가 정책의 기본 방침)를 위배한 것이라 해서 노론 쪽에 빌미를 주게 되므로 정조는 천주교를 사교, 사학이라고 규정하면서 성리학이 바로서면 천주교는 저절로 소멸한다고 한 것이다. 성리학을 주창하는 노론이 바로서면 일반 백성들이 천주교를 믿지 않을 것이니 자연히 소멸할 것이라는 논리다. 그러나 이후 더욱 충격적인 사건이 발생했다. 전라도 진산에서 진사 윤지충과 그의 내외종 사촌 권상연이 제사를 폐지하고 부모의 위패를 불태웠다는 소문이 돌기 시작했다. 소문은 삽시간에 서울까지 번졌다. 제사를 없애고 부모의 위패를 불태운 사건은 유학의 입장에서는 결단코 용납할 수 없는 패륜이었다.

윤지충과 권상연의 가택을 수색하고 체포하라는 여론이 끓어올랐다. 진산사건이었다. 이 사건은 벼슬길에 나가 있던 정약용에게도 큰 충격이었다. 윤지충은 정약용의 외종 육촌이었던 것이다. 천주교에 대한 유학자들의 공격은 더욱 거세졌다. 그들은 천주교를 역률로 다스리라고 주장했다.

> 마땅히 큰 길거리에 목을 매달아 놓고 그 집터를 파서 못을 만들고 그 고을을 혁파하기를 마치 역적을 다스리는 법처럼 한 뒤에야 이단을 믿는 자들이 조금이나마 목을 움추릴 줄 알게 될 것이다. - 〈정조실록〉 중

유학자들은 천주교도들을 큰 길거리에서 목을 매달고 그 집터는 파서 연못으로 만들어야 한다고 주장했다. 그래야 천주교의 확산을 막을 수 있다고 상소했다. 정조도 압박감을 느꼈다. 고심 끝

에 정조는 마침내 결단을 내렸다. 그러나 사태는 그것으로 끝나지 않았다. 노론을 중심으로 정약용도 천주교도라는 공격이 끊이지 않았다. 정약용은 동부승지를 사양하는 상소를 올렸다. 이 상소에서 그 자신, 한때 천주학을 접한 적이 있다고 솔직히 밝혔다.

"당초에 천주교에 물든 것은 아이의 장난과 같았는데 지식이 차츰 자라자 문득 적수(敵讎)로 여겨 분명히 알게 되어서는 더욱 엄하게 배척하였고 깨우침이 늦어짐에 따라 더욱더 심하게 미워하였으니" - 〈다산시문집〉 중 '동부승지를 사양하는 상소'

처음에는 호기심에서 접했으나 나중에는 천주학이 잘못된 것임을 분명히 알고 배척했다고 밝혔다. 그리고 정약용은 처음 천주학을 접한 것은 서양과학 지식이 궁금했기 때문이라고 했다. 또한, 천주학을 성리학의 한 유파 정도로 여기며 읽었다고 했다. 정약용은 천주학과 결별했던 것이다. 그 이유는 무엇일까? 다산이 배교를 택한 이유는 천주교에서 제사를 지내지 말라고 한 것과 조정에서 천주교를 엄히 금해서였다. 조정에서 '천주교에 관계된 사람은 전부 죽인다'고 결정하자 다산은 제사를 지내지 않는다는 것과 나라에서 엄히 금한다는 이유를 들어 천주교에서 손을 뗀 것이다. 그러나 사실 다산은 사랑하는 군주 정조가 노론에게 공격을 빋자 징조를 지키기 위해 천주교를 배교한다고 했다는 설이 있다. 그러나 세월은 정약용의 바람대로 흘러가지 않았다. 운명은 전혀 다른 곳에서 뒤틀리고 있었다.

1800년 6월, 청천벽력 같은 일이 일어났다. 정조 임금이 갑작스레 승하한 것이다. 재위 24년 만이었다. 정조가 없었다면 정약용도 없었을 것이며 정약용이 없었다면 정조도 없었을 거라는 평가를 받는 두 사람이었다. 정약용의 낙심은 이루 말할 수 없었다.

정조를 이어 어린 순조가 즉위하고 영조의 계비 정순왕후가 섭정을 시작했다. 정순왕후는 노론 세력의 중심이었다. 이제 조정은 노론의 나라가 되어가고 있었다. 국상을 마친 '남인' 정약용은 고향 마재에 내려와 있었다.

집을 여유당이라 이름 짓고 조심스레 세상 돌아가는 모습을 살피고 있었다. 정약용의 우려가 현실로 나타났다. 천주교 탄압이 본격적으로 시작된 것이다.

1801년 1월, 바로 위 형 정약종(1760~1801)이 체포되었다. 정약종은 독실한 천주교 신자였다. 천주교 탄압이 시작되자 정약종은 자신의 집에 있던 천주교 성물을 나뭇짐으로 위장해 조카사위인 서울 만리동 황사영의 집으로 옮기려 했다. 그러나 이것이 발각되면서 엄청난 파장을 몰고 왔던 것이다. 정약종의 체포에서 그치지 않았다. 1801년 2월, 정약용과 정약전의 체포령이 떨어졌다. 사헌부에서 정약용, 이가환, 이승훈을 탄핵했던 것이다. 정약용은 국문장에 서야 했다. 국문관들은 정약용을 천주교도로 정약종과 엮으려 했다. 가혹한 고문이 가해졌다. 이때 남긴 정약용의 항변이 깊은 울림으로 다가온다.

'어찌 감히 위로 임금을 속일 수 있으며 아래로 형을 증거로 삼을 수 있겠습니까?'

다산, 죽음 직전까지
내몰린 끝에 유배를 가다

정조가 죽자마자 심환지(벽파의 영수)로 대표되는 노론 반동정치(反動政治)가 시작된다. 이때 노론에서 반드시 죽이려고 했던 인물들이 몇 명 있었다. 특히 정약용은 정조 때 성장한 젊은 남인들의 대표적인 인물이었기 때문에 반드시 제거할 대상이었다. 그래서 젊은 남인들의 뿌리를 확실히 뽑으려 했다. 그렇지 않으면 언제 또 정조 같은 임금과 정약용 같은 인물들이 협력하여 '노론 일당 독재 체제를 흔들지 모른다'고 생각했기 때문에 정약용이 천주교와 결별했음을 알고 있음에도 그를 죽이려 했다. 결국 정약종은 군문효수를 당했고 정약용과 정약전은 유배형에 처해졌다. 정약용은 경상도 장기로 유배를 가야 했다. 정약전은 전라도 신지도로 유배되었다. 형 약종의 시신도 수습하지 못한 상태에서의 유배였다.

이제 정약용은 세상과 완전히 격리되었다. 먼 장기에서의 유배, 이때의 심경을 정약용은 시로 남기고 있다.

작고 작은 나의 일곱자 몸
사방 한 길의 방에도 누울 수 있네
아침에 일어나다 머리를 찧지만
밤에 쓰러지면 무릎은 펼 수 있다네

정조 임금이 승하한 지 1년, 그에 대한 그리움도 컸다. 이때의 심경을 정약용은 두 아들에게 편지로 남겼다.

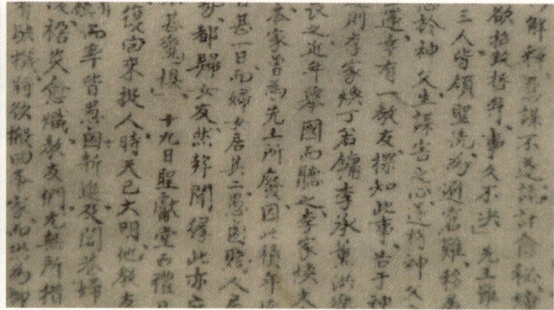

조선의 천주교 탄압사정을 알리려던 황사영과 그가 쓴 백서에 거론된 정약용. 정약용 외에도 이가환, 이승훈 등의 이름이 보인다.

> 이 달에 들어서는 공적으로나 사적으로나 죽은 이에 대한 슬픔
> 이 크고 밤낮으로 가신 이에 대한 그리움을 견딜 수 없으니 이
> 무슨 사람의 운명인가 (후략)

이 무렵 정약용은 또 다른 모색을 시도한다. 정약용이 장기의 한 서원을 찾았다. 우암 송시열을 모시고 있는 죽림서원이었다. 정약용은 서원 안으로 들어가려 했으나 서원 측의 반대에 부딪혔다. 정약용은 송시열을 참배하려 했다. 송시열은 노론의 영수, 서원 측은 남인 정약용을 받아들일 수 없다는 뜻을 밝힌 것이다. 어쩌면 노론 측과 화해를 하고 싶었을지 모를 정약용. 그러나 그의 이런 시도조차 무산되고 말았다. 장기에서의 유배 생활, 그러나 목숨을 부지하고 있는 것만도 정약용에게는 큰 다행이었다. 정약용의 장기 유배 당시, 천주교 탄압은 더욱 거세지고 있었다. 조정이 노린 것은 황사영(1775~1801)이었다. 배론 성지의 토굴에 숨어 있던 정약용의 조카사위 황사영이 마침내 체포되었다. 조선의 천주교 탄압사정을 알리려던 백서가 발각된 직후였다. 파장은 엄청났다. 노론은 즉

각 정약용을 탄핵했다. 황사영 백서에 정약용의 이름이 거론되어 있었기 때문이다.

노론은 백서의 배후에 정약용과 정약전이 있다고 주장했다. 정약용, 정약전 형제는 다시 서울로 압송당해 국문청에 서야 했다. 위관은 황사영 백서를 보여주며 두 형제를 압박했다. 모진 고문도 가해졌다. 그러나 정약용 형제가 황사영과 관련이 있다는 증거는 그 어디에서도 나타나지 않았다. 오히려 정약용을 두둔하는 주장이 나왔다. 정약용에 대한 백성들의 칭송이 높은데 만약 정약용을 죽이면 백성들의 원망과 비방이 높을 것이라는 주장이었다. 노론도 정약용을 죽일 수 없었다. 모두를 죽여도 정약용을 죽이지 못하면 하나도 죽이지 못한 것과 같다던 노론이었다. 정약용과 정약전은 또다시 유배형을 받았다. 정약용의 유배지는 강진, 정약전의 유배지는 절해고도 흑산도였다.

먼 남쪽의 유배지, 형제는 나주까지 유뱃길을 함께했다. 조카사위 황사영이 서소문 밖 형장에서 능지처참형에 처해지던 바로 그날, 형제는 남도 유뱃길에 올랐던 것이다. 천주교 탄압으로 정약용 집안은 산산조각나고 말았다. 죽음과 유배, 정약용 형제들이 감내해야 할 숙명이었다. 나주의 밤남정 삼거리, 정약용과 정약전의 유뱃길이 갈리는 곳이었다. 유뱃길에 나선 형제는 이 삼거리 주막에서 마지막 밤을 보낸다.

정약용과 정약전, 어떤 관계였을까? 젊을 때부터 정약용은 둘째 형인 정약전과 같이 공부를 했다. 두 사람은 기질적으로 가장 의기투합했다. 정약전은 아우 정약용에게 세심한 배려를 하고, 이해를 잘해주었다. 정약용은 자기 평생의 지기지우(知己之友), 자기를 알아주는 벗을 둘째형 정약전이라고 밝힌 일이 있다. 정약용이 유배지에서 저술을 마치면 인편으로 흑산도에 책을 보내 형의 평가를 받고, 형이 평가를 해주면 이에 따라 수정했다고 한다. 두 형제는 깊은 학문적인 유대의식을 갖고 있었다고 볼 수 있다. 밤남정 삼거리에서의 마지막 밤, 날이 밝으면 두 형제는 헤어져야 했다. 정약용은 날이 밝지 않기를 바랐다. 풍비박산이 난 집안, 가족을 남겨두고 떠나는 유뱃길, 먼 바다 가운데 외로운 섬 흑산도로 떠나야 하는 형, 이제 헤어지면 언제 다시 만날지 기약조차 할 수 없는 그런 밤이었다. 이때의 참담함을 정약용은 시로 남겼다.

> 초가주막 새벽등 푸르스레 꺼지려 해서
> 일어나서 샛별 보니 이별할 일 참담하구나
> 두 눈만 뜬 채 묵묵히 두 입 다 할 말 잃어
> 애써 목청 다듬건만 나오는 건 오열뿐,
> 흑산도 머나먼 곳 바다뿐인데
> 형님께서 어찌 그곳으로 가시겠소

마침내 날이 밝고야 말았다. 정약용은 영산강을 건너고 월출산을 지나 강진으로 가야 했고, 정약전은 거친 바다를 건너가야 했다. 정약용과 정약전, 둘의 관계는 형제 이상이었다. 함께 공부하고 함께 벼슬길에 나섰다. 서로가 의지하던 동료이자 형제였던 약용과 약전, 둘의 이별은 길었다. 젊은 관료로서 승승장구하던 정약용과 그런 동생의 든든한 버팀목이던 형 정약전, 이제 두 형제는 서로 다른 길을 가야 했다. 그러나 그들도 몰랐다. 이 이별이 영원한 헤어짐이 될 줄을 그때는 그들도 몰랐다.

초기 한국 천주교 역사는 그대로 정약용 가문의 역사였다. 많은 친인척들과 정약용의 형제가 순교했다. 정약용은 죽음의 문턱에서 구사일생, 목숨만은 건질 수 있었다. 하늘을 품으려 했던 정약용 형제의 운명이었다. 이제, 정약용은 강진으로 길을 잡았다. 그의 앞에는 또 다른 세월, 18년 유배가 기다리고 있었다. 유배지에서의 정약용, 그는 과연 어떤 길을 걸을 것인가?

유배지에서의 정약용, 그는 새로운 길을 선택했다. 그것은 학문과 저술의 길이었다. 다산 정약용, 그는 유배지에서 다산학이라는 학문의 금자탑을 쌓았다.

다산학, 유배지에서 쌓은 금자탑

남도 답사 일번지로도 일컬어지는 전남 강진은 봄이 가장 먼저 오는 곳이다. 정약용이 강진으로 유배를 온 시기는 찬바람이 몰아치던 한겨울이었다. 다시는 봄날이 돌아올 것 같지 않던 때였다. 강진을 굽어보고 있는 만덕산은 정약용의 산이다.

만덕산 기슭에 유배객 정약용이 머물렀던 다산 초당이 있다. 그의 체취가 지금도 그윽하다. 다산초당에는 정약용이 독서와 집필에 몰두하던 다산동암도 있다. 원래 다산초당은 해남 윤씨 가문 소유의 작은 초가였다. 정약용의 외가는 해남 윤씨 가문이었고, 다산초당에서 이들의 자제들을 가르쳤다. 세월이 지나면서 허물어진 것을 1958년 해남 윤씨 후손들이 지금의 기와집으로 새롭게 지었다. 다산초당에서 정약용은 제자를 가르치면서 독서와 저술을 했다. 따라서 이곳은 실학을 집대성한 실학의 성지라고 할 수 있다.

정조의 죽음과 뒤이은 신유박해로 정약용은 유배객이 되고 말았다. 그 역시 천주교에 깊이 관여했다는 것이 유배의 주된 이유였다. 정약용이 강진으로 유배 온 것은 1801년 겨울, 그의 나이 40세 되던 해였다. 처음 4년간, 정약용은 강진읍 동문 밖의 한 주막집에 머물렀다. 당시 강진 사람들은 모두 그를 죄인 취급하고 멀리했다고 한다. 정약용은 주막집 한 칸짜리 방을 사의재(四宜齋)라 이름 짓고 자신을 추스렸다. 다음은 그가 지은 〈사의재기(四宜齋記)〉이다.

생각은 마땅히 맑게 하되 맑지 못하면 곧바로 맑게 해야 하며 용모는 마땅히 엄숙하게 하되 엄숙하지 못하면 곧바로 엄숙해야 한다.

말은 마땅히 과묵해야 하며 말이 많으면 곧바로 과묵해야 한다.

행동은 마땅히 중후하게 하며 중후하지 않으면 중후하게 하라.

뜻이 꺾인 다산 정약용은 외롭고 괴로웠다. 유배 초기 그의 유일한 낙은 편지쓰기였다. 특히 고향의 두 아들에게 많은 편지를 보냈다.

'아무쪼록 너희들은 마음을 다 바쳐 어머니를 섬겨 그 삶을 온전토록 하거라.'

강진 유배시절 다산 정약용이 머물던 다산 초당.

'두 며느리로 하여금 아침저녁으로 부엌에 들어가 맛있는 음식을 장만하고 방이 차고 뜨거운가 보살피며 한시라도 시어머니 곁은 떠나지 않도록 할 것이며…'
– 두 아들에게 보내는 편지 중

유배지의 정약용에게 가장 큰 고민은 두 아들과 조카들의 교육이었다. 자신의 유배로 모든 희망을 잃은 그들이었다. 정약용은 자식들과 조카들이 삶의 목표를 잃는 것이 가장 두려웠다. 정약용은 편시에서 늘 독서를 강조하면서 숙제를 내기도 했다. 특히 폐족이기에 더욱 처신을 잘하라고 했다. 자식들이 원하는 만큼 독서를 하지 않으면 따끔하게 질책했다.

"마음속에 참으로 조금의 성의만 있다면 비록 난리 속이라도 반드시 진보할 곳이 있는 법이다. 집에 책이 없느냐? 몸에 재주가 없느냐? 눈이나 귀에 총명이 없느냐? 어째서 스스로 포기하는 것이냐?" - 두 아들에게 보내는 편지 중

정약용은 자식들을 가르치려고 많은 편지를 썼다. 둘째형과 자신은 유배당했고, 셋째형은 처형 당한 죄인의 집안, 즉 폐족이 된 것이다. 당시에는 사회에 진출할 희망이 없는 집안이 된 것이다. 그래서 그는 자식들이 자포자기하지 않고, 비록 죄인의 집안이지만 당당하게 집안을 유지해 사람들로부터 무시당하지 않고 존경받을 수 있는 삶을 살 수 있도록 자식들에게 조언하는 글을 많이 썼다.

정약용과 가족의 관계를 말해주는 일화가 전한다. 유배 10년째, 아내 홍씨가 장롱 속에 고이 두었던 여섯 폭 다홍치마를 보내왔다. 그리움의 증표였다. 정약용은 이 치마를 마름질하여 네 권의 서첩을 만들어 두 아들에게 보냈다. 나머지 천에는 매조도를 그려 외동딸에게 보냈다. 그 매조도가 지금도 전한다. 매화와 그 향기를 못 잊어 찾아온 새를 노래한 시, 어쩌면 자신과 가족의 심경을 담았는지도 모를 일이다.

또 하나, 늘 정약용을 애태우는 일이 있었다. 바로 형 정약전이었다. 흑산도로 유배 간 정약전이 고기를 먹지 않는다는 편지를 보내오자 정약용은 이를 크게 걱정하는 답장을 보냈다.

'하늘이 형님을 흑산도로 보내어 고기를 먹고 부귀를 누리도록 했는데도 오히려 고달픔과 괴로움을 스스로 받으시다니 역시 사정에 어두운 것이 아니겠습니까? 들깨 한 말을 인편에 부쳐드리

정약용이 아들에게 보낸 편지 중에는 '재산을 어떻게 보관할 것 인가?'에 대한 내용도 있다. 돈을 많이 가진 사람은 실제로 매우 불편하다. 그러면 이 돈을 어디에 보관하느냐? 재산을 잘 보관할 수 있는 방법은 재산이 없는 사람, 가난한 친척, 가난한 친구들에 게 주는 것이다. 남에게 주거나 시혜(施惠)를 하면 걱정도 없을 뿐 아니라 이름을 천추에 전할 수 있다. 결국 나눔의 삶, 남에게 베풀 어 줄 때 진짜 아름다운 삶이 되고 그가 가지고 있는 재산이 제대 로 빛이 난다는 것이다. 늘 가족을 걱정하고 형을 염려했던 유배지 에서의 정약용, 그런 정약용에게도 전환점이 찾아왔다. 바로 백련 사(전라남도 강진군)와의 인연이었다. 다산초당에서 산길 따라 30여 분 거리의 백련사, 이 사찰은 만덕산을 사이에 두고 다산초당 반대 편 기슭에 있는 절이다.

통일신라시대 말기인 839년 승려 무염이 창건한 백련사는 8명 의 국사를 배출할 정도로 남도의 중심 사찰이었다. 유배 5년째인 1805년 봄, 정약용은 이 절에서 특별한 인연을 맺었다. 백련사에 머물고 있던 승려 혜장(1772~1811)을 만난 것이다.

백련사의 승려 혜장이 자신을 만나고 싶어 한다는 소문을 들은 정약용은 백련사를 찾는다. 그는 정체를 감추고 혜장을 만났다. 시 골노인인 체하는 정약용을 혜장은 처음에는 알아보지 못했다.

혜장은 해남 출신으로 어린 나이에 대흥사에서 출가했다. 영특 했던 혜장은 불법을 배운 지 겨우 몇 년 만에 큰 명성을 얻어 27 세 때 불법을 가르치는 수좌인 병불이 되었다. 그때 이미 제자가

100명이 넘는 학승이었다. 나중에 정약용의 정체를 안 혜장이 달려와 둘은 다시 만났다. 불법 외에 다른 학문에도 통달했던 혜장은 정약용과의 첫 만남에서 주역을 논했다. 혜장은 곧 주역에 대한 정약용의 깊이를 인정했다. 그 무렵, 정약용은 백련사의 한 암자인 보은산방에 머물고 있었다.

정약용보다 열 살 연하였던 혜장은 이곳으로 자주 정약용을 찾아와서 주역 등 학문을 논했다. 승려와 실학자의 벽을 뛰어넘는 교류였다. 그러나 혜장은 서른아홉 이른 나이에 세상을 떠나고 말았다. 정약용으로서는 아까운 학문적 동지를 잃은 셈이었다.

그럼에도 정약용은 한동안 이곳에 더 머무른다. 정약용이 쉽사리 보은산방을 떠나지 못한 이유는 바로 바다 때문이었다. 저 바다 건너에는 형 약전이 있었다. 정약용은 자주 산에 올라 형 약전을 그리워했다. 사람의 시력이 약해 멀리 보지 못하니 차라리 꿈속에서라도 만날 것을 기원하기도 했다.

둘의 관계는 형제 이상이었다. 형 약전은 정약용의 든든한 학문적 후원자였다. 정약용은 자신이 쓴 책은 꼭 먼저 형 약전에게 보이고 그 의견을 좇아 수정하곤 했다. 그러나 1816년 6월, 정약전은 흑산도 우이도에서 사망하고 말았다. 그토록 그리워하던 동생 약용을 만나지 못하고 유배지에서 운명을 달리하고 만 것이다. 정약용의 애통함은 극에 달했다. 자신 역시 유배객 신분, 정약용은 장례에도 참가할 수 없었다. 머나먼 곳에서 통곡만 할 뿐, 그가 할 수 있는 것은 아무것도 없었다. 그 애통함이 두 아들에게 보낸 편지에 남아 있다.

어지신 둘째형님이 세상을 떠난 날이다.
오호라, 현자(賢子)가 그토록 곤궁하게 세상을 떠나시다니
그 원통한 죽음 앞에 목석도 눈물을 흘릴 텐데
다시 말해 무엇 하리…

형 약전의 속절없는 죽음, 그것은 정약용에게 하늘 한쪽이 무너지는 것과 같았다. 어린 시절부터 함께 공부하고 함께 벼슬길에 나섰던 형제였다. 함께 천주학을 접하고 함께 실학을 고민했던 학문적 동지였다. 천주교 박해로 가문이 풍비박산이 나자 함께 유뱃길을 떠나온 형제였다. 피를 나눈 형제이자 영혼으로도 깊이 교감했던 정약전이 세상을 떠났을 때 정약용은 "내가 책을 써도 책을 봐줄 사람이 없으니 내가 무슨 낙으로 책을 쓰겠느냐"고 토로할 정도로 애통해했다고 한다.

다산, 다산초당에서 다산학을 완성하다

유배 8년째인 1808년 봄, 정약용은 다산초당으로 거처를 옮긴다. 여기에는 외가 해남 윤씨 가문의 도움이 컸다. 선비 윤단의 정자였던 이곳으로 옮긴 후, 정약용은 점차 안정을 찾아갔다. 유배객 정약용, 그는 왜 이곳 선속으로 기치를 옮긴 것일까?

그는 유배 온 절망적인 상황을 학문으로 풀어보고자 했다. 세상과 동떨어진 유배지에서 학문을 통해 자신의 존재가치를 찾고 자신의 미래를 생각했다고 볼 수 있다. 다산초당에서 찾은 정약용의 새로운 길, 그것은 바로 학문이었다. 형제의 순교와 유배, 그리고 연

이은 가족의 불행으로 인한 방황, 정약용은 그 모든 것을 학문으로 극복하고자 했다. 그는 무섭게 학문에 몰두했다. 복숭아뼈에 세 번이나 구멍이 날 정도로 공부에 전념했다는 일화가 전해질 정도였다. 그러나 정약용은 책에만 파묻혀 있지 않았다. 정약용은 다산초당을 운치 있게 꾸미고 싶었다. 그리고 새로운 세계를 접했다.

학문 외에 그가 추구했던 것은 무엇일까? 그 흔적이 다산초당 앞마당에 남아 있다.

정약용이 차 달이는 부뚜막으로 사용했던 다조, 정약용은 차에 심취했던 것이다. 그는 직접 샘(약천; 물이 촉촉이 젖어 있던 곳을 정약용이 직접 파서 만든 우물)을 파서 차 달이는 물을 길었다. 또한, 정약용은 이곳 다산초당에 '다산사경'을 구현했다. 바위에 친히 정석(정약용의 친필로, 해배(解配)를 앞두고 발자취를 남기기 위해서 새김)이라는 글자를 새겼다. 어쩌면 자신의 생애와 학문이 바위처럼 오래 전해지길 바랐는지도 모를 일이다.

초당 동쪽 앞에는 수양버들을 늘어뜨린 아담한 연못을 파고, 그 안에 돌을 쌓아 석가산(다산 초당 옆에 있는 연못, 가운데 돌이 쌓여 있는 봉은 석가산(石假山)이라 하여 정약용이 돌을 주워서 직접 만듦)을 만들었다.

이 무렵, 또 한 인물이 정약용 곁에 나타났다. 바로 초의선사(1786~1866)였다. 조선 후기에 동다송을 저술해 우리나라 차 문화를 정립한 스물네 살의 초의선사가 1809년 정약용을 찾아왔다. 정약용의 나이 마흔여덟이었다. 초의는 정약용을 스승으로 모셨다. 정약용은 주역, 시경 등 유교 경전도 가르쳤다. 그 무렵 초의의 학

다산사경. ❶ 차 달이는 부뚜막으로 사용했던 다조 ❷ 다산이 직접 샘을 파서 만든 우물 약천 ❸ 유배가 풀린 것을 기념해서 새긴 정석 ❹ 연못을 파고 그 안에 돌을 쌓아 만든 석가산.

문 역시 일정한 경지에 올라 있었다. 또한 초의는 정약용에게서 차를 접하고 그 문화를 전수한 것으로 전해진다.

　다산은 초의를 아들처럼 여겼고, 같이 차를 좋아해서 함께 마셨다. 조선 후기의 다[茶] 문화는 다산이 원조일 것이다. 다산을 통해 초의도 차와 더욱 가까워졌다. 초의는 끝까지 정약용을 스승으로 대했다. 이런 인연으로 다산의 학문이 초의에게도 전해져 초의도 큰 학승으로 성장할 수 있었다. 혜장 선사 요절 이후, 정약용은 초의를 더욱 가까이 두었다. 초의는 추사 김정희, 정약용의 둘째아들 학유와 동갑내기였다. 정약용에게 초의는 아들 뻘이었다. 경치가 좋은 곳을 골라 초의를 데리고 다니기도 했다. 함께 학문을 논하고 차를 나눴다. 세대를 뛰어넘는 아름다운 교유였다. 초의는 그림에도 뛰어난 재주를 보였다. 정약용이 형 약전을 그리워하며 자

다산 정약용과 교유하며 학문을 배운 초의선사와 그가 그린 백운동도.

주 찾았던 백운동, 그곳을 그린 초의의 백운동첩(백운동도白雲洞圖
라 일컫는다)이 전해진다.

그러나 무엇보다 그 무렵, 정약용의 가장 큰 관심사는 학문과 저
술이었다. 다산 초당 시절 11년, 그는 수많은 저술을 남겼다. 1817
년 〈경세유표〉(국정에 관한 모든 제도 및 법규의 개혁에 대해 논한 책)
를 지었다. 국정 제도와 법규 개혁에 대한 저술이었다. 스스로 이
책의 저술 목적을 밝히고 있다.

'우리나라가 창건되어 대통을 전해온 지 400여 년에 기강이 해
이해져 모든 일이 부진하니, 마땅히 법령을 개정하고 관직을 정
리하여 조종의 공덕을 빛나게 해야 한다.' - 〈경세유표〉 중

나라를 세운 지 400년이 지났지만 여전히 기강이 해이하고 모
든 일이 부진하니 이의 극복을 위해서는 법령을 개정하고 관직을

정리해야 한다고 주장하고 있다.

〈흠흠신서〉는 형벌과 수사에 관한 법정서로 형벌로 인해 억울한 사람이 없도록 하라는 것이었다.

'삼가고 삼가는 것은 본디 형벌을 다스리는 근본인 것이다.' - 흠흠신서 중

그리고 유명한 〈목민심서〉도 이 시기에 쓰였다.

'백성을 기를 마음은 있으나 몸소 실행할 수 없기 때문에 이렇게 이름 지은 것이다.' - 목민심서 중

정약용은 유배지에 있었지만 '언젠가 다시 정계에 복귀하게 될지도 모른다'는 생각을 가졌다. 만약 복귀하게 되면 '내가 공부한 것을 다시 한 번 현실에 옮겨 보겠다'고 생각했고, 만약 그렇지 못하더라도 자신이 공부한 내용을 담은 책을 통해 세상이 바뀌기를 바랐다. 결국 이 책들은 사회 개혁가로서의 염원이 담겨 있는 책이다.

정약용의 저술은 단순한 저술이 아니었다. 그것은 사회개혁에 대한 강렬한 여망을 담은 자신만의 정책 지침서기도 했다. 유배지에서 만난 백성들, 그 이전 지방관 생활을 하면서 만났던 곤궁하고 피폐했던 조선 백성들 바로 그들의 미래를 고민하는 것이 정약용의 저술이었던 것이다.

정약용의 18년 유배, 그 개인에게는 불행이지만 조선의 역사에는 행운이었다고 한 일본인 학자는 평했다. 유배시기 정약용은 젊

❶ 말년에 다산은 여유당에 칩거하며 독서와 사색으로 소일했다. ❷ 그가 저술한 책들.

은 엘리트 관료 시기부터 느꼈던 것을 학문적으로 정립하기 시작했다. 바야흐로, 그의 학문과 사상이 무르익고 있었던 것이다. 그의 학문과 사상의 한가운데는 늘 백성이 있었다. 이를 증명하는 것이 〈목민심서〉에 담겨 있다.

> 오늘날 사람을 통치하는 자는 오직 이로움을 취하는 것에만 급급하고 백성을 기르는 까닭을 알지 못한다. 어찌 슬프지 아니한가? - 목민심서 중

숱한 저술을 남긴 정약용 유배 18년, 우리 역사에는 행운이었다. 그의 실학이 완성되고 '다산학'이라는 우뚝한 학문의 봉우리가 이때 세워졌기 때문이다. 1818년 8월 사간원에서 정약용을 해배해야 한다는 간언이 올라왔다. 이미 4년 전에 결정된 사항을 아직도 지키지 않는 것은 잘못이라는 지적이었다. 마침내 정약용이 해배되었다. 강진으로 내려온 지 18년 만이었다. 형 약전과 함께했던 유배길, 이제는 홀로 해배되어 고향으로 돌아가고 있었다.

다산, 해배 이후 고향에 침거하다

고향인 남양주 마현으로 돌아온 정약용은 생가인 여유당에 침거했다. 그의 나이 쉰일곱, 마치 시냇물 건너듯 조심하라는 뜻으로 그 자신이 지었던 집 이름 여유당, 그는 집 이름처럼 살았다.

독서와 사색, 그리고 산책이 그 생활의 전부였다. 모든 형제들이 천주교 박해와 귀양살이로 운명을 달리하고 혼자만 살아남은 정약용, 어쩌면 이런 선택이 최선이었는지도 모를 일이다. 그 자신도 유람이나 하고 산보나 하면서 인생을 마치기로 했다고 술회하고 있다. 유배지에서 이미 다산학이라는 금자탑을 세운 정약용, 그는 조용히 자신에 대한 후세의 평가를 기다리고 있었다. 1822년 그의 회갑년 때 정약용은 〈자찬묘지명〉을 지었다. 스스로 지은 묘지명, 왜 그는 이런 기록을 남겼을까?

묘지명을 자신이 쓰겠다고 한 이유는 자신이 묘지명을 남기지 않으면 후대의 세상 사람들은 당시 사헌부나 의금부의 수사 기록으로만 자신을 판단할 것이기 때문이다. 그래서 자신이 직접 묘지명을 써서 후대 사람들이 자신을 판단하도록 하겠다는 것이다. 정약용이 학문에 매달린 이유는 후대 사람들과 후대 역사를 생각했기 때문이다. 1836년, 정약용은 여유당에서 조용히 운명했다. 파란만장했던 75년의 생애였다. 실학으로 조선을 새롭게 하고자 했던 정약용, 이제 그는 18세기 조선의 학자가 아니라 21세기의 학자로 우리에게 새롭게 다가오고 있다.

다산, 21세기의
학자로 거듭나다

인간이 어떻게 살아야 하는가? 이 사회는 어떻게 통치되어야 하는가? 이런 문제는 어느 시대나 항상 제기되는 문제다. 현대사회에 와서는 그 해답을 서구의 선진문물에서 찾았다. 이제는 우리 발에 맞는 신을 어떻게 찾을 것인가를 고민해야 한다. 우리가 가진 역사적 배경, 문화적 배경, 정신적인 기반 위에서 살아왔기 때문에 선현들 속에서 해답을 찾아야 하는데, 이런 문제에 대해 가장 확실한 대답을 해줄 수 있는 사람으로 다산이 조명(照明)되고 있는 것이다. 정약용의 모든 학문과 사상이 담긴 다산학, 500여 권의 초인적인 저술, 그의 이 빛나는 성취는 모든 고통과 불운을 딛고 유배지에서 이룬 금자탑이었다. 이제 다산학은 세상을 밝히는 영원한 빛이 되고 있다.

16
조선의
아이콘이 되다

스물다섯 살의 조선 청년이 중국 거리에 서 있다. 그곳에서 중국 최고 석학 옹방강을 만난다. 말이 통하지 않아 필담을 나누었던 두 사람은 금방 친해졌다. 김정희는 옹방강에게 금석학과 고증학은 물론, 불교에 대해서도 많은 질문을 던졌다. 문답을 나눌수록 옹방강은 김정희의 해박함과 열정에 놀라 '경술문장 해동제일'이라 칭찬했다. 옹방강에게 어렵게 얻은 자료들을 통해 김정희의 학문은 점점 더 깊어갔고, 이렇게 김정희의 학문은 거대한 바람이 되어 조선을 일으킨다. 조선왕조의 구문화체제로부터 신문화의 전개를 가능하게 한 학자 김정희를 만나본다.

김정희의 시대 세계는

김정희가 권력을 잡고 있던 안동 김씨 세력에 의해 귀양을 반복하던 1850년대, 세상은 더 이상 조선에 침묵을 강요하지 않던 시대였다. 이 시기 중국 대륙의 청나라는 만신창이였다. 영국에 의한 아편전쟁을 시작으로 프랑스, 러시아, 독일 등 서구 열강이 중국으로 물밀듯이 쇄도해옴으로써, 중국은 역사상 유례없이 외세에 의해 휘청거렸다.

일본은 중국과 다른 길을 걷고 있었다. 19세기 중엽 서양 제국주의 국가들의 침략과 교류 과정을 거치며 에도 막부는 붕괴되었지만, 메이지 유신을 통해 일본은 근대 국가의 건설을 빠르게 추진하였다.

이 시기 영국은 최절정기를 맞고 있어서 '해가 지지 않는 나라'라고 일컬어졌다. 독일에서는 철혈재상 비스마르크를 앞세운 프로이센이 독일제국을 통일시키고 본격적으로 대외 식민지 건설에 뛰어들었다. 당시 서유럽 국가들은 아시아와 아프리카에 식민지를 구축하느라 정신이 없었다.

추사 김정희 金正喜
1786~1856

추사, 유배지에서
추사체라는 꽃을 피우다

일찍이 조선에 이런 서체는 없었다. 한자를 통달하고 상형 문자를 꿰뚫은 한 자 한 자, 무한한 자유를 주되 전체를 벗어나지 않는 강약의 힘. 그것이 규격화된 글씨만을 고집하던 조선에 큰 반향을 일으킨 추사체다.

김정희의 개성과 천재성이 오롯이 번득이는 추사체는 글씨에서의 파격뿐만 아니라 구도에서도 대범하고 거침 없는 자유로움을 구사한다. 그림 같은 글씨는 추사만의 독특함 그 자체다. 한자 종주국인 중국까지 뒤흔들었던 추사체를 완성하기 위해 그는 평생 벼루 열 개를 구멍 냈고 천 자루의 붓을 닳게 했다.

육지에서 멀리 떨어져 있는 절해고도 제주도는 조선왕조 500년 간 온 나라의 죄인들이 귀양을 왔던 땅이다. 한양에서 멀리 떨어져 있고 바다로 차단되어 있어서 유배지로는 최적지였기 때문이다. 사형 다음으로 무거운 형벌인 유배. 1840년 추사 김정희도 이곳으로 귀양을 온다. 그는 무슨 사연으로 이렇게 가혹한 형벌을 받게 되었을까? 이는 추사의 가문과 깊은 관계가 있다. 추사의 증조할아버지 김한신은 영조의 사위인 월성위다. 왕실의 친척이라는 든든한 배경 덕분에 김정희와 아버지 김노경은 정부 요직을 두루 거치며 승승장구했다. 그러자 이를 시기한 반대파의 모함이 끊이지 않았다. 당시는 세도정치가 판을 치던 시대였다. 안동 김씨 세력들이 추사와 그의 아버지를 탄핵하는 상소를 끊임없이 올렸다. 〈순조대왕실록〉에서도 그 기록을 찾을 수 있다. 순조 30년, 현종의 장인이었던 김우명은 추사의 아버지 김노경과 추사를 벌하라는 상소를 올린다. 이어 김정희 부자는 교활한 사람이라는 인신공격도 서슴지 않는다. 추사가 받은 정치적 모함이 어느 정도였는지 짐작할 수 있는 대목이다.

"전 감사 김노경의 죄를 어찌 벌하지 않을 수 있겠습니까. 또 그의 요사스런 자식은 항상 반론을 가지고 교활하게 세상을 살아가면서 인륜이 허물어지는 것을 두려워하지 않습니다." - 김우명의 상소(순조 30년)

힘없는 임금 순조는 상소에 굴복했다. 결국 김노경은 귀양을 떠나고, 김정희도 관직에서 물러난다. 김노경은 1년 만에 유배가 풀리지만 다시 벼슬길에 오르지 못한다.

1839년 추사는 병조참판에 오른다. 그러나 이도 잠시, 당파싸움에서 시작된 모함은 아버지에 이어 추사에게까지 화가 미친다. 고문에 시달리며 죽음의 문턱까지 갔던 추사는 1840년 결국 죽음보다 더 처참한 유뱃길에 오른다. 제주도로 향하는 길은 멀고 험했다. 전주, 남원, 나주, 해남을 거쳐 육지 천 리에 바다 천 리 꼬박 한 달이 걸리는 일정이었다. 55세의 노인에게는 고달프기만 했을 여정이었다. 그러나 그를 더 힘들게 했던 것은 어쩌면 억울함이었을지도 모른다.

추사 김정희가 유뱃길에 벗인 권돈인에게 그려 준 모질도.

추사는 그러한 자신의 심경을 표현하려는 듯 유배지로 향하던 중 그림 한 점을 남겼다. 평생의 벗 권돈인(1783~1859)의 장수를 기원하며 그렸다는 고양이 그림, 모질도가 그것이다.

성난 호랑이 같은 고양이의 모습에서 정쟁에 휘말려 귀양 가는 자신의 억울한 심경을 엿볼 수 있다. 노구를 이끌고 겨우 도착한 제주도지만, 유배지까지는 항구에서 다시 80리를 더 가야 했다. 그는 제주도 최남단의 대정현까지 또다시 하룻길을 걸어야 했다. 돌아갈 기약 없는 유배객 신세가 되어 걸었던 그 길은 2011년 추사 유배길이라는 이름으로 새롭게 거듭나고 있다.

김정희는 한라산과 맞닿아 있어 유난히 바람이 강한 대정현에서 9년간의 유배생활을 시작한다. 말도 설고 물도 선 낯선 땅에 버려진 것이다. 허나 그의 고초는 이뿐만이 아니었다. 임금이 사형 대신 추사에게 내린 벌은 위리안치였다. 이는 가시 울타리를 두르고 그 안에 가두는 형벌로 유배형 중에서도 가장 무거운 것이었다.

남의 집 바깥채에 갇혀 지내야 하는 신세로 운신할 수 없는 답답함은 말할 것도 없고 낯선 풍토, 입에 맞지 않는 음식, 질병으로 귀양생활은 외로움과 괴로움의 연속이었다. 추사는 그 고통을 오직 편지로 달랬다.

'만일 그대의 편지가 아니었다면 무엇으로 이 눈을 열 수 있겠는가' - 제주 목사 정인식에게 보내는 편지 중에서

'저 멀리 서울을 바라보니 꿈인들 어찌 괴롭지 않으리' - 증인 오언고시 중에서

간간이 그를 찾아오는 벗들과의 만남은 추사에게는 큰 기쁨이었다. 제주까지 찾아온 지인 중에는 조선 남종화의 대가인 소치 허련(許鍊, 1808~1893)이 있다. 많은 제자 중에 제주까지 내려와 추사의 시중을 든 제자는 허련이 유일했다. 그런 제자를 기특하게 여겨 추사는 소치에게 그림과 글씨를 가르쳤다. 허련의 산수도에 직접 화제를 써주기도 했다. 그의 글씨로 인해 그림이 더욱 살아났다고 해도 과언이 아닐 것이다.

이에 보답이라도 하듯 소치 역시 추사의 초상화를 그렸다. 삿갓 쓰고 나막신을 신은 추사의 모습에서 유배객의 처연한 자세가 엿보인다. 귀양살이의 나날 속에서 추사는 부지런히 책을 읽고 글씨를 쓰며 학문의 세계를 심화시켰다. 멀고 먼 땅, 제주의 작은 방에 갇혀 지내면서도 북경의 새로운 동향과 신간 서적을 구하는 것

을 게을리하지 않았다. 그 심부름은 역관인 제자 이상적(李尙迪, 1804~1865)이 맡아주었다.

추사, 세한도를 그리다

1844년, 제자의 정성이 고마워 추사는 붓을 들었다. 그리고 석 자 종이 위에 세상의 매운 인정과 그로 인한 쓸쓸함과 고독, 그리고 선비의 굳센 의지 등 글로는 표현하기 어려운 것들을 담아냈다. 갈필로 형태의 요점만을 간추린 듯 그려내어 한 치의 더함도 덜함도 없는 송백의 기상을 표현했다. 겨울바람이 휩쓸고 간 자리에 곧 무너져 버릴 듯한 허름한 집 한 채, 좌우로 잣나무와 소나무 네 그루가 서 있고 나머지는 온통 여백으로 남겨졌다.

세한도가 상징하고 있는 것은 무엇일까? 우리나라 문인화의 최고봉으로 꼽히는 만큼 그 해석도 분분하다.

늙은 소나무는 추사 김정희를 상징하고, 싱싱하게 푸르른 나무는 이상적을 상징하고 있다. - 조정육 박사(한국미술사)

세한도에는 집 한 채가 있고 그 집에 기대어 서 있는 소나무가 있다. 집은 자신이 의지할 수 있는 이상적이고, 말라 비틀어진 소나무는 자기 자신을 상징한다. - 박철성(고문헌 연구가)

세한도는 풍경화가 아니라 뜻을 담은 그림이다. 그 속에는 차가운 세월이 그려져 있다. 세한도가 더욱 빛나는 이유는 추사가 직접 적어 넣은 제작 동기와 작품의 의미를 담은 발문이 있기 때문이다.

국보 제180호인 세한도.

'날이 차가워 다른 나무들이 시든 뒤에야 비로소 소나무와 잣나
무가 여전히 푸르다는 사실을 알게 된다.' - 세한도 발문 중

사람의 마음은 왔다갔다 하는 것인데 이상적은 좋은 상황이거
나 아니거나 상관없이 자신을 잘 따라주었다. 바로 이상적이야말
로 소나무와 잣나무 같은 사람이다. 김정희는 이상적을 바로 공자
가 칭찬한 소나무 같은 사람이라고 세한도 서문에 남긴 것이다. 그
림을 선물 받은 이상적은 이듬해 청나라에 직접 가서 중국인들에
게 세한도를 선보였다. 추사의 작품을 감상한 청나라의 문인 16명
은 격찬을 아끼지 않으며 10미터가 넘는 방대한 시문을 남겼다.

'추사 선생이 그린 세한도를 보면 세상을 떠나 숨어 살아도 비관
하지 않는 심정을 표현한 것으로 추사의 높은 절개를 우러러 봅
니다.' - 장악진(청나라 문인)

추사 그림의 백미로 꼽히는 세한도는 이상적의 제자였던 김병선
이 소장하고 있었다. 그 뒤 여러 사람을 거쳐 일제 강점기에 추사
의 연구자였던 일본인 학자 후지츠카 치카시(1879~1948)에게 넘

❶ 소전 손재형 ❷ 후지츠카 치카시. 고서화 수집가 소전은 일제 강점기 추사 연구가였던 일본인 학자 후지츠카 치카시를 설득해 세한도를 되찾아 온다.

어갔다. 국보급 문화재인 세한도(국보 제180호)는 1944년 후지츠카에 의해 대한해협을 건넌다. 당시 호남 갑부였으며 고서화 수집가였던 소전 손재형은 무작정 일본으로 갔다. 절대 팔지 않겠다는 후지츠카를 상대로 무려 두 달 동안이나 매일 찾아가 끈질기게 설득한 끝에 세한도를 국내로 되찾아왔다.

후지츠카와 관련된 일화가 있다. 후지츠카는 "좋은 작품을 알아보는 선비가 있으니 어떤 대가도 바라지 않고 주겠다."라면서 돈 한 푼도 받지 않고 손재형에게 세한도를 넘겨준다. 그리고 3개월 후에 후지츠카의 서재가 공습을 받는다. 그의 서재는 완전히 폭파되어 어떤 작품도 건질 수 없게 되었다. 결국 그때 건네준 세한도만 무사할 수 있었다고 한다.

추사, 후학들을 양성하며
추사체를 완성하다

유배지였던 대정현 곳곳에는 추사의 흔적이 남아 있다. 현감의 배려로 위리안치의 형벌에서 벗어나게 된 추사는 인근의 대정향교에 자주 왕래했다. 시서화에 능했을 뿐만 아니라 학자로서 명망이 높았던 김정희는 향교 유림, 지방 유생들에게 경학과 시문 그리고 서예를 가르쳤다.

대정향교에는 추사가 직접 쓴 의문당(疑問堂)이라는 현판이 남아 있다. 스승의 말을 듣고 그냥 따르는 것이 아니라 항상 마음속에 의문을 품으며 학문에 정진하라는 가르침이었다. 조선의 대표적인 학자에게 배움을 얻기 위해 사람들은 구름처럼 몰려들었다. 그때마다 추사는 필요한 책까지 구해주며 열심히 학문을 전수했다. 후학 양성에 힘을 쏟으며 학자로서의 보람을 느끼고 있었지만 마음 한 켠에는 채워지지 않는 공허함이 추사를 괴롭혔다고 한다. 그는 세상에 대해 화가 날 때도 붓을 들었고 외로울 때도 붓을 들었다. 또 어쩌다 한 번씩 받게 되는 반가운 편지와 소식이 있을 때도 붓을 들었다. 그렇게 추사는 스스로와 대면했다. 차라리 포기하고 싶은 세월을 붓질로 버텨 낸 추사는 고통스런 세월을 곰삭히고 곰삭혀 유배지에서 자신만의 글씨, 추사체를 완성했다.

한석봉의 글씨에서도 볼 수 있듯 전통적인 글씨체는 선비의 모습처럼 반듯했다. 이와 대조적으로 추사체는 법도가 있는 듯 없는 듯 자유로운 형태를 띤다. 형태적인 개성 외에도 추사체의 공간 구성은 기존의 전형성을 완벽하게 무시한다. 각각의 글자 크기가 다른 것은 물론이고 구도마저도 대담한 작품이다. 역동적인 글자의 배치는 교묘하게 안정감을 유지한다.

〈계산무진〉이라는 작품을 보면 계(谿) 자를 별자로 처리했고 산(山)자를 조그맣게 위로 붙이고 무(無) 자와 진(盡) 자를 포갰다. 그런데 두 자를 포개니 무거운 느낌이 들었다. 이를 보완하기 위해 진(盡)자를 강하고 두껍게 탑에 받치는 식으로 표현했다. 그리고 가운데 공간을 남겨서 전체적인 조화를 이뤘다. 이것은 그 시대에는 물론이고 지금 시대에도 상상하기 힘든 작품이라고 할 수 있다. 또 〈해저니우〉라는 작품에서는 회화적으로 표현한 코끼리 상(象) 자를 중심으로 글자를 배치하고 있다. 추사체의 파격은 마음 내키는 대로 써 내려 가는데서 얻어지는 것이 아니었다. 오히려 철저하게 계산하고 연구한 노력의 결과물이었다.

〈죽로지실(竹爐之室)〉은 추사에게 있어 그림이 곧 글씨이고 글씨가 곧 그림임을 단적으로 보여준다. 추사는 그림과 글씨를 같다고 보았다. 그는 그림을 그릴 때 구노를 중요하게 생각했다. 대나무 죽(竹) 자를 보면 대나무 마디가 느껴지고, 화로 로(爐)자는 화로의 손잡이가 양쪽에 놓여져 있는 것 같아 보인다. 그

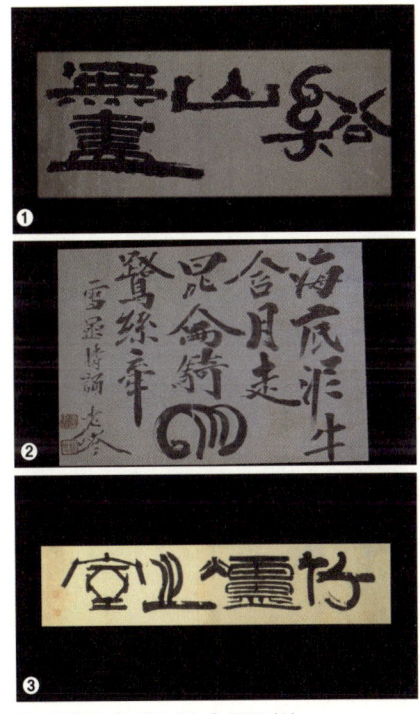

❶ 계산무진 ❷ 해저니우 ❸ 죽로지실.

밑의 화로 받침 모양은 마치 글자에서 그림을 보는 것과 같은 느낌이 들게 한다. 실(室) 자는 한옥의 창문 같은 느낌을 들게 한다.

많은 사람이
추사의 글씨에 매료되다

개성이 넘치는 추사의 글씨에 사람들은 이내 매료되었다. 사람들은 너도나도 추사에게 글씨를 청탁한다. 청탁이 가장 많은 것은 청나라 학자들이었다. 양반 사대부들도 많이 찾아왔고, 나중에는 헌종도 허련을 통해 추사의 글씨를 받아간 적이 있을 정도였다. 그만큼 이미 추사의 글씨는 우리나라뿐만 아니라 중국, 또 민간뿐만 아니라 왕실까지 모든 사람이 따라 하는 하나의 큰 흐름이 됐다.

절망 속에서 피어난 고통의 산물이었던 추사체의 인기는 200년이 지난 지금까지도 이어지고 있다. 제주 서귀포시 안덕면 주민들은 일주일에 한 번씩 모여 추사체를 수련한다. 2005년부터 함께한 안덕면 추사 연구회는 김정희의 정신을 이어가기 위해 지역주민들이 자발적으로 만든 모임이다. 추사가 그러했듯이 옛것을 익혀서 새로운 것을 만들어내는 입고출신(入古出新)의 자세를 마음에 새기며 오늘도 끊임없이 추사체를 배우고 익히고 있다.

추사, 유배형의 시련을
변화의 자양분으로 삼다

1848년 10월, 9년 만에 추사는 유배지에서 풀려난다. 외롭고 고단했던 유배생활을 끝내고 고향으로 가는 길. 하루라도 빨리

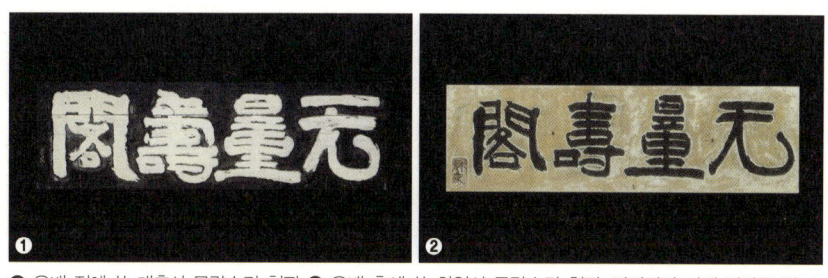

❶ 유배 전에 쓴 대흥사 무량수각 현판 ❷ 유배 후에 쓴 화암사 무량수각 현판. 김정희의 서체 변화를 알 수 있다.

가족을 만나고 싶었지만 추사는 해남으로 발걸음을 돌린다. 그가 향한 곳은 대흥사였다. 대흥사에서 두륜산을 향해 난 오솔길을 따라 1킬로미터 정도 올라가면 양지바른 곳에 일지암이 있다. 이곳에 추사와 절친했던 초의선사(草衣禪師, 1786~1866)가 수행하고 있었다. 초의는 불문에 몸담고 있었으나 불교의 테두리에만 안주하지 않고 유학, 도교 등 당대의 여러 지식을 섭렵하며 서예, 시, 문장에도 능했다. 동갑내기였던 추사와 초의는 서로를 이해하고 뜻을 말할 수 있는 격의 없는 최고의 벗이었다. 그래서 추사는 친구를 찾아 이곳부터 들린 것이다. 그들의 우정은 차를 통해 맺어졌다. 추사는 한국 차의 중흥을 이끈 초의에게 차를 배웠으며 함께 즐겼다. 9년 만에 다시 찾은 대흥사에서 대웅전 현판을 마주하자 추사는 문득 지난 날 자신이 범했던 실수를 떠올렸다. 9년 전 제주도로 귀양 가면서 친구 초의 스님을 방문했있다. 그때 내웅전 현판을 보고, 조선의 글씨를 망치는 저런 글씨를 걸었느냐고 호통을 치며 무량수각이라는 현판을 써 주었다. 그 대웅전 현판은 당대의 명필이었던 원교 이광사(1705~1777)의 친필이었다. 그는 우리나라의 체법 중 하나인 동국진체를 완성한 사람으로, 현판은 동국진체의 결정판이라고 할 수 있다. 9년 전 자신이 떼어버리자고 했던 원교 이광사가 쓴 현판을 다시 보게 된 추사는 다시 자신의 글씨 대신 원교의 현판으로 되돌리자는 청을 한다. 그리고 예전에 자신이 얼마나 오만했으며, 또 배척하기만 했던 원교의 글씨가 얼마나 잘 쓴 글씨인지를 새삼 느끼게 되었다고 한다. 일생일대의 시련인 유배를 통해 추사는 달라진 것이다. 변화는 글씨에서도 확연하다. 1840년에 대흥사에 써준 무량수각 현판은 기름지고 굵은 것이 특징이다. 하지만 유배 이후에 쓴 화암사의 무량수각 현판은 훨씬 간결해졌다. 중국풍의 기름기 줄줄 흐르던 글씨체는 불필요한 기름기가 쏙 빠진 담백한 글씨로 진화했다.

세상은 추사에게 최고라는 찬사를 아끼지 않았지만 그는 안주하지 않았다. 노력하던 천재 추사의 모습은 그의 시를 통해 확인할 수 있다.

> 칠십 평생 벼루 열 개를 구멍 내고
> 붓 천 자루를 다 닳게 했다
> 그러나 나는 아직 완성되지 않았다

그에게 불어닥친 일생일대의 시련은 변화의 자양분이었다. 또한 새로운 도약의 기반이었다. 조선시대 학자, 김정희 하면 추사체를 떠올린다. 하지만 그를 단지 독특한 서체를 만들어낸 서예가로만 생각한다면 이는 나무만 보고 숲을 보지 못하는 것과 같다. 추사는 분명 시서화에 뛰어났다. 하지만 그만큼 금석학에서도 단연 독보적인 학자였다. 또한 고증학, 경학, 불교에 이르기까지 획을 긋는 업적을 남겼다. 또 추사 김정희는 노력하는 천재였다. 전국을 돌아다니며 자료를 구했고 끊임없이 연구를 거듭했다. 옛것을 배우고 익혀 새로운 학문을 창조해 낸 선각자였다. 추사의 도전정신과 개척정신은 조선은 물론, 청나라에도 반향을 일으키는 거대한 흐름이 된다.

추사, 월성위 집안의 후손으로 태어나다

바닷물이 가장 깊게 들어와 있는 충남 예산. 잔잔한 물과 부드러운 산세를 품은 이곳은 예부터 빼어난 자연환경과 전통문화가 근간을 이루는 문향의 고장이다. 시대를 풍미한 걸출한 사람들의 삶이 그대로 살아 숨 쉬는 땅에 추사 김정희의 고택이 있다. 추사는 경주 김씨 월성위 집안의 시골집인 이곳에서 태어났다. 고택 곳곳엔 그의 향기를 담은 유품들이 고스란히 남아 있다.

추사의 글씨가 고택의 주련에 남아 있다. 주련(柱聯)은 기둥에 쓴 글씨를 말한다. 주련이 중요한 이유는 집안의 사상이나 이념을 주련을 통해 극명하게 나타내기 때문이다. 글 쓰는 재주가 비범했지만 이에 안주하지 않고 평생 글쓰기를 연마했던 추사가 남긴 주련들에서 그의 학문적 자세를 엿볼 수 있다.

글을 쓰는 기법은 외로운 소나무 한 가지와 같다
문자를 통해서 깨달음에 들어간다

추사가 섬긴 스승들

조선 후기를 대표하는 대학자, 추사 김정희에게는 많은 스승이 있었다. 초정 박제가(1750~1805)도 그중 한 사람이다. 북학파의 대가인 박제가와의 운명적인 만남은 어느 봄날 우연히 이뤄졌다. 월성위궁 대문에 걸린 입춘첩을 보고 박제가는 가던 걸음을 멈추었다. 감탄을 금치 못하던 그는 글의 내력이 궁금해 집안으로 들어선다. 그리고 추사의 아버지로부터 글을 쓴 사람이 여섯 살짜리 김정희라는 얘기를 전해 듣는다. 아이의 비상한 재능을 알아본 박제가는 스승을 자처한다. 박제가와 김정희는 운명적으로 사제 간의 인연을 맺는다. 추사는 스승 박제가를 통해 청나라의 발달된 문물과 학문세계를 일찍부터 접할 수 있었다. 이는 오랑캐로만 여겨졌던 청나라가 미개한 나라가 아니라 배워야 할 나라라는 인식을 갖게 했다.

24세가 되던 해 추사는 동지부사였던 아버지를 따라 북경에 가게 된다. 꿈 많은 소년시절부터 동경했던 청나라와 책으로만 접했던 중국의 학자들을 직접 만났다. 추사는 필담을 나누면서 그들과 학문을 공유했다. 배우는 데 주저함이 없었던 그는 당대 중국을 대표하는 최고 석학이었던 완원(阮元, 1764~1849)과 옹방강(翁方綱, 1733~1818)을 만나게 된다. 이들은 조선에서 온 젊은 학자가 마음껏 자신의 학문을 펼 수 있도록 기꺼이 디딤돌이 되어준다.

추사는 완원에게 철저한 고증을 통해 학문하는 방식을 배웠다. 또한, 옹방강에게는 옛 것을 좋아하는 호고(好古)에 대한 방법을 배웠다. 추사의 해박함과 열정에 놀란 중국 학자들은 많은 책과 글씨 그리고 귀중한 탁본을 선물로 주었다. 이렇게 얻은 자료들은 후

김정희에게 청나라 고증학을 전수한 ❶ 완원 ❷ 옹방강.

에 추사가 금석학과 고증학을 연구하는 토대가 된다. 짧은 기간이었지만 여행은 많은 것들을 바꾸어놓았다. 그중 하나가 김정희의 아호다. 자신의 상황과 심정에 따라 아호를 즐겨 지었던 김정희는 100개를 넘는 호를 가지고 있다. 그중 대표적인 것이 추사라는 호다. 또 다른 하나는 사제 간의 연을 맺은 완원을 존경한다는 의미로 지은 완당이다. 30대 이후 김정희는 추사보다는 완당으로 더 많이 불리게 된다.

추사, 한·중문화 교류의 아이콘이 되다

귀국 후 김정희는 열정적으로 학문연구에 매진했다. 활짝 만개한 청조 고증학의 성과를 직접 보고 익힌 것이 자극제가 됐기 때문이다. 자신이 앞으로 추구해야 할 학문의 길이 경학과 고증학, 금석학에 있다는 확신도 가질 수 있었다. 이를 위해 추사는 북경 학계와의 교류를 이어갔다. 엄청난 양의 책과 탁본 그리고 서화가 북경으로부터 들어왔고 추사는 추사대로 조선의 자료를 보냈다. 또한 추사는 편지를 통해 완원과 옹방강에게 끊임없이 가르침을 청했다. 편지를 받을 때마다 두 사람은 조목조목 추사의 학문적 갈증을 풀어주었다.

'일전에 보낸 편지에서 의례(중국 경서)에 대해 묻는 것을 보니 정밀한 마음으로 자세하게 살펴보았다는 것을 느껴 흡족했네.' - 옹방강이 김정희에게 보낸 편지(1817)

편지를 통해 배운 청나라 고증학의 정신과 방법을 추사는 자기 것으로 소화하며 조선에 맞게 토착화하는 작업을 게을리하지 않았다. 이런 식으로 김정희는 조선과 청나라 학계에 기여했다. 또 추사는 스승의 학문에 머물지 않고 반담(攀覃, 옹방강을 넘어서다), 연원(緣阮, 완원과 연결되다) 하려고 노력한다. 두 스승을 넘어서서 자신만의 새로운 학문관을 만들고 예술적인 성취를 이뤄나갔던 것이다.

배우고자 하는 마음이 강했기에 추사의 교류 상대는 점점 늘어났다. 옹방강의 제자 중에서 금석학의 제1인자로 손꼽히는 섭지선(葉志詵, 1779~1863)도 그중 한 명이다. 섭지선은 북경에서도 구하기 힘든 희귀 탁본들을 추사에게 보내주었다. 이러한 옛날 비문의 연구는 결국 금석학과 추사체의 완성에 결정적인 밑거름이 되었다.

추사, 실사구시의
학문에 정진하다

중국의 비문을 접하게 되면서 추사는 우리나라의 옛 비문을 조사하기 시작했다. 1816년 7월 추사는 벗 김경연과 함께 북한산 비봉에 올라갔다. 그리고 무학대사비라고 알려져 있던 비석을 조사했다. 그는 비바람에 마모된 비문을 탁본하여 면밀히 살폈다. 그리고 이 비가 신라 진흥왕 순수비라는 사실을 밝혀냈다. 추사는 비석 측면에 자신의 성과를 새겨 넣었다.

이것은 신라 진흥왕 순수비다. 병자년(1816년) 7월 김정희, 김경연이 오다

중국에 다녀온 추사는 실사구시의 학문에 정진한다. 확실한 근거에 의해 글씨를 쓰고 확실한 근거에 의해 이야기를 한다. 또한 실제 답사를 통해서 사실을 바로잡는 일들을 했다. 신라 시대에 쓰였던 글씨들이 후대로 내려오면서 잘못 쓰이는 경우가 있었는데, 추사는 자신이 직접 답사하여 밝혀낸 진흥왕의 순수비에 남아 있는 확실한 글씨들을 탁본해서 잘못 쓰이고 있는 글자를 바로잡아 올바르게 쓰는 일들도 했다.

추사의 면밀한 비교분석을 통해 비로소 세 이름을 찾은 신라 신흥왕 순수비. 추사는 북한산 순수비의 한 글자 한 글자를 연구해 총 7,000여 자에 이르는 장문의 논문을 발표한다. 그것이 바로 〈금석과안록(金石過眼錄)〉이다.

당시 조선에는 금석학이 학문으로 존재하지 않았다. 단지 금석

❶ 북한산 비봉 ❷ 북한산 진흥왕순수비. 무학대사비로 알려졌던 것을 김정희가 실제로 답사하여 처음으로 밝혀냈다.

문 탁본은 취미로 모으거나 아니면 글씨가 좋아서 공부하기 위한 수단으로 모았던 것이지, 금석문이 가지고 있는 가치를 연구하는 경우는 거의 없었다. 추사의 연구와 노력은 당시 조선에는 존재하지 않았던 금석학이란 학문을 새롭게 만들어내는 데 중요한 역할을 했다고 할 수 있다.

추사, 금석학자로서 명성을 떨치다

추사는 금석학자로서 전국을 누볐다. 1817년 경주로 간 그는 심심산골에 있는 암곡동 무장사를 답사했다. 801년에 세운 것으로 추정되는 무장사비를 찾기 위해서였다. 운 좋게도 추사는 풀섶에서 깨진 비석의 파편을 발견한다. 추사가 직접 발굴해낸 비문들은 조선 금석학의 새로운 장을 연다. 최근 발견된 〈해동비고〉를 보면 추사가 조선금석학을 학문의 위치로 끌어올린 최고 연구자였음을 알 수 있다.

〈해동비고〉가 발굴되면서 추사의 금석학에 대한 연구 범위나 깊이를 폭넓게 알고 이해할 수 있게 됐다. 이 책의 목차를 보면 평백제비(平百濟碑), 당유인원비(唐劉仁願碑), 경주문무왕비(慶州文武王碑), 진주진감선사비(晉州眞鑑禪師碑), 문경지증대사비(聞慶智證大師碑), 진경대사비(眞鏡大師碑), 경주무장사비(慶州藏寺碑)가 있다. 조선에 남아 있던 일곱 개 금석문의 연구 보고서라고 할 수 있다. 이 중에서 문무왕비와 무장사비는 추사가 직접 현지에 가서 발굴해 낸 아주 귀한 자료들이다.

그는 옛 비문을 찾으며 실사구시 정신으로 학문을 연마하다가도 독서에 열중할 마음이 생기면 고향 예산으로 내려가곤 했다. 증조할아버지인 김한신이 영조의 사위가 되면서 하사받은 고향집인 추사 고택. 높은 계단을 깔고 앉아 있는 솟을대문을 들어서면 사랑채, 안채, 사당이 동서로 늘어져 있다. 서쪽으로 나 있는 안채는 화순옹주가 살았던 곳이다. 6칸 대청과 2칸의 안방, 그리고 건넌방, 부엌, 광 등을 갖춘 ㅁ자형으로 전형적인 영남지방 대갓집 형태다. 한층 낮은 동쪽에는 ㄱ자의 사랑채가 있다. 그 안마당에는 석년(石年)이라 새겨진 돌기둥이 세워져 있다. 이는 그림자를 이용해 시간을 측정했던 해시계로 추사가 직접 세웠다고 전해진다.

추사 고택 옆에는 화순옹주 정려문이 있다. 영조는 사위가 죽은 후 딸이 곡기를 끊었다는 소식을 전해 듣는다. 먼 길을 마다않고 예산까지 내려온 아버지는 밥을 먹으라고 만류하지만 옹주는 부왕의 뜻을 거스르고 남편의 뒤를 따른다. 비록 왕의 뜻을 거스르고 생을 마감했지만 화순옹주는 조선 왕조 왕실의 유일한 열녀로 기려지게 된다. 이를 기념해 세운 정려문 옆으로 월성위와 화순옹주

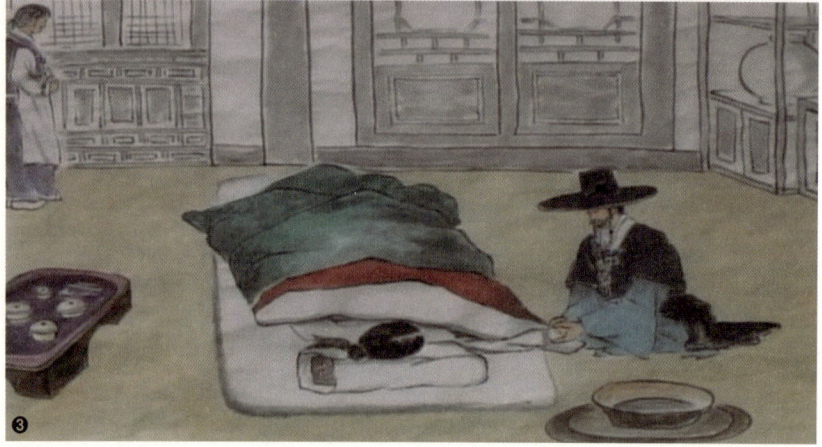

❶ 조선 왕조 왕실의 유일한 열녀 화순옹주를 기리는 정려문 ❷ 월성위 김한신과 화순옹주의 합장묘 ❸ 남편 사후에 식음을 전폐하는 딸이 걱정되어 예산까지 내려온 영조와 화순옹주의 일화를 표현한 장면.

의 합장묘가 있다. 영조는 각별히 사랑했던 큰딸과 사위를 위해 친필로 쓴 비문을 내려 두 사람의 죽음을 애도한다.

월성위묘에서 1킬로미터 떨어진 곳에 추사의 고조할아버지인 김흥경의 묘가 있다. 그 앞에는 우리나라에서는 찾아보기 힘든 백송한 그루가 그 자태를 뽐낸다.

경주 김씨 가문의 이야기가 있고 자신의 어릴 적 추억이 고스란히 배어 있는 고향 예산을 추사는 엄청나게 좋아했다. 무엇보다도 고향집 뒷산인 오석산에 오르는 것을 즐겼다. 오석산의 긴 병풍바위에는 옹방강으로부터 선물 받은 탁본인 시경 두 자를 새겨놓았다. 이는 송나라 때 애국시인으로 칭송되는 육방옹이 예서로 쓴 글씨로 명작으로 이름 높아 많은 문인들의 사랑을 받은 글씨다. 그 옆에는 천축고선생댁(天竺故先生宅)이라는 각자(刻字)도 새겼다. 이는 노자가 서역에 가서 부처가 됐다는 중국 전설에서 비롯된 성어로 '인도의 옛 선생 석가모니가 사는 집'이라는 뜻이다. 바위에 새겨 놓은 것처럼 그 밑으로는 부처의 집, 즉 절이 있다. 화암사라는 작은 사찰이다. 추사는 어릴 때부터 이곳에서 독서를 하고 시를 지었으며 글씨를 썼다. 훗날 추사의 예술이 불가의 선 사상으로 이해되고 설명될 정도로 김정희가 남긴 시서화에는 불교의 정신이 깊이 서려 있다.

추사는 제주도 유배 시절, 문중사찰인 화암사의 현판을 써주었다. 획이 가늘면서도 힘과 멋이 함께 들어 있는 화암사의 무량수각 현판. 현재 확인되는 추사 현판 중 절반 가량이 사찰의 현판이라고 한다. 이는 추사가 불교에 얼마나 깊게 관심을 가졌는지를 보여주는 증거이다.

난초 그림의 대가, 추사

금석학과 고증학, 불교학에서 한 획을 그은 김정희의 숨겨진 진면목을 추사 기념관에서도 만날 수 있다. 김정희는 글씨만큼이나 난초 그림에 능했다. 대표적인 난초 그림인 〈난맹첩(蘭盟帖)〉이다. 그림 옆에 써놓은 글을 보면 추사는 난초 그림을 그릴 때도 옛 그림에서 탐구한다고 했다. 추사는 산수화에 대해서는 그렇지 않았지만 난초 그림에서만큼은 엄격한 화론을 제시했다. 그리고 끊임없는 장인적 수련이야말로 난을 치는 데 핵심적인 요소임을 강조

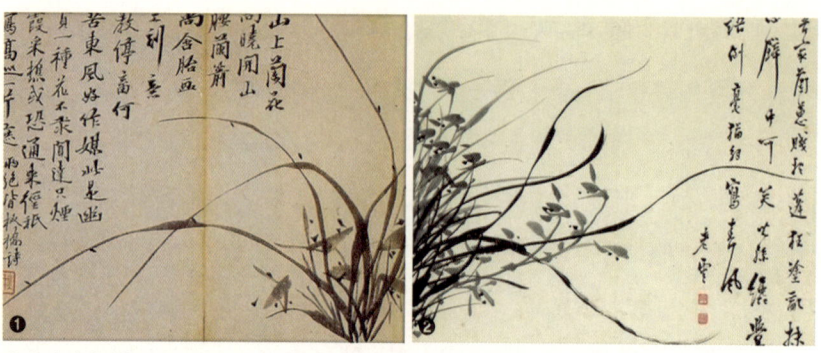

❶ 추사 김정희가 그린 난 ❷ 석파 이하응이 그린 난. 흥선대원군 이하응도 김정희에게 난 그림을 배웠다.

했다. 이는 아들 상우에게 남긴 글에서도 확인할 수 있다. 추사는
난초 그림은 그림의 영역이 아니라 글씨의 영역이라고 가르쳤다. 난
초를 치는 법은 예서를 쓰는 법과 가까워 책을 많이 읽고 교양을
쌓은 다음에야 얻을 수 있다고 했다. 1만 권의 책을 읽어야 그것이
흘러 넘쳐 그림과 글씨가 된다는 문자향 서권기와 일맥상통한다.

　추사도 가장 어렵다고 했던 것이 난초 그림이다. 잘 그리기 위한
기법상의 비법은 없는 걸까? 추사가 꼽은 첫 번째 비결은 청나라 서
예에서 중요한 운필법으로 등장했던 삼전법이었다. 난초가 살아 있
는 듯 자연스럽게 늘어지며 사방으로 뻗치는 모습을 포착하기 위해
추사는 삼전법을 끊임없이 연마했다. 추사가 말년에 그린 산심일장
란에는 삼전법이 잘 나타나 있다. 그린 사람의 마음을 담아서 그려
내야 하는 그림은 추사가 지향하는 서예의 세계와 닮아 있다.

　추사는 또 붓을 들었다. 잘 그려야 되겠다거나 격식에 맞추어 그
려야 되겠다는 욕심 없이 난을 치기 시작했다. 파격적으로 그려낸
이 그림은 단연 최고라고 일컬어지는 작품, 불이선란(不二禪蘭)이다.

　훗날 흥선 대원군이 되는 석파 이하응(1820~1898)도 추사에게

난초 그림을 배웠다. 홍선 대원군은 김정희의 〈난맹첩〉을 얻어다가 이를 베껴 그리면서 난을 치기 시작한다. 나중에 김정희는 이하응의 난 그림을 가리켜 "압록강 동쪽에서는 이만한 작품이 없다"고 찬사를 아끼지 않았다고 한다.

추사가 그린 묵란과 석파 이하응이 그린 묵란을 비교해보면 대담한 구도는 물론이고 필법까지 닮아있음을 느낄 수 있다.

추사, 19세기 조선의 키워드가 되다

추사 김정희는 서예는 물론이고 금석학, 고증학, 불교, 그림까지 19세기 조선의 아이콘이 된다. 그의 학문은 벗과 제자, 선배에게까지 영향을 주며 가히 일파를 이루어갔다. 국제적인 지평에서 새로운 조선의 학문을 추구했던 추사와 그의 측근들은 날이 갈수록 그 세를 확대하여 조선에 신선한 바람을 일으킨다. 1851년, 추사는 제자 중에 글씨 8명, 그림 8명을 선발해 각각 사흘씩 세 차례의 지도와 품평을 해주었다. 〈예림갑을록〉이라는 책으로 기록된 이 대회에 참가한 이들은 문인화풍의 그림과 입고출신(入古出新)의 서체를 추구하는 완당 바람의 주역으로 성장한다.

추사의 교육방식은 요즘으로 치면 맞춤식 교육이었다. 모두에게 일률적으로 똑같이 가르친 것이 아니라 사람의 재능과 특징에 맞게 가르쳤다. 글씨의 경우에도 안진경 풍의 글씨가 맞는 사람에게는 안진경 글씨를 배우도록 하고, 또 저수량이 맞는 사람에게는 저수량을 배우게 하는 식이었다. 마찬가지로 그림에 있어서도 산수화가 맞겠다 싶으면 산수화를 그리게 하고, 난초가 맞겠다 싶으면 난

추사가 세상을 뜨기 3일 전에 쓴 것으로 전해지는 강남구 삼성동 봉은사의 현판 글씨 판전.

초를 그리게 했다. 즉, 각 사람의 성향을 제대로 파악하여 그 사람에 맞게 교육을 한 것이다. 그래서 추사의 제자들은 다양한 형태로 자기 분야에서 능력을 발휘한 사람이 아주 많았다.

19세기 조선의 키워드였으며 청나라 지식인들이 인정한 대학자였지만 추사의 말년은 쓸쓸했다. 그는 해배 후 얼마 지나지 않아 또다시 정쟁에 휘말려 북청으로 귀양을 가야 했다. 1년간의 유배생활에서 풀려난 그는 과천의 과지초당에서 머물렀다. 이곳에 걸린 주련은 추사의 말년을 단적으로 말해준다.

세상에서 제일가는 반찬은 두부, 오이, 생강, 나물이다.

촌늙은이의 제일가는 즐거움이란 평범한 것이었다고 단언하는 추사. 소박하고 꾸밈없는 듯한 서체에서, 또 욕심 없는 듯한 살림살이에서 추사의 인생이 개성에서 평범으로 회귀하는 것을 느낄 수 있다.

　서울 강남의 봉은사에는 추사가 세상을 뜨기 사흘 전에 남긴 것으로 전해지는 현판이 있다. 잘 되고 못 되고를 가리지 않는 불계공졸(不計工拙)의 경지를 또 한 번 세상에 전한 것이다. 추사 김정희가 세상에 마지막으로 남긴 판전(板殿) 두 글자. 생의 마지막 기력을 모아 글자 하나의 크기가 어린아이 몸통만 한 대자(大字)로 욕심 없는 듯 완성했다. 그리고 자신의 마지막을 예감한 듯 그 옆에 칠십일과병중작(七十一果病中作)이라고 썼다. '71세의 과천에 사는 사람이 병중에 쓰다.'라는 뜻이다.

학자의 고향

초판 1쇄 인쇄 | 2013년 11월 20일
초판 1쇄 발행 | 2013년 12월 05일

원　작 | KBS 학자의 고향 (이상요 책임 프로듀서)
사　진 | KBS 학자의 고향 제작팀

펴낸이 | 김정동
펴낸곳 | 서교출판사
편　집 | 김윤겸 · 김지현 · 김루카 · 오상석
디자인 | 심경주
마케팅 | 유재영
관　리 | 정선희
주　소 | 서울시 마포구 합정동 371-4 덕준빌딩 2F
전　화 | 3142-1471(대)
팩　스 | 3142-8225

이메일 | seokyobooks@naver.com
홈페이지 | http://blog.naver.com/seokyobooks

등록번호 | 제 10-1534호
등록일 | 1991년 9월 12일

ISBN　| 978-89-88027-98-1

학자의 고향
ⓒ KBS 학자의 고향 제작팀, 2013